Bärbel Wardetzki
»Iß doch endlich mal normal!«

Inhalt

Vorwort

In der Therapie mit eßgestörten Mädchen und Frauen fällt immer wieder auf, welch große Bedeutung die Angehörigen sowohl für die Dynamik der Eßerkrankung als auch für die Genesung besitzen. Aus der Familientherapie wissen wir, wie wichtig es ist, die Familie einzubeziehen; dies gilt insbesondere für Suchterkrankungen. Auch bei den Eßstörungen ist es sinnvoll, nicht nur die Bulimikerin oder die Anorektikerin zu betrachten, sondern das Beziehungsgeflecht der gesamten Familie anzuschauen.

Im Kontakt mit den Angehörigen stellt sich häufig das Problem, daß sie sich aus unterschiedlichen Gründen heftig dagegen wehren, etwas mit der Erkrankung der geliebten Tochter oder Partnerin direkt zu tun zu haben. Auf der anderen Seite tun sie alles für die Betroffene, um sie von der Eßstörung wegzubringen.

Solche oder ähnliche Reaktionsweisen begegnen uns häufig in der Psychotherapie: Die Angehörigen fühlen sich zwar verantwortlich für die eßgestörte Tochter oder Partnerin, aber sie wehren sich gegen die Erkenntnis, Teil der Erkrankung zu sein, weil diese Sicht das eigene Selbstwertgefühl – vermeintlich – gefährden könnte. Dabei hat man nicht selten den Eindruck, daß die Familienmitglieder unbewußt ahnen, wie verstrickt die Familie in die Dynamik der Erkrankung ist.

Nun haben Angehörige oft eine große Furcht davor, beschuldigt zu werden: »Wenn ich dieses Therapeutengeschwätz schon höre – immer sind die Eltern an allem schuld!«, sagte neulich ein Vater zu mir. Hinter diesen – nach außen sehr »stark« wirkenden – Äußerungen verbirgt sich oft eine explosive Mischung aus Angst, Schuldgefühlen, großer Scham und vor allem tiefer Hilflosigkeit. Wenn es gelingt, mit den Angehörigen über diese Gefühle zu sprechen, erlebt man häufig, daß diese Menschen sich buchstäblich »in aussichtsloser Lage gefangen« fühlen. Dabei spielen fast immer auch verinnerlichte, unbewußte Normen eine große Rolle, die es den Betroffenen nicht erlauben, sich die Hilflosigkeit einzugestehen und sich die benötigte Unterstützung zu holen.

Das vorliegende Buch wendet sich an die Angehörigen von jungen Frauen mit gestörtem Eßverhalten. Es legt in einer gut verständlichen Sprache und mit vielen Beispielen aus der Praxis dar, wie die familiäre Verstrickung bei diesen Erkrankungen aussieht.

Es freut mich sehr, daß ein solches Buch einer mit dem Thema sehr gut vertrauten Kollegin jetzt vorliegt und den betroffenen Eltern und Partnern die grundlegenden Informationen vermittelt. Dabei ist mir bewußt, daß die Lektüre eines Buches nicht den Prozeß der individuellen Auseinandersetzung mit dem je eigenen Schicksal, zum Beispiel in einem therapeutischen Prozeß, ersetzen kann. Ich weiß allerdings auch, wie entscheidend und entlastend es für viele Betroffene und deren Angehörige ist, wenn sie erst einmal über die Krankheit informiert werden. Das ist die Voraussetzung dafür, daß die seelische Energie der Genesung zur Verfügung gestellt werden kann und nicht für den Kampf gegen die Schuld- und Schamgefühle verbraucht werden muß, die fast immer mit der Erkrankung eines Familienmitglieds einhergehen.

Entgegen dem erwähnten Gefühl der Aussichtslosigkeit bei den Angehörigen, gibt es nach meiner Erfahrung sehr wohl Wege zur Genesung der Bulimie und Anorexie – und es gibt auch Wege zur familiären Versöhnung. Die dazu notwendigen Prozesse brauchen allerdings Zeit – und vor allem die Bereitschaft zur Auseinandersetzung mit der eigenen Rolle im familiären System.

In einer Zeit nach wie vor zunehmender Eßstörungen bei beiden Geschlechtern wünsche ich den betroffenen Familienangehörigen, daß sie diesem Buch begegnen und es dazu beiträgt, sie zu entlasten und zu unterstützen.

Pulsnitz, im Juli 1995   Dr.med. Bernd Sprenger

Leitender Arzt der Psychosomatischen Klinik
Schwedenstein – Pulsnitz, Sachsen

Danksagung

Wer um die Tatsache weiß, wie wichtig all die Menschen sind, die bei der Entstehung eines Buches direkt oder indirekt mitwirken, kann den Wunsch, ihnen zu danken, verstehen.

Zuerst möchte ich mich für die Mitarbeit und das Engagement der Eltern herzlich bedanken, die an den Gruppentreffen teilnahmen und mir ihre Geschichten erzählten. Es freute mich ganz besonders, daß einige Väter den Weg dorthin fanden, auch wenn in den letzten Stunden die Runde ein reines Frauentreffen wurde. Mein Dank schließt auch die Töchter ein, mit denen ich über ihre Sicht der Krankheit sprechen konnte. Wie immer, wenn mehrere dasselbe erleben, gibt es entsprechend viele Berichte. Jede Seite macht ihre individuellen Erfahrungen, die sich subjektiv oft von denen der anderen unterscheiden. Wir werden sehen, wie sich das bei den hier zitierten Eltern und Töchtern darstellt.

Dankbar bin ich allen, die bereit waren, die doch ziemlich aufwendigen Tests auszufüllen. Für die eßgestörten Mädchen und Frauen schien diese Aufgabe leichter zu sein als für manche Eltern, die durch die Fragen unfreiwillig mit ihrer eigenen Geschichte konfrontiert wurden. Um so mehr habe ich mich über die hohe Rücklaufquote gefreut.

Danken möchte ich auch allen Patienten und Patientinnen, durch die so ein Buch überhaupt erst entstehen kann. Durch sie und ihre Partner habe ich viel erfahren und verstanden, das ich nun an andere weitergeben kann.

Meine Hoffnung ist, daß die Eltern, Partner und die betroffenen Mädchen und Frauen durch unsere gemeinsame Arbeit Anstöße und Hilfe bekommen haben. Ich wünsche allen, daß sie ihren Weg finden und mit der Tochter beziehungsweise der Partnerin zusammen oder allein die Probleme, die aus der Eßstörung entstanden sind, überwinden und ein neues, positives Lebensziel für sich entwickeln können.

Wichtig waren mir auch meine Freunde und Kollegen, die den Werdegang des Buches mit Wohlwollen und Tatkraft unterstützten. Ich danke Dr. Bernd Sprenger, dem Leiter der Psychosomatischen Klinik Schwedenstein in Pulsnitz, für seine engagierte Redigierung des Manuskripts und seine konstruktive Kritik; Dagmar Olzog, meiner Lektorin, für die unterstützende und motivierende Zusammenarbeit sowie ihr Engagement für dieses Buch; Verena Conze, Psychotherapeutin, für die freundschaftliche und kollegiale Auseinandersetzung und die guten Gespräche; Dr. Konrad Stauss, dem Leiter der Psychosomatischen Klinik Grönenbach, für seine inhaltlichen Anregungen und die gute Kooperation; meiner Mutter für ihre hilfreiche und intensive Korrektur des Manuskripts und wertvolle Hinweise; meiner Schwester und meinem Schwager für ihre liebevolle emotionale Unterstützung und die Hilfe bei technischen Computerfragen; Dr. Barbara Krebs vom Frankfurter Zentrum für Eßstörungen für Tips bei der Suche nach neuesten Daten und Erhebungen; Frau Dr. Moravetz-Kuhlmann von der Staatsbibliothek München für die Beschaffung neuer Literatur; allen meinen Freunden und KollegInnen für ihr Interesse und ihre Unterstützung.

Ein Buch für Eltern und Partner

Die Idee zu diesem Buch entstand im Laufe meiner ambulanten therapeutischen Arbeit. Immer häufiger meldeten sich verzweifelte Eltern in meiner Praxis, deren Töchter an Bulimie oder Magersucht erkrankt waren. Es waren immer die Mütter, die mit mir Kontakt aufnahmen, obwohl die Väter ebenso ratlos waren.

Die andere Gruppe von Hilfesuchenden waren die Partner von zumeist bulimischen Frauen, die der Eßerkrankung hilflos gegenüberstanden und nicht wußten, wie sie mit ihrer Partnerin umgehen sollten.

Mir wurde erst allmählich das Ausmaß des Leidens der Angehörigen deutlich, da ich bislang, wie viele andere Therapeuten und Autoren auch, bei dem Thema Eßstörungen den Blick hauptsächlich auf die Betroffenen gerichtet hatte.

Daher gibt es ausreichend Literatur über Bulimie und Magersucht sowohl aus theoretisch-psychotherapeutischer Sicht als auch in Form von Erfahrungsberichten Betroffener. Bücher oder Ratgeber für die Angehörigen – im speziellen Fall die Eltern und Partner – gibt es nur sehr wenige. Eine Ausnahme machen familientherapeutische Abhandlungen, die die Charakteristika der Familienstrukturen beschreiben. Diese Bücher sind zum Großteil jedoch so theoretisch, daß sie den Eltern in ihrer speziellen Lage nur wenig Unterstützung bieten können.

Mein Anliegen in dem vorliegenden Buch ist es, Eltern und Partner in ihrem Leid und ihrer Hilflosigkeit anzusprechen und ihnen eine Identifikationsmöglichkeit mit den Geschichten anderer Betroffener anzubieten. Das Gefühl, nicht allein mit dem Problem zu sein und wahrzunehmen, wie es anderen Eltern und Partnern geht und was sie tun, um ihre Situation zu verändern, kann eine Unterstützung sein, aber auch ein Impuls, sich fachliche Hilfe zu holen.

Viele Beispiele und Zitate stammen aus meiner Beratungsarbeit mit

Eltern, Töchtern und Partnern oder aus Interviews, die ich mit Betroffenen geführt habe. Persönliche Daten wurden entweder so verändert, daß keine Rückschlüsse auf die Personen möglich sind oder wurden von vornherein weggelassen, wenn sie zum Verständnis nicht nötig waren.

Ich spreche in der Mehrzahl der Fälle von eßgestörten Töchtern, obwohl ich natürlich weiß, daß auch immer mehr Jungen und Männer von Bulimie oder Magersucht betroffen sind. Leider gibt es dazu kaum Untersuchungen oder Veröffentlichungen. Es scheint jedoch so zu sein, daß die Probleme innerhalb der Familie sehr ähnlich gelagert sind und vieles von dem, was ich hier schreibe, auch für Eltern mit eßgestörten Söhnen zutrifft.

Dieses Buch wendet sich in erster Linie an die Eltern, obwohl zu den Angehörigen natürlich auch andere Familienmitglieder gehören, beispielsweise die Geschwister, denen ich daher auch ein eigenes Kapitel widme.

Auch wenn der inhaltliche Schwerpunkt auf der Eltern-Tochter-Beziehung und den familiären Hintergründen der Eßstörung liegt, ist vieles doch auch auf eine Partnerbeziehung übertragbar. Im besonderen trifft das für die Kommunikationsmuster und das Thema Co-Abhängigkeit zu.

Kollegen und Freunde haben meine Idee, ein Buch für betroffene Eltern zu schreiben, entweder erfreut aufgenommen oder mit Skepsis beantwortet. Die einen fanden es gut, da es Zeit sei, so ein Buch zu veröffentlichen. Die anderen warnten mich, da sie befürchteten, daß die Eltern das Buch als neuerliche Schuldzuweisung auslegen könnten und es deshalb ablehnen würden. Mein Anliegen ist es keineswegs, Schuldzuweisungen vorzunehmen, vielmehr möchte ich die Situation der Eltern, Töchter und Partner verdeutlichen und jedem die ihm gebührende Verantwortung übertragen. Wie Angehörige konstruktiv mit Schuld umgehen und sich von überflüssigen Schuldgefühlen befreien können, ist ebenso Thema in diesem Buch wie falsch verstandene Hilfe. Mein Ziel ist es, die Situation aller Beteiligten zu erleichtern und nicht, sie zusätzlich zu erschweren.

Das Buch ist in drei Teile gegliedert. Der erste Teil beinhaltet eine ausführliche Darstellung der Problematik, wie sie hauptsächlich von den Angehörigen erlebt wird. Ich beschreibe jene Themen, unter denen die Familien und Partnerschaften in der Mehrzahl der Fälle leiden und weswegen die Angehörigen Hilfe suchen. Dazu zählt unter anderem die Verleugnung der Krankheit durch die Betroffenen selbst sowie durch die Eltern und Partner. Die Hilflosigkeit gegenüber der Eßerkrankung führt in vielen Fällen dazu, ›die Augen zu verschließen‹ und zu hoffen, daß ›alles wieder gut wird‹. Wenn das nichts nützt, beginnen die Angehörigen damit, Schuldige zu suchen, die für die Eßerkrankung die Verantwortung haben. In der Regel befürchten sie, daß sie etwas falsch gemacht haben, das sich jetzt in der Krankheit der Tochter ausdrückt. Doch führt die Suche nach den Fehlern meist dazu, die Situation zu verschärfen statt sie zu bewältigen, denn sie endet in Schuld- und Schamgefühlen. Die Eltern glauben, schlechte Eltern zu sein, weil sonst ihr Kind nicht krank wäre. Aus diesem Grund versuchen sie alles zu tun, um zu helfen. Sie ordnen ihr Leben der Eßerkrankung unter, tun alles für die Tochter, versuchen Fehler zu vermeiden und das alles in der Hoffnung, die Tochter zu einem normalen Essen zu bewegen. Nicht selten führt dieses Verhalten zu gegenseitiger Kontrolle, Machtkämpfen und häuslichem ›Terror‹. Denn Suchtkrankheiten, zu denen ich Magersucht und Bulimie zähle, sind weder durch gutes Zureden noch durch aufopfernde Hilfe zum Stillstand zu bringen, sondern erfordern konsequentes und grenzensetzendes Verhalten der Umwelt, das jedoch in den meisten Familien fehlt.

Auch die Ärzte haben eine wichtige Rolle bei der Verleugnung oder Aufdeckung der Eßerkrankungen, weil sie meist die erste Anlaufstelle sind und Mädchen und Frauen daher helfen können, sich frühzeitig ihrer Eßstörung bewußtzuwerden. Das erreichen sie beispielsweise dadurch, daß sie die Betroffenen über die körperlichen Folgen, die ihr magersüchtiges oder bulimisches Eßverhalten hat, aufklären und sie damit konfrontieren. Die Voraussetzung ist jedoch, daß Ärzte Eßstörungen als Ausdruck seelischer Probleme anerkennen.

Im zweiten Teil beschreibe ich die in den meisten eßgestörten Familien anzutreffende Dynamik, die die Erkrankung mit aufrechterhält. Hierbei geht es nicht nur um spezielle Beziehungsmuster zwischen den Familienmitgliedern, sondern auch um Gesetze, wie Familien ›funktionieren‹. Familien werden als Systeme bezeichnet, die sich nach bestimmten Regeln verhalten, die meist unbewußt wirken und das Verhalten der einzelnen Familienmitglieder bestimmen. Eßgestörte Familien unterscheiden sich von Familien, in denen keine Suchtkrankheit auftritt, durch eine Reihe dysfunktionaler Regeln. Dysfunktionalität im familiären System bedeutet soviel wie Mißfunktion oder schlechte, hemmende Funktion. Dysfunktional sind beispielsweise zu starre Regeln, die nicht geändert werden dürfen oder die Regel, daß man keine Konflikte ansprechen darf. Funktional ist die gute, hilfreiche, entwicklungsfördernde Regel.

Ein wesentliches Merkmal eßgestörter Familien und Partnerschaften ist die Vermeidung und das Nichtlösen von Konflikten, was jedoch zu immer größeren Spannungen und Problemen in der Familie führt. Daraus entstehen dann harmonie- oder streitorientierte Familien, die in der Regel nicht fähig sind, sich konstruktiv über Meinungsverschiedenheiten auseinanderzusetzen. Das Eßsymptom der Tochter dient häufig dazu, Familien zusammenzuhalten, die von Trennung bedroht sind. Eltern werden durch die gemeinsame Sorge um die Tochter ›zusammengeschweißt‹ und in ihrer Elternfunktion festgeschrieben. Die bestehende Paarproblematik bleibt dadurch unberührt.

Viele der dysfunktionalen Regeln finden sich auch in Partnerschaften mit einer eßgestörten Frau wieder, ebenso wie das Thema Co-Abhängigkeit, die Sucht der Angehörigen. Sie umschreibt spezifische Verhaltensmuster im Umgang mit der Süchtigen und ihrer Eßerkrankung, die diese aufrechterhalten, auch wenn sie als Hilfe gedacht sind. In Partnerschaften mit einer eßgestörten Frau finden sich spezielle Nähe-Distanz-Probleme, die sowohl eine intime Beziehung erschweren als auch eng mit dem Eßsymptom verbunden sind.

14

Der Zeitpunkt der Pubertät ist bei meiner Betrachtung ganz wesentlich, weil es die Zeit ist, in der die meisten Eßstörungen ausbrechen. Wie Eltern in dieser Zeit helfen können und was sie bestmöglich vermeiden sollten, ist ebenso Thema, wie die Situation der Tochter in dieser kritischen Entwicklungsphase. Ich beleuchte in diesem Zusammenhang auch den Einfluß von körperlichem, sexuellem und emotionalem Mißbrauch, der bei vielen Eßstörungen eine wesentliche Rolle spielt. Schließlich gehe ich auch auf die Rolle der Geschwister ein, obwohl dieses Thema nach wie vor ein Stiefkind der Wissenschaft ist.

Natürlich leben wir und verhalten uns nicht im luftleeren Raum, sondern in einer Gesellschaft, die ihrerseits süchtig ist und Leistung, Anerkennung und Schönheit fordert, Ziele, die, wenn sie übertrieben werden, zu einem solchen Druck führen können, daß dieser sich in süchtigem Verhalten niederschlagen kann. Unsere Gesellschaft toleriert in hohem Maße Süchte, obwohl deren medizinische und psychotherapeutische Behandlung Milliarden kostet. Sie verdient jedoch auch Milliarden an Alkohol- und Nikotinsteuern, dem Konsum von Nahrungs- und Genußmitteln und dem unermüdlichen Arbeitseinsatz von ›workaholics‹, sogenannten Arbeitssüchtigen.

Um in unserer von Leistung und Jugendlichkeit geprägten Gesellschaft ›mithalten‹ zu können, unterwerfen wir uns ihren Gesetzen, oft ohne wahrzunehmen, wie sie uns schaden. Frauen fangen an zu hungern, um schön zu sein, erreichen jedoch nie das Ideal, das sie sich stecken und das ihnen durch einen unerfüllbaren Schönheitsmythos vorgegeben wird. Sie versuchen, perfekt zu sein und besonders viel zu leisten, um ihre innere Unsicherheit und Minderwertigkeitsgefühle auszugleichen. Doch wirklich ›satt‹ werden sie so nicht, der emotionale Hunger bleibt. Die Bewußtmachung dieser gesellschaftlichen Prozesse, die im einzelnen weiterwirken, kann im individuellen Fall zu einem Umdenken und einer positiven Entwicklung führen.

Der dritte Teil befaßt sich hauptsächlich mit Hinweisen, worauf die Angehörigen achten sollten, was sie tun können und was sie bestmöglich unterlassen. Eine effektive Hilfe von Eltern, Geschwistern und Partnern besteht nicht in Aufopferung oder Verurteilung, sondern in Unterstützung und Verständnis, verbunden mit der Wahrung persönlicher Grenzen und eigener Interessen. Statt die Eßstörung zum Lebensmittelpunkt zu erklären, sollten mehr die Menschen in den Vordergrund rücken. Denn weder ist der Tochter damit geholfen, daß die Eltern oder die Partner ihr Leben für sie aufgeben, noch ist die Tochter auf ihre Eßerkrankung zu reduzieren. Sie ist mehr als ihr Symptom und die Angehörigen sind mehr als die Gegner der Eßstörung. So wie die bulimische oder magersüchtige junge Frau lernen muß, eine autonome und selbstbewußte Persönlichkeit zu entwickeln, so müssen auch die Angehörigen lernen, sich von der Tochter zu lösen und ein eigenständiges Leben aufzubauen, unabhängig davon, ob sie krank oder gesund ist. Wie schwer das ist, wissen alle, die mit Eßsüchtigen zusammenleben. Doch nur, weil dieser Schritt schwer ist, ist er nicht unmöglich, sondern er ist die Grundbedingung, daß Eltern und Partner wieder zu einem lebenswerten Leben zurückfinden und die Tochter bzw. Partnerin eine Chance hat, ihre Eßstörung zu überwinden.

I.
Eine Familie
hat Probleme

Hilfe – unsere Tochter hat eine Eßstörung

Ich habe eine Tochter, die seit zwei Jahren Bulimie hat. Es ist jetzt schon so schlimm, daß sie gar nicht mehr mit uns essen will, sondern nur für sich allein ißt und dann immer häufiger nachts, wenn wir schon im Bett sind. Sie räumt manchmal den halben Kühlschrank leer, fängt mitten in der Nacht das Kochen an und geht dann anschließend aufs Klo, um alles wieder zu erbrechen. Wir machen uns natürlich schreckliche Sorgen um das Kind, weil das ja nicht gesund sein kann, dieses viele Überessen und Erbrechen. Und dann hat sie auch schon abgenommen, weil sie ja immer schlank sein will.

Ja, und wir wissen jetzt gar nicht mehr, was wir tun sollen. Das Verhalten unserer Tochter ist aber fast noch schlimmer als das Essen, weil man mit ihr nicht mehr reden kann. Sie ist so aggressiv geworden, hat an allem etwas auszusetzen, und manchmal schreit sie auch und schlägt die Türen zu. Also wir, ich und mein Mann, wissen gar nicht mehr, was wir tun und wie wir reagieren sollen. Wir überlegen uns schon jedes Wort, das wir zu ihr sagen, um sie ja nicht noch mehr gegen uns aufzubringen. Aber das ist doch kein Leben, wenn ich jedes Wort auf die Goldwaage legen muß. Was sollen wir nur tun?

So oder ähnlich lauten die Klagen von betroffenen Eltern, deren Tochter unter Eß-Brechsucht oder Magersucht leidet. Vor allem wenn die Tochter noch zu Hause wohnt, sind die Eltern in hohem Maße mit in die Erkrankung verstrickt. Die Tochter ist es zwar, die mit dem Essen nicht normal umgehen kann, aber die Krankheit hat Auswirkungen auf die gesamte Familie, das Zusammenleben und die Stimmung daheim.

Wohnt die Tochter schon außer Haus, dann können die Eltern sich besser distanzieren, sie sehen nicht jeden Tag den Kampf gegen das Essen mit an und fühlen sich deshalb auch weniger verantwortlich für die Tochter. Dennoch leiden auch diese Eltern unter der Tatsache, daß die Tochter immer mehr abnimmt, nicht normal ißt, vielleicht auch Alkoholprobleme bekommt oder beginnt, rauschhaft einzukaufen oder zu stehlen, was häufig im Zusammenhang mit Eßstörungen auftritt.

Wir haben jetzt erfahren, daß unsere Tochter bereits 30.000 Mark Schulden hat, weil sie ständig einkauft. Manchmal zieht sie ein Kleid nur einmal an, dann wirft sie es weg. Sie war schon als Kind immer raffgierig und aß von jedem Teller so viel, wie sie bekommen konnte. Und das viele Essen, was sie verschlingt, kostet auch viel Geld. Aber das Einkaufen geht ja heute ganz leicht mit den Schecks und Kreditkarten. Und Alkoholprobleme hat sie auch schon. Sollen wir sie nun auf ihre Probleme hin ansprechen, oder verschließt sie sich dann vielleicht noch mehr? So ist es nämlich unserer anderen Tochter ergangen, die hat sie auf ihre Eßstörung hin angesprochen, und nun redet sie kein Wort mehr mit ihr. Das wollen wir ja vermeiden.
Sie zieht sich sowieso schon sehr zurück und erzählt uns kaum noch etwas. Auch nicht, als sie das letzte Mal ins Krankenhaus mußte, das haben wir erst viel später von ihr erfahren. Ich habe Angst, den Kontakt zu ihr ganz zu verlieren, auch weil sie weiter weg wohnt.

Der Umgang mit einer Eßstörung stellt Eltern, Geschwister und Partner vor viele neue Fragen. Sie sind konfrontiert mit einer Krankheit, von der sie bisher nichts wußten oder wenn, dann nur durch die Medien oder Berichte von anderen betroffenen Eltern. Aber nun sollen sie selbst betroffen sein! Unsere Tochter bulimisch oder anorektisch, undenkbar! Die Eltern fallen »aus allen Wolken«, denn bisher war doch alles in Ordnung in ihrer Familie. Die Tochter entwickelte sich normal, machte wenig oder keine Schwierigkeiten und sie fühlten sich als intakte Familie. Natürlich gab es immer wieder Schwierigkeiten, aber wo gibt es die nicht?
Nach diesem ersten Schreck und Entsetzen versuchen die Eltern meist, das Eßproblem der Tochter schnell in den Griff zu bekommen, mit dem Ziel, daß sie wieder normal ißt und vor allem an Gewicht zunimmt. Doch im Laufe der Zeit wird deutlich, daß alle Versuche scheitern und die Kluft zwischen den Eltern und der Tochter immer größer wird. Die Eltern versuchen es mit Strenge, mit gut Zureden oder Ignorieren, die Tochter wird immer unzugänglicher, dünner und weniger erreichbar.
Wenn sie mit ihrem ›Latein‹ am Ende sind, sich keinen Rat mehr wissen, wie sie ihrer Tochter helfen können und sie immer mehr

unter der Krankheit der Tochter leiden, ist das häufig der Zeitpunkt, an dem sie fachlichen Rat suchen.

Ein lang gehütetes Geheimnis

Auf die Frage, wie lange die Tochter schon hungert oder sich überißt und erbricht, können die Eltern selten konkrete Aussagen machen, denn in der Regel ist die Tochter schon einige Jahre erkrankt, bis sie ihren Eltern ihre Eßstörung eröffnet oder sie entdeckt wird. Ebenso kommt es in Partnerschaften vor, daß die Frau ihre Eßstörungen oft jahrelang dem Partner verheimlicht und dieser keine Ahnung hat, worunter sie leidet. Da stellt sich natürlich sofort die Frage: Wie kann eine Eßstörung, bei der das Mädchen oder die Frau kontinuierlich abnimmt oder unregelmäßig ißt und alles wieder erbricht, im familiären oder partnerschaftlichen Zusammenleben über Jahre hinweg unaufgedeckt bleiben?

Ein Grund ist sicherlich das Unwissen der Eltern und Partner von Betroffenen über Eßerkrankungen, weswegen sie gar nicht auf die Idee kommen, daß ihre Tochter/Partnerin eine Bulimie oder Anorexie entwickeln könnte.

»Daß es sowas gibt, hab ich nicht gewußt, bis ich es von meiner Tochter gehört habe«, sagt ein Vater überzeugend. Eltern und Partner sind also auf die Offenlegung durch die Betroffene angewiesen oder auf Hinweise, die ein gestörtes Eßverhalten oder deren Beginn anzeigen. Doch diese Indizien werden lange Zeit von der Tochter und der Partnerin versteckt und zum Teil auch von den Angehörigen verleugnet.

Vor ungefähr zwei Jahren, als wir mal Erbrochenes gerochen haben, da hat mein Mann gefragt, was das wohl sei. Aber es verging wieder und alles war normal. Aber jetzt wissen wir, daß unsere Tochter seit zwei Jahren Bulimie hat. Also das hat sie uns zumindest so gesagt. Es kann natürlich auch schon länger sein.

Nicht-genau-Hinschauen, Beschönigen, Erklären, Leugnen und Umdefinieren sind Mechanismen, die ein Erkennen der Eßerkrankung verhindern oder zumindest zeitlich verzögern. Sie wirken zuerst entlastend auf alle Betroffenen: Die Tochter und Partnerin braucht sich mit ihren Problemen nicht auseinanderzusetzen und kann so weitermachen wie bisher, und die Angehörigen müssen sich nicht sorgen.

Zudem sind Suchterkrankungen, zu denen ich Bulimie und Anorexie zähle – siehe dazu ausführlich die nächsten Kapitel – durch Heimlichkeit und Verleugnung gekennzeichnet. So wie die Süchtigen lange Zeit ihre Krankheit vor sich und den anderen verleugnen, tun es auch die Angehörigen, wenn sie einen Verdacht hegen. Oft ist es Angst und Hilflosigkeit der Suchterkrankung gegenüber und der Wunsch nach einer heilen Familie und Partnerschaft, die sie wegschauen lassen. Doch diese Haltung verstärkt die Eßstörung nur noch mehr.

Es gehört sicherlich etwas Mut dazu, die Tochter oder die Partnerin auf ihre Magersucht oder Bulimie hin anzusprechen, besonders dann, wenn die Angehörigen nur eine Vermutung haben. Und dennoch ist es meines Erachtens nach hilfreich, es so früh wie möglich zu tun.

Unsere Tochter kotzte meist ins Waschbecken, weil das schneller ging. Ich wunderte mich immer über das laufende Wasser und darüber, daß das Waschbecken ständig verstopft war. Unser Problem ist, daß wir noch nicht offen darüber mit ihr geredet haben. Es hieß immer, ich soll nichts sagen, mich zurückhalten. Dabei vermutet sie, daß ich etwas weiß, weil ich sie immer beobachte, das ist ganz klar. Und sie weicht immer mehr zurück. Vielleicht war es ein Fehler, unseren Verdacht nicht klar auszusprechen.

Wenn die Tochter beginnt, sich häufig über ihre Figur zu beklagen, sich einredet, sie wäre zu dick und müßte abnehmen und sie deshalb Diäten macht, kann das der Einstieg in eine Eßstörung sein. Oft ist es auch nur ein vorübergehendes Phänomen, das mit der beginnenden Pubertät verbunden ist und nach kurzer Zeit wieder vergeht.

Aber auch in diesem Fall ist es ratsam, Ihrer Tochter zuzuhören und sie in ihren Sorgen ernst zu nehmen, statt diese als Kinderkram abzutun oder gar zu belächeln.

Deutliche Zeichen für eine beginnende Eßstörung sind, wenn die Tochter sich immer mehr zurückzieht, nicht mehr über sich erzählen will, dem gemeinsamen Essen fernbleibt, auffällig zu essen beginnt, immer mehr abmagert und häufig nach dem Essen aufs Klo geht. Dann ist der Zeitpunkt gekommen, an ein ernstes Eßproblem zu denken.

Auch in Zweierbeziehungen tauchen ähnliche Symptome auf: Die Frau entzieht sich mehr und mehr dem Partner, entwickelt sexuelle Unlust oder Abwehr, isoliert sich, verbringt immer mehr Zeit in der Küche oder beim Einkaufen, vernachlässigt Freunde und Hobbys beziehungsweise macht nur noch ›vordergründig mit‹. Nach außen hin hält sie weiterhin die positive Fassade aufrecht und tut so, als sei alles in Ordnung. Aber diese Haltung sollte nicht darüber hinwegtäuschen, daß sie trotzdem – oder gerade deshalb – ein ernstes Eßproblem hat. Bevor ich weiter über die Problematik von Magersucht und Bulimie im familiären und partnerschaftlichen Zusammenleben schreibe, möchte ich einige Fakten zu diesen Eßerkrankungen darlegen. Falls Sie darüber schon ausreichend informiert sind, können Sie die nächsten zwei Kapitel überspringen.

›Ich bin zu dick‹

Der gemeinsame Grundgedanke für die spätere Magersucht und Bulimie ist der Wunsch abzunehmen. Sei es, daß die Mädchen und Frauen real zu dick sind oder sich zu dick fühlen, auf jeden Fall wollen sie schlanker werden.

Das erreichen sie entweder über Diäten oder durch das Einschränken der normalen Nahrung, wobei sie hauptsächlich auf Fett und Kohlehydrate verzichten. Die Mahlzeiten bestehen dann bevorzugt aus Salat, Gemüse, Joghurt, Knäckebrot und allem, was nachweislich nicht dick macht. Das ist zwar in den seltensten Fällen das, was sie gerne essen würden, aber das einzige, das sie sich erlauben, zu sich zu nehmen. Bleiben sie bei ihrer herkömmlichen Nahrung und wollen oder können sie sie nicht reduzieren, so bleibt als Ausweg das Erbrechen.

Für mich ist die Bulimie die beste Methode, um weiterhin alles essen zu können und trotzdem abzunehmen. Wenn ich weiß, daß ich hinterher alles wieder erbreche, dann gestehe ich mir auch das Essen zu.

Die einen verwehren sich Nahrhaftes, die anderen erlauben sich Essen nur, wenn sie es nicht verwerten und wieder von sich geben. Wie auch immer, der natürliche Rhythmus von Hunger, Essen und Sattsein ist bei einer Eßerkrankung gestört. Magersucht und Bulimie gehören zu den weitverbreitetsten Eßstörungen, die wir kennen. Nach dem DSM III R (diagnostisches und statistisches Manual psychischer Störungen) zeichnet sich die Magersucht durch einen extremen Gewichtsverlust aus, der mindestens 25 Prozent des ursprünglichen Körpergewichts beträgt und der nicht durch eine körperliche Krankheit, sondern durch willentliche Nahrungsverweigerung verursacht wird. Eine Frau, die beispielsweise 50 kg wog, hungert sich allmählich auf ein Gewicht von 37 kg oder noch weniger herunter.
Bei der Bulimie, der sogenannten Eß-Brechsucht, magern die Betroffenen nicht in demselben Maße ab, sondern pendeln zwischen Freßanfällen und selbst herbeigeführtem Erbrechen hin und her. Oft ist es schwer zu sagen, wo eine Magersucht aufhört und eine Bulimie anfängt, da die verschiedenen Formen der Eßstörungen nicht eindeutig voneinander abgrenzbar sind, denn auch Magersüchtige haben – meist heimlich – Freßanfälle oder erbrechen ihr Essen und auch Bulimikerinnen können untergewichtig sein. Auch finden wir häufig einen Übergang von einer Form der Eßerkrankung zur anderen. Ungefähr 60 Prozent der Magersüchtigen entwickeln nach einiger Zeit eine Bulimie. Sie beginnen mit rapider Gewichtsab-

nahme durch Hungern und stark kontrolliertes Eßverhalten und enden in einem Teufelskreis aus Heißhungerattacken und Erbrechen. Oft geschieht der Übergang von der Magersucht zur Bulimie unter dem Druck der Umwelt, die Tochter oder Partnerin solle endlich essen. Die gutgemeinte Sorge führt dazu, daß die Magersüchtige bei Tisch ißt, um ihre Ruhe vor den Ermahnungen der anderen zu haben, dann aber heimlich aufs Klo geht und alles wieder erbricht, um nicht zuzunehmen. Die Bulimie kann aber auch als Folge der jahrelangen Zügelung des Essens auftreten, die dann endgültig in Gier und Freßattacken endet.

Der Ernährungsbericht 1992 beinhaltet neueste Untersuchungen zum Eßverhalten in der Bevölkerung. Für die Bulimie wurde eine Auftretenshäufigkeit bei Männern und Frauen in der Bevölkerung der BRD von 2,4 Prozent ermittelt. Definiert wurde Bulimie dabei als: regelmäßige Eßanfälle mit extremer Gewichtskontrolle über Erbrechen, Einnahme von Abführ- und Entwässerungstabletten, Appetitzügler und Sport. Auffällig ist, daß eine Differenzierung des Eßverhaltens nach Alter und Geschlecht keine bedeutsamen Unterschiede ergab.
»Dieses Ergebnis widerspricht bisherigen Annahmen, wonach für Männer eine deutlich geringere Prävalenzrate (Häufigkeitsrate) als für Frauen angegeben wurde.« (Ernährungsbericht, S. 212) Davon gehen auch noch die bisher gültigen Zahlenangaben aus. Danach sind schätzungsweise 500.000 Frauen in der BRD an Bulimie erkrankt, das sind 3,5 Prozent aller Frauen zwischen 15 und 35 Jahren (Fichter 1985). Feiereis spricht von 3 Prozent aller Mädchen/Frauen zwischen zwölf und 20 Jahren. Etwa 1,7 Prozent aller unter Bulimie Leidender sind Männer. Goff spricht von 5 Prozent. Bei all diesen Angaben müssen wir berücksichtigen, daß sie zum einen schon relativ alt sind und daß zum anderen mit einer hohen Dunkelziffer gerechnet werden muß. Insgesamt müssen wir mit einer größeren Anzahl von Betroffenen rechnen, da ein ständiger Anstieg der Erkrankungen zu verzeichnen ist.

Laut Ernährungsbericht stellt in Kliniken die Behandlung von normalgewichtigen Bulimikerinnen mit 1174 Fällen den Schwerpunkt aller Eßgestörten dar. Magersüchtige, die nicht erbrechen, machen 805 Fälle aus, Magersüchtige mit Erbrechen 683. In 71 befragten Kliniken wurden 1991 insgesamt 3520 PatientInnen mit Eßstörungen behandelt, einschließlich Eßsüchtiger mit Übergewicht und Eßanfällen.

Die Anzahl der Magersüchtigen ist im Verlauf dieses Jahrhunderts immer mehr gestiegen, sie hat sich sogar in den letzten zehn Jahren verdreifacht. Diese Aussage beruht jedoch hauptsächlich auf Schätzungen, da auch hier – wie bei der Bulimie – seit 1985 keine neuen epidemiologischen Untersuchungen (Untersuchungen über die Verteilungsrate von Eßstörungen) in Deutschland durchgeführt wurden. Auch der Ernährungsbericht macht leider keine Angaben über die Häufigkeitsrate für Magersucht.

Stützen wir uns wieder auf die Daten von Fichter von 1985, so können wir davon ausgehen, daß über 60.000 Frauen ab einem Alter von 12 Jahren in der BRD unter Magersucht leiden, das heißt jede 100. Frau beziehungsweise Mädchen zwischen zwölf und 20 Jahren. Weltweit sind es schätzungsweise 200 000 bis 400 000, von denen vier Prozent eine leichtere Symptomatik aufweisen. Die Auftretenshäufigkeit bei Jungen und Männern gegenüber magersüchtigen Mädchen und Frauen wird heute auf ein Verhältnis von ungefähr 1:9 geschätzt. Das bedeutet, daß auf neun eßgestörte Mädchen und Frauen ein Junge beziehungsweise Mann kommt. Fichter hatte 1985 noch von einem Verhältnis von 1:12 gesprochen. Die Häufigkeitsrate für männliche Magersüchtige beträgt 0,08 Prozent. Von zehntausend Jungen und Männern im Alter von zehn bis 25 Jahren erkranken also acht an Magersucht (zit. nach Stahr et al. 1995, S. 48). Auch hier kommt eine hohe Dunkelziffer hinzu, da viele Erkrankte heimlich hungern und daher nicht in den epidemiologischen Werten erfaßt sind.

Ich teile mit vielen KollegInnen die Meinung, daß mehr Männer an Eßstörungen leiden, als ihre geringe Anzahl in Kliniken oder ambulanten Praxen Glauben macht. Auch ist die Anzahl der Männer, die sich therapeutische Hilfe holen, steigend.

An den veralteten und ungenauen oder zum Teil sogar widersprüchlichen Zahlenangaben zur Auftretenshäufigkeit von Magersucht und Bulimie drückt sich das Faktum aus, daß die Forschung über Eßstörungen in der BRD relativ gering ist. Diese Tatsache habe ich mit großem Erstaunen und Verwunderung zur Kenntnis genommen, vor allem, wenn wir uns vorstellen, welche Ausmaße Eßstörungen heute schon unter Kindern und Jugendlichen annehmen. Dennoch scheint dieses Problem keinen großen gesellschaftlichen Stellenwert zu besitzen, um erforscht zu werden.

In einem persönlichen Gespräch mit Frau Merfert-Diete wurden mehrere Gründe deutlich, die dafür eine Rolle spielen könnten. Ein Hauptproblem epidemiologischer Untersuchungen (wie häufig Eßstörungen unter welchen Bedingungen auftreten) ist zum einen das Geld, das, wenn es zur Verfügung steht, hauptsächlich für die Drogenforschung ausgegeben wird. Obwohl auch die anderen Süchte, allen voran Alkoholismus und Eßstörungen, immense Kosten für das Gesundheitswesen darstellen, werden in sie viel weniger Mittel investiert. Gerade die Prävention, die in Kindergärten und Schulen beginnen müßte, wäre im Fall der Eßstörungen von großer Bedeutung. Dazu allerdings wären Untersuchungen über die Verbreitung der Eßstörungen in bestimmten Altersgruppen nützlich oder sogar unverzichtbar. Nur die Erwähnung im Ernährungsbericht, es gäbe keine Alters- und Geschlechtsdifferenzen, ist meiner Meinung nach zu unspezifisch.

Eine weitere Schwierigkeit epidemiologischer Untersuchungen besteht in der Uneinigkeit der Definition von bulimischem und magersüchtigem Verhalten. Je nach theoretischer Ausrichtung ändern sich die Auffassungen der Untersucher, wer als bulimisch und wer als magersüchtig einzustufen ist und ob Eßstörungen mehr den psychosomatischen Krankheiten oder der Sucht zuzuordnen seien. (Psychosomatisch bedeutet, daß sich psychische Probleme in körperlichen Symptomen niederschlagen.) Dieser Streit betrifft vorwiegend die unterschiedlichen Kostenträger der Behandlung, die im Fall der Sucht andere sind als im Fall einer psychosomatischen Erkrankung. Eine Übereinstimmung der Definitionen wäre im Interesse der Betroffenen begrüßenswert.

Obwohl sich auch die Frage aufdrängt, ob und was sich ändern würde, wenn wir wüßten, wie viele Frauen und Männer unter Magersucht und Bulimie leiden, und wer überhaupt ein Interesse an der Forschung hat. Die Pharmaindustrie wohl kaum, weil Eßstörungen nach wie vor nur in seltenen Fällen mit Medikamenten behandelt werden. Meines Erachtens müßten aber die Kostenträger ein Interesse haben, weil die Notwendigkeit für eine ambulante oder stationäre Therapie immer mehr steigt.

Störungsformen, Personengruppen und Altersstufen, die kein großes Aufsehen erregen, keine ausreichende Lobby besitzen oder an denen der Staat sogar noch verdient, scheinen in unserer Gesellschaft leicht ›vergessen‹ zu werden. Mit Alkohol- und Nikotinsteuern läßt sich das Staatssäckel aufbessern und an den Unmengen Essen, die für Freßanfälle gebraucht werden, verdient der Lebensmittelhandel. Eßstörungen sind die sogenannte ›Droge der Braven‹ (Daub, Lehnig, Merfert-Diete 1985), sie verlaufen unspektakulär, leise und im Schutz der Versorgung der Familie. Die ›Droge‹ selbst ist legitim und ihr Besitz stellt keine Straftat dar. Es drängt sich der Verdacht auf, daß Frauen, Kinder und Jugendliche, die vorwiegend betroffen sind, in einer patriarchal strukturierten medizinischen Versorgung zu wenig Interesse provozieren.

Wenn Essen und Hungern süchtig machen

Obwohl Essen, Erbrechen und Hungern keine Suchtstoffe sind, können sie als Droge eingesetzt werden. Und in diesem Sinne spreche ich von Magersucht und Bulimie als Suchterkrankungen, obwohl diese Sichtweise umstritten ist. Das Hauptargument gegen diese Auffassung ist, daß der Bulimie und Magersucht ungelöste Konflikte zugrunde liegen, die sich im Eßsymptom ausdrücken. Daher seien sie keine Sucht, sondern psychosomatische Krankheiten. Ich bin ebenso der Überzeugung, daß Eßstörungen nicht nur eine schlechte Angewohnheit sind, die es abzutrainieren gilt, sondern daß sie in verschlüsselter Weise auf Probleme der Mädchen und Frauen hinweisen, die ansonsten keine direkten Ausdrucksmöglichkeiten finden. Das trifft jedoch für alle Arten von Suchterkrankungen zu, weshalb man sie zu den psychosomatischen Erkrankungen zählt.

Die Auffassung, Eßerkrankungen zu den Süchten zu zählen, schließt also die psychodynamische Sicht des Problems nicht aus, sondern ergänzt sie um das Faktum der Suchtdynamik, die einen großen Teil des Erlebens Eßgestörter ausmacht. Psychodynamisch bedeutet im weitesten Sinne, daß unverarbeitete seelische Konflikte und Probleme hinter einem Symptom verborgen sind beziehungsweise sich in ihm niederschlagen. Die Therapie muß daher die individuellen Schwierigkeiten aufdecken und durcharbeiten, damit das Eßsymptom überflüssig wird.

Zugleich besitzen Eßerkrankungen wie gesagt eine Suchtdynamik, die es parallel dazu zu behandeln gilt. Diese Suchtdynamik bezieht sich auf das Gefühl, das Essen und die Gier nicht kontrollieren zu können, die Angst, ohne das Suchtmittel nicht zu überleben und die immer wieder erfolglosen Versuche, die Sucht zu stoppen.

Insofern finden wir sowohl bei der Bulimie als auch bei der Anorexie viele Parallelen zu anderen Suchterkrankungen wie Alkohol-, Drogen- oder Medikamentenabhängigkeit, die bei vielen Eßstörungen zusätzlich auftreten. Was die Medikamente betrifft, geht es vor allem um die Einnahme von Abführmitteln, Entwässerungstabletten und, im Zusammenhang mit der Bulimie, Appetitzüglern. Langjährige Erfahrungen mit Patientinnen haben mir gezeigt, daß bei den Eßerkrankungen viele Suchtmerkmale zutreffen, die auch andere Süchte auszeichnen. Ein wesentliches Merkmal der Sucht ist der Kontrollverlust. Er besteht bei der Magersucht aus der Unfähigkeit, mit dem Hungern aufzuhören, bei der Bulimie aus dem Unvermögen, das zwanghafte Überessen und Entleeren (Erbrechen, Abführmittel, Fasten) einzustellen. Die Betroffen können ihre Sucht nicht mehr stoppen, sie ›müssen‹ sich überessen, erbrechen oder hungern, wie unter einem Zwang. Die Droge ist dabei das Essen, Erbrechen oder Hungern.

»Freiwilliges exzessives Hungern ist nach Angaben von Patienten in der Wirkung dem Alkoholrausch sehr ähnlich. Eine Patientin, die Erfahrung mit übermäßigem Essen, mit exzessivem Hungern, Alkohol- und Medikamentenkonsum hatte, gab auf die Frage an, welches Suchtmittel die stärkste Wirkung auf sie ausübe: das Hungern. Hiervon käme sie am wenigsten wieder los.« (Bachmann, Röhr 1983)

Eine willentliche Kontrolle des Suchtmittels ist nicht mehr möglich, alle Versuche wie Versprechungen und Essenspläne scheitern. Der Entschluß: »Morgen esse ich normal, da fresse und erbreche ich nicht«, stellt sich lediglich als guter Vorsatz dar, ohne Konsequenzen für das Verhalten. Es liegt hier der verzweifelte Kampf gegen das Essen vor, der täglich immer wieder verloren wird und der an den Kampf des Alkoholikers gegen die Flasche erinnert.

In der Suchtarbeit unterscheiden wir zwischen stoffgebundenen oder auch substanzgebundenen und nicht-stoffgebundenen oder prozeßgebunden Süchten. Substanzgebundene Süchte sind alle Abhängigkeiten von einem suchtmachenden Stoff wie Alkohol, Heroin, Kokain, Medikamente, Nikotin, Koffein etc. Prozeßgebundene Süchte sind all jene, bei denen die Handlung selbst zur Abhängigkeit führt wie Spielen, Fernsehsucht, Sexsucht etc. Zur Sucht kann jeder Prozeß werden, über den wir machtlos sind und den wir nicht mehr unter Kontrolle haben. Eßsüchte werden unterschiedlich mal der einen, mal der anderen Kategorie zugeordnet. Für mich fallen sie unter die prozeßgebundenen Süchte, da, wie ich glaube, außer Zucker kein Lebensmittel im Sinne einer Substanzabhängigkeit wirkt.

Wie bei allen Süchten dreht sich auch bei den Eßstörungen das Leben der Betroffenen zwanghaft um das Suchtmittel, in diesem Fall um Essen oder Nichtessen. Das Essen bekommt auf diese Weise viele Funktionen, ist jedoch kein Lebensmittel mehr. Es wird als Problemlöser eingesetzt, der am Ende selbst zum Problem wird. Die Nahrung und das Hungern werden zur Ersatzbefriedigung des dahinterliegenden emotionalen Hungers und zu einer Methode, sein Leben zu bewältigen. Unangenehme Gefühle werden ›weggegessen‹ oder ›weggehungert‹. Essen und Hungern sind eine Antwort auf jedweden positiven oder negativen Streß. Probleme werden nicht gelöst, sondern durch Überessen und Hungern überspielt.

Die Betroffenen erzeugen durch Essen, Erbrechen oder Fasten einen Rauschzustand, der sich in einem Gefühl des ›Highseins‹, der Betäubung und der anschließenden ›Katerstimmung‹ äußert. Durch den Rausch werden vorübergehend Spannungen abgebaut, eine kurze Zufriedenheit hervorgerufen und die Wirklichkeit für einige Zeit ausgeblendet. Aber wie der Alkoholiker nach dem Suff einen Kater hat, so leiden auch Bulimikerinnen und Magersüchtige hinterher meist stärker als vorher. Magenschmerzen, Brennen im Hals, Müdigkeit, Kreislaufprobleme, Schlappheit, dumpfer Kopf, innere Leere und massive Schuldgefühle sind die Folge. Sie fühlen sich deprimiert, halten sich für schlecht, wertlos, haltlos und schmutzig. ›Was hat das Leben für einen Sinn, wozu soll das alles gut sein, ach wäre ich doch gar nicht da.‹ Viele Betroffene haben in solchen Momenten Selbstmordgedanken oder unternehmen Selbstmordversuche. Die Suizidrate ist bei Bulimie und Magersucht erschreckend hoch und liegt bei Werten zwischen fünf bis 20 Prozent, je nach Untersuchung.

Magersucht ist keine Appetitlosigkeit

Der Begriff Anorexie oder Anorexia nervosa bedeutet wörtlich übersetzt Appetitlosigkeit, was meiner Ansicht nach irreführend ist. Denn Magersüchtige essen im Grunde sehr gerne, erlauben es sich aber nicht. Ihr häufig großes Interesse am Essen zeigt ihre Leidenschaft für Kochbücher und das Bekochen anderer. Sie selber jedoch kasteien sich, glauben, mit einem Minimum an Essen auszukommen und sich, anders als alle anderen Menschen, über ihren Körper hinwegsetzen zu können.

Denn ihre ideale Vorstellung von sich ist es, bedürfnislos zu sein und ihren Körper und ihre Gefühle vollständig kontrollieren zu können.

Der Begriff der ›Mager-Sucht‹ beschreibt für mich das Phänomen dieser Hungerkrankheit eindeutiger. Denn für mein Verständnis handelt es sich um die Sucht, abzumagern, immer dünner zu werden, die ab einem bestimmten Punkt nicht mehr kontrollierbar ist. Auch wenn die Mädchen und Frauen abgemagert sind, fühlen sie sich oft noch zu dick, sie leugnen lange Zeit ihre körperliche Ausgezehrtheit und die möglichen körperlichen Folgeerscheinungen.

Magersüchtige hat es schon vor Jahrhunderten gegeben. Sie sind in der Überlieferung als »heilige Anorektikerinnen« (Bell 1985) im 13. Jahrhundert bekannt, die sich durch Fasten und Eintreten ins Kloster einer Zwangsheirat oder Übergriffen von Vätern und Brüdern entzogen. Nicht wenige wurden später als Heilige verehrt. Das bekannteste Beispiel ist Caterina von Siena, die mit den Worten: »Ich muß Gott dienen, nicht Männern« sich durch Fasten den Heiratsplänen der Familie widersetzte (v. Braun 1992, S. 215).

Hungernde Frauen gab es im Laufe der Zeit auch immer häufiger außerhalb der Klöster. Was sie mit ihren fastenden Klosterschwestern verband, war der Versuch, über die Nahrungsverweigerung eine Befreiung vom weiblichen Körper und der weiblichen Rollenzuschreibung zu bewirken. Es war ein Mittel der Selbstbestimmung und Autonomiefindung, eine Möglichkeit, die Sexualität zu verweigern und »Mauern um das Ich zu bauen« (ebd. S. 217), wo sie keinen anderen Weg sahen, um sich vor unerträglicher Einmischung von außen zu schützen. Daß in den Eßstörungen also der verzweifelte Versuch zum Ausdruck kommt, den eigenen Körper und die eigene Person »der Fremddefinition zu entziehen« (ebd. S. 236), gilt, wie wir später sehen werden, auch heute für viele Magersüchtige.

Bulimie – die Schwester der Magersucht

Auch das Phänomen des unersättlichen Hungers, wahllosen Verschlingens und Erbrechens von Essen hat eine lange Tradition und wird als Begleitsymptom einer Vielzahl von Krankheiten bereits von griechischen Autoren beschrieben. Als ›Boulimos‹ wurde schon von Homer die gräßliche Freßgier des Erysichthon bezeichnet, mit der er wegen eines Baumfrevels von Demeter, der Göttin der Kornfelder, bestraft wurde. (Einen genauen historischen Überblick gibt Ziolko in der Zeitschrift Fortschr. Neurol. Psychiat. 53, 1985.)
Ob Boulimos als Vorläufer der heutigen Bulimie anzusehen ist, ist schwer zu sagen, auffällig ist jedoch, daß seit der Antike Krankheiten bekannt sind, die sich durch übermäßigen Hunger und Erbrechen auszeichnen.
Dagegen stellen die ausschweifenden Freßgelage mit anschließendem Erbrechen, die bei den Römern etwa in dem Jahrhundert vor und nach der Zeitwende zur (Un)Sitte wurden, wohl keine Frühform der Bulimie dar. Anders als bei dem heutigen Krankheitsbild waren jene Exzesse nämlich stark mit Lust und Genuß verbunden und vor allem auch gesellschaftlich toleriert oder sogar anerkannt.
Was uns die Überlieferung allgemein deutlich macht ist, daß der ungewöhnliche Umgang mit Essen für den Menschen in allen Jahrtausenden Thema war.

Eine offizielle Definition der Eß-Brechsucht und die Anerkennung als eigenständiges Krankheitsbild existieren erst seit 1980. Die Bulimie ist also eine relativ ›neue‹ Krankheit, an der immer mehr junge Frauen und Mädchen erkranken. Galt sie bisher als ein Symptom der späten Adoleszenz (etwa im Alter von 20 Jahren) im Gegensatz zur Pubertätsmagersucht, so hat sich dieser Zeitrahmen in ein früheres Alter vorverschoben. Wir müssen davon ausgehen, daß bereits zwölfjährige oder noch jüngere Mädchen von einer bulimischen Eßstörung betroffen sein können.

Eine aktuelle Studie aus Uppsala/Schweden (Zeitschrift Eltern, April 1995) belegt, daß schon unter den Elfjährigen 49 Prozent der Mädchen und 26 Prozent der Jungen dünner sein möchten. Jedes sechste Mädchen und jeder siebte Junge haben bereits in diesem Alter schon einmal Maßnahmen zur Gewichtsreduktion ergriffen. 1970 waren es nur halb so viele. Bei den 14jährigen wollen 83 Prozent der Mädchen schlanker sein und 52 Prozent haben schon Diäten gemacht. Die Zahl der Jungen dagegen steigt nicht mit dem Alter. Hinzuzufügen ist noch, daß von den 236 untersuchten SchülerInnen 235 normalgewichtig waren, also vom objektiven Standpunkt aus nicht schlanker hätten werden müssen.

Obwohl es sich nicht um Daten aus Deutschland handelt, können sie doch auf die Situation in der BRD übertragen werden, da der Lebensstandard und die gesellschaftliche Situation beider Länder sehr ähnlich sind.

An dieser Stelle möchte ich auf das gängige Schönheitsideal verweisen, das durch hohe Maßstäbe an Schlankheit und Makellosigkeit gekennzeichnet ist und den Trend zum Abnehmenwollen verstärkt, ohne daß uns diese Tatsache bewußt ist. In Teil II gehe ich noch näher darauf ein.

Stellvertretend für viele andere Bulimikerinnen erzählt Petra ihre Geschichte:

Es fing ganz harmlos an. Ich wollte etwas abnehmen, weil ich meinen Bauch zu dick fand und ich im Sommer wieder einen Bikini tragen wollte. Da war ich 15 Jahre alt. Ich machte eine Diät und erreichte mein Wunschgewicht in nur einer Woche. Aber wie sollte ich diese Schlankheit bewahren, wenn ich wieder normal aß? Eine Schulfreundin gab mir den Tip, das Essen einfach zu erbrechen. Dann könne ich essen, was und wieviel ich wolle, und nähme doch nicht zu. Das schien die ideale Lösung und die Verheißung einer immerwährenden Schönheit zu sein. Zuerst kotzte ich nur selten, weil ich ansonsten mein Essen einschränkte. Aber mit der Zeit wurde mir das Völlegefühl im Bauch immer unerträglicher, und ich konnte kaum noch eine Mahlzeit bei mir behalten. Bald übergab ich mich nach jedem Essen, entwickelte aber auch immer häufiger Freßanfälle mit Eßwaren, die ich mir sonst verbot: Nudeln, Schokolade, Brot, Wurst, Kuchen. Am Ende landete alles im Klo. Danach aß ich dann meist nur einen Magerjoghurt oder einen Apfel, den ich dann bei mir behielt.

Heute ist es so schlimm, daß ich bis zu zehn mal täglich fresse und kotze. Ich kann dem Essen nicht mehr locker begegnen und habe oft das Gefühl, es überrollt mich wie eine große Welle. Meine Gedanken kreisen ständig um Essen, Nicht-Essen, Abnehmen, Schlanksein. Meistens esse ich so viel, wenn ich allein bin oder vor einem Problem stehe, das ich nicht gleich lösen kann. Wenn ich einen Freßanfall bekomme, esse ich mehrmals täglich bis zu 4000 Kalorien. Hinterher fühle ich mich dann sehr elend, habe starke Schuldgefühle, Selbstzweifel und schäme mich meines Körpers. Für den nächsten Tag nehme ich mir vor, vernünftiger zu essen. Aber je mehr ich es mir vornehme, desto intensiver sind meine Gedanken am Essen und desto mehr schlinge ich in mich hinein. Ich bin dann zum Teil unfähig, wichtige Dinge zu erledigen, tue aber auch nichts mehr, was mir früher Spaß machte. Ich ziehe mich immer mehr von meinen Freunden zurück und traue mich manchmal gar nicht mehr unter Leute. Das passiert vor allem dann, wenn ich zugenommen habe und mich nur noch dick, häßlich und abstoßend finde. Dann schäme ich mich meines Aussehens und habe starke Minderwertigkeitsgefühle.

Ich glaube, ich esse so viel und so oft, weil es für mich die schnellste und sicherste Methode der Befriedigung darstellt. Das Essen kann mir keiner wegnehmen. Ich denke, daß ich viele Gefühle durch das Essen zudecke und nicht mehr spüren muß, wenn ich wütend, traurig oder einsam bin.

Wie häufig am Tag oder in der Woche sich Mädchen und Frauen vollfressen und dann erbrechen, ist unterschiedlich und schwankt auch oft bei den Betroffenen selbst. Eine statistische Erhebung von Gross hat folgende Verteilung ermittelt:

60 Prozent der betroffenen Frauen haben ein- bis zweimal täglich einen Freßanfall mit anschließendem selbstinduzierten Erbrechen, 30 Prozent tun dies sechsmal täglich und 10 Prozent der Betroffenen noch häufiger.

Auch die Höhe des Gewichts variiert bei Bulimikerinnen und kann um zehn bis 20 kg schwanken. Die meisten haben ein normales Gewicht, andere sind übergewichtig oder untergewichtig, in der Regel magern sie jedoch nie so stark ab wie Magersüchtige, nehmen aber auch nicht so viel zu, wie Übergewichtige. Laut dem DSM III R beträgt die Gewichtsabnahme bei der Bulimie weniger als 25 Prozent des ursprünglichen Körpergewichts.

Diese Tatsache macht einen wesentlichen Unterschied zu den anderen Eßstörungen aus: Die Bulimie und ihre Folgen sind in der Regel nicht sichtbar. Anders als bei Magersüchtigen, die mit zunehmender Gewichtsabnahme immer elender aussehen oder bei Eßsüchtigen, die durch einen immer größer werdenden Körperumfang zeigen, daß sie Probleme mit dem Essen haben, sind Bulimikerinnen ihre Schwierigkeiten nicht anzusehen. Zudem sind sie oft sehr attraktiv, wirken aufgeschlossen und niemand käme auf die Idee, daß sie sich überessen und erbrechen. Ohne aufzufallen können sie ihrer Sucht nachgehen und sich und ihrer Umwelt jahrelang vortäuschen, daß alles in Ordnung sei. Ihre Not wird daher von den anderen meist nicht erkannt.

Der Körper macht oft lange mit

Was vielen von einer Eßstörung Betroffenen ebenso wenig bewußt ist wie auch den meisten Angehörigen und sogar manchen Therapeuten, ist die Tatsache, daß das extreme Eßverhalten zu massiven körperlichen Schäden führen kann, oft sogar mit Todesfolge.

Es geht hier nicht um Panikmache oder Einschüchterung, sondern um medizinische Befunde. Vor allem auf dem Hintergrund der

Tatsache, daß der Körper der jungen Mädchen und Frauen sehr lange ›mitmacht‹. Ich bin immer wieder verblüfft, wenn Frauen schon lange Zeit hungern oder sich überessen und erbrechen und nur geringfügige körperliche Beeinträchtigungen aufweisen. Diese dürfen aber nicht darüber hinwegtäuschen, daß der gesamte Organismus im Laufe der Zeit erheblich in Mitleidenschaft gezogen wird. Denn eine Unterernährung führt zum Angriff der Eiweißdepots, beispielsweise des Herzens oder Gehirns, und zu teilweise irreversiblen Organschäden. Durch bildgebende Verfahren wie die Computertomographie konnte gezeigt werden, daß das Gehirn bei ausgeprägter Unterernährung schrumpft und sich die mit Gehirnflüssigkeit gefüllten Hohlräume entsprechend erweitern. Durch die Auszehrung kann sich der Stoffwechsel verändern, die Haare können ausfallen, die Haut kann austrocknen, der Körper auskühlen und sich mit einer Flaumbehaarung schützen, der Blutdruck abfallen und die Regelblutung aussetzen. Daß diese Amenorrhö in der Hälfte der Fälle schon vor der körperlichen Gewichtsabnahme auftritt, ist meiner Erfahrung nach nicht nur ein Hinweis auf die damit verbundenen psychogenen Faktoren. Sie beziehen sich im wesentlichen auf die Angst vor dem Erwachsenwerden und der Übernahme von Verantwortung. Das Abmagern auf kindliche Dimensionen dient gleichsam der Reduzierung der weiblichen Funktionen, einer ›Neutralisierung‹ des Körpers und dem Ungeschehenmachen körperlicher Aspekte adoleszenter Veränderungen (Bruch 1985).

Aufgrund der mangelnden Nahrungszufuhr magern die Mädchen häufig so stark ab, daß ihr Gewichtsverlust lebensbedrohlich wird. Eine zusätzliche Infektion kann den Körper in diesem Zustand dermaßen schwächen, daß er sich nicht mehr gegen die Krankheit wehren kann. Bei dieser Lebensbedrohung oder einer allgemeinen Verschlechterung des Gesundheitszustands ist die Einweisung in ein Krankenhaus manchmal unumgänglich und eine künstliche Ernährung die einzig lebensrettende Maßnahme. Diese Intervention ist keine Magersuchtstherapie, sondern lediglich ein notwendiges medizinisches Vorgehen bei Lebensgefahr. Dabei sollte unbedingt auf die seelische Begleitung und Unterstützung geachtet werden, da es sich ja um einen massiven Eingriff handelt. Magersüchtige reagieren meist mit Panik auf die künstliche Ernährung, denn sie stellt eine Zwangsmaßnahme dar und widerspricht dem, was sie durch ihre Krankheit eigentlich erreichen wollen: Autonomie und Unabhängigkeit. Die wird ihnen vollständig genommen, und sie werden gezwungen, sich dem Diktat der Eltern und Ärzte zu beugen.

Ich erinnere mich an einen männlichen Magersüchtigen, der in eine Klinik zur Sondenernährung eingeliefert wurde, weil er immer mehr abnahm. Er fühlte sich so gedemütigt durch diese Behandlung, daß er die Schläuche lockerte und die Flüssigkeit herauslaufen ließ. Er verließ kurz darauf auf eigene Verantwortung die Klinik, fuhr nach Hause und nahm in kurzer Zeit so viel zu, daß er wieder an der stationären Behandlung teilnehmen konnte.

In den Kliniken sind die Ärzte und das Personal weder zeitlich in der Lage noch fachlich dazu ausgebildet, eine Magersüchtige emotional zu unterstützen und auf ihre Probleme einzugehen. Es ist auch nicht ihre eigentliche Aufgabe. Um so notwendiger ist die Begleitung durch eine Vertrauensperson, die Eltern, eine Therapeutin oder jemand, der der Betroffenen nahesteht. Das Ziel ist, ihr ihren lebensbedrohlichen Zustand bewußtzumachen, ohne sie in ihrer Panik alleinzulassen, sie in ihrer Not anzuhören und Verständnis aufzubringen sowie sie zu motivieren, von sich aus zu essen und zuzunehmen. Das wird um so erfolgreicher zu erreichen sein, je mehr die Betroffene versteht, daß ihr Weg in die Magersucht eine Sackgasse ist und sie lernen kann, sich auf andere Weise als über Hungern zu behaupten.

Durch Erbrechen und abführende sowie harntreibende Mittel, die sowohl bei Magersucht als auch bei Bulimie eingenommen werden, wird der Elektrolythaushalt stark gestört und es kommt unter anderem zu einem Natrium- und Kaliummangel, der zu Nierenfunktions- und Herzrhythmusstörungen führen kann bis hin zu Nieren- und Herz-Kreislaufversagen (Langsdorff 1985, S. 100 f: Ergebnisse der ernährungspsychologischen Forschungsstelle der Georg-August-Universität Göttingen, Prof. Pudel).

Der Verlust an Magensäure bedingt Schwäche, Müdigkeit, Unruhe und Angstgefühle. Der Überschuß an Magensäure im Rachen-Mundbereich läßt die Speiseröhre entzünden und die Speicheldrüsen anschwellen, was die Ursache für die sogenannten ›Hamsterbacken‹ bei der Bulimie ist (Fichter 1988).

Die Magensäfte, die beim Erbrechen in den Mund gelangen, greifen die Zahnbeläge an und rufen Karies und Zahnausfall hervor. Sicherlich läßt sich dies mit Kronen kaschieren, den Verlust gesunder Zähne beheben sie jedoch nicht.

Viele Bulimikerinnen beklagen einen starken Haarausfall und beobachten Zyklusstörungen. Bei Mädchen, die erst mit dem Erbrechen beginnen oder bei Frauen, die sich nicht von selbst übergeben können, kann es durch Manipulation mit dem Finger oder Gegenständen im Rachenraum und der Speiseröhre zu Verletzungen kommen.

An dieser Stelle ist es mir wichtig darauf hinzuweisen, daß oft, vor allem zu Beginn, eine Psychotherapie als alleinige Behandlung nicht ausreicht, weil dann die Gefahr besteht, Mangelerscheinungen zu übersehen. Deshalb ist die Zusammenarbeit mit einem Arzt oder einer Ärztin unerläßlich.

Wie bei der Magersucht liegt auch bei der Bulimie eine verzerrte Wahrnehmung des Körpers vor. Die Betroffenen können ihre wahre Gestalt nicht mehr einschätzen und nehmen häufig Körpersignale wie Kälte, Hunger, Sattsein, Durst und Müdigkeit nicht mehr wahr. Dadurch vernachlässigen sie ihren Körper oder verletzen ihn sogar. Chronische Übermüdung, Auszehrung und Unterkühlung sind die Folge. Werden physiologische Bedürfnisse nicht befriedigt, äußert sich das in einem diffusen Unwohlgefühl, das mit Essen oder Hungern beantwortet wird.

Bei Bulimikerinnen treten häufig Freßanfälle in Momenten auf, in denen sie eigentlich müde sind. Sie nehmen diese Empfindung jedoch nicht wahr, sondern spüren statt dessen einen Heißhunger und fangen an, sich zu überessen. Magersüchtige registrieren oft nicht, daß ihnen kalt ist, sie ziehen sich zu dünn an, und der Körper unterkühlt. Zur Genesung gehört daher neben der Veränderung der Eßgewohnheiten auch der sorgende Umgang mit dem Körper. Denn die Nichtbeachtung der körperlichen Signale schädigt nicht nur den Organismus, sondern ist auch ein Begleitsymptom der Eßerkrankung.

Die ärztliche Aufklärung kann wachrütteln

Mädchen und Frauen mit einer Eßstörung sind oft zu Beginn der Krankheit für eine Psychotherapie nicht zugänglich. Die Sorge der Eltern um den körperlichen Zustand der Tochter oder Unregelmäßigkeiten der Menstruation sind daher Gründe, den Kinder- beziehungsweise Hausarzt oder Gynäkologen aufzusuchen. Auf diese Weise werden Ärzte und Ärztinnen in der Regel zur ersten Anlaufstelle für Magersüchtige und Bulimikerinnen und haben bei der Aufdeckung dieser Erkrankungen eine entsprechend große Bedeutung.

Oft habe ich gehört, daß Mädchen und Frauen ›aufwachten‹, als ihre Ärzte sie direkt mit ihrer Krankheit und den möglichen Folgen konfrontierten und ihnen so den Weg in eine Therapie ermöglichten. Das verlangt aber von den Ärzten, nicht nur die Symptome zu behandeln, deretwegen die Betroffenen in die Sprechstunde kommen, sondern zu erkennen, daß zum Beispiel eine Magersucht die Ursache einer Menstruationsstörung sein kann.

Leider geschieht dies heute immer noch zu selten. Im Blickpunkt der ärztlichen Behandlung steht nach wie vor der körperliche Befund, dem mit den effektivsten Mitteln ›zu Leibe gerückt‹ wird. Schlechte Elektrolytwerte können durch Zufuhr von Natrium, Kalium, Kalzium und Magnesium ausgeglichen werden, Vitaminmangel durch Vitaminpräparate und Zyklusstörungen durch Hormongaben. Und wenn die Blutwerte wieder stimmen, scheint die Welt in Ordnung zu sein. »Was regt ihr euch denn so auf, meine Werte sind doch gar nicht so schlecht.« Und insgeheim ist die Tochter erleichtert, da sie sich in Sicherheit wähnt und keinen zwingenden Grund hat, ihre Situation überdenken zu müssen. Auf diese Weise wird eine Scheinberuhigung aufgebaut, mit der alle Beteiligten einigermaßen leben können. Bis zur nächsten Blutuntersuchung.

Es ist jedoch eine Illusion, gute Blutwerte mit Genesung gleichzusetzen. Sie weisen zwar auf eine Stabilisierung des körperlichen Zustands hin, die Magersucht besteht jedoch weiterhin.

»Die Diagnose einer Magersucht läßt sich nicht anhand von Laborwerten stellen. Laboruntersuchungen geben nur Auskunft über das Ausmaß der Unterernährung und sie können helfen, andere denkbare Ursachen eines vorliegenden Zustands der Unterernährung auszuschließen.« (Fichter 1988)

Sofern keine andere körperliche Erkrankung die Auszehrung bedingt, kann sie nur Folge einer gewollten Nahrungsverweigerung sein, und damit liegt mit hoher Wahrscheinlichkeit eine anorektische Erkrankung vor. Schwieriger wird die Entdeckung einer Bulimie, da diese durch ihre äußere Unauffälligkeit besser geheimgehalten werden kann. Der Verdacht einer bulimischen Erkrankung ergibt sich weniger durch einen Laborbefund des Blutes, sondern eher durch die oben erwähnten chronischen Entzündungen und durch Hautveränderungen, vor allem trockene, schuppige Haut.

Weitere Indizien sind Zahnabdrücke auf dem Handrücken durch das Finger-in-den-Hals-Stecken, ein Unter- oder Übergewicht und die Ausbildung von Hamsterbacken, die ihrerseits auf einen langjährigen Verlauf und eine mögliche Chronifizierung der Krankheit hinweisen.

Auf der Verhaltensebene fallen Bulimikerinnen noch stärker als Magersüchtige durch ihre lächelnde und perfekte Fassade auf, hinter der sie alle Probleme verbergen. »Die oft verbissene Mir- geht's-ja-gut-Attitüde ist so charakteristisch, daß sie als Differentialdiagnostikum gegen ein organisches Leiden gewertet werden kann.«

(Klessmann 1988) Ein Differentialdiagnostikum ist ein Unterscheidungsmerkmal, mit dem eine Krankheit von einer anderen abgegrenzt beziehungsweise eine bestimmte Krankheit ausgeschlossen werden kann.

Das Leugnen und Abwehren einer vorhandenen Eßerkrankung und der verzweifelte Versuch, dem Arzt und der Ärztin zu beweisen, daß es ihnen gutgeht, ist daher eher ein Indiz für eine Eßstörung als ein Argument dagegen.

Vergessen werden sollte nicht die Rolle der Zahnärzte, da vor allem Bulimikerinnen und Magersüchtige mit häufigem Erbrechen starke Karies und Zahnausfall bekommen. Hier können sich für den erfahrenen Arzt Verdachtsmomente für das Vorliegen einer Eßstörung auftun.

Wie können Ärzte nun reagieren, wenn sie eine Eßstörung als Ursache der körperlichen Symptome nicht ausschließen können? Sie sollten bei einem Verdacht auf eine Magersucht oder Bulimie die Patientinnen direkt darauf ansprechen, um so den Heimlichkeitszirkel zu durchbrechen, der zur Aufrechterhaltung jeder Sucht dazugehört. Da wir ja wissen, daß Magersüchtige und Bulimikerinnen ihre Krankheit geheimhalten wollen, hoffen sie, meist zu Recht, daß der Arzt sie rein körperlich behandelt und das Thema Eßstörungen nicht anspricht. Aber in einer verborgenen Ecke ihrer Seele wünschen sie sich doch eine Aufdeckung ihres Geheimnisses. Sie sehnen sich danach, in ihrer Not erkannt zu werden, mit der stillen Hoffnung, daß dem Teufelskreis endlich ein Ende gesetzt wird. Sie werden dies zwar nie sofort zugeben, sondern sich dagegen wehren, aber viele haben die direkte und unerwartete Konfrontation mit den Folgen ihrer Krankheit später zu schätzen gewußt.

Bleibt die Patientin weiterhin in Behandlung, so sollte sich eine ausführliche Aufklärung über die Krankheit und deren Gefährlichkeit anschließen: Werden Magersucht und Bulimie nicht behandelt, kann es zu den obengenannten körperlichen Schäden, zu Depressionen und Suizid kommen. Hilfe braucht dabei aber nicht nur der malträtierte Körper, sondern auch die Seele. Denn Bulimie und Anorexie lassen sich nicht auf ein gestörtes Eßverhalten oder abweichendes Gewicht reduzieren, sondern sind zugleich mit psychischen Problemen verbunden.

Dennoch muß die körperliche Seite stabilisiert werden, um eine Psychotherapie möglich zu machen. Bei zu starkem Untergewicht ist der gesamte Stoffwechsel gestört, und das kann zu einer Art ›Rauschzustand‹ führen. Die betroffenen Frauen sind dann einer psychotherapeutischen Behandlung häufig nur sehr eingeschränkt zugänglich oder gewachsen.

Oft ist es auch hilfreich, den Mädchen und Frauen klarzumachen, daß sie nicht als einzelne betroffen sind, sondern viele andere auch unter Bulimie oder Anorexie leiden und vielen geholfen werden konnte. Denn vielfach meinen sie, daß nur sie ›so gestört‹ seien und werten sich dafür ab.

Ärzte können keine Magersuchts- oder Bulimie-Therapie machen, außer sie sind dafür ausgebildet. Aber sie sollten wachsam sein und den Betroffenen die Möglichkeit eröffnen, sich mit ihrer Krankheit auseinanderzusetzen. Das tun sie, indem sie ihre Patientinnen ernst nehmen und nicht die Verleugnung fortführen.

Sie sollten jedoch auch der Versuchung widerstehen, zuviel für die Patientinnen zu tun und Verantwortung für sie zu übernehmen. Kontakte zu Selbsthilfegruppen beispielsweise oder zu therapeutischen Einrichtungen sollten die Betroffenen selbst knüpfen. Im Anhang dieses Buches sind Adressen von Anlaufstellen aufgelistet, die Ärzte ihren Patientinnen aushändigen können. Hingehen müssen sie jedoch allein.

Die Motivation der Patientin ist dabei das Wichtigste. Sie kann im Einzelfall erhöht werden, wenn ihr die negativen Konsequenzen ihres Eßverhaltens deutlich vor Augen geführt werden.

Bei uns hat sich eine interessante Krise ergeben, die eventuell einen Umschwung anzeigt. Ein Teil der magersüchtigen Krankheit ist ja oft der übermäßige Sport. Meine Tochter ist in der Schule die beste Turnerin gewesen und war jeden Nachmittag noch im Turnverein. Das hat sich dann so übermäßig gesteigert, daß sie von der Schule zum Sportverein ging, dann zum Joggen, dann im Hobbyraum gejumpt ist, wie sie das nannte, und dann zur Fitneß-Gymnastik – und das alles an einem Tag, und dazwischen, wenn sie noch Glück hatte, zum Ballett. Das heißt, sie war von drei Uhr nachmittags bis abends um neun mit Sport beschäftigt. Das konnte nicht gutgehen.

Aber über den Sport haben wir vielleicht jetzt eine Lösung. Denn sie hatte sich zu einem großen Wettbewerb angemeldet und sollte daraufhin zum Arzt gehen. Die Trainerin hatte ihr gesagt, sie müsse zunehmen, sonst könne sie nicht teilnehmen. Denn so dünn könne sie sich nicht zeigen, sonst hieße es: »Was, laßt ihr da eine Magersüchtige auftreten?« Das war für sie der Grund, zum Arzt zu gehen. Bei den ergometrischen Messungen kam dann heraus, daß sie schon enorm viel an Kraft verloren hatte und der Elektrolythaushalt durcheinander war. Das hat ihr einen solchen Schreck eingejagt, daß sie nun anfing, Sachen zu essen, die sie sonst vermied.

Sie mußte auf einen Nullpunkt kommen, wo das, was für sie am wichtigsten war – der Sport – gefährdet war. Jetzt hat sie sich von dem Arzt einen Speiseplan machen lassen und ißt, allerdings erst seit drei Tagen, Kartoffeln und Fleisch und nimmt nun angeblich 3500 Kalorien am Tag zu sich. Das finde ich allerdings nun sehr viel, weil ihr ganzer Körper durcheinander kommt. Aber es muß wohl erstmal alles durcheinander kommen, damit eine Wende möglich wird.

Dieses Erlebnis war für das betroffene Mädchen ein wesentlicher Schritt auf dem Weg der Genesung, jedoch nicht ausreichend, um eine stabile Veränderung zu bewirken. Oft reicht ein einzelnes Tiefpunkterlebnis nicht aus, sondern die Betroffenen brauchen viele solcher Erlebnisse, um zur Krankheitseinsicht zu gelangen. Manche wachen erst auf, wenn ihr Körper massiv mit Ohnmacht oder Schwächeanfällen reagiert.

Auch vom Arzt regelmäßig angesetzte Termine in kürzerer Abfolge können den Patientinnen die Dringlichkeit ihrer Situation verdeutlichen. Wenn sie selbst ihren körperlichen Zustand schon negieren, so sollten zumindest die Behandelnden die Eßgestörten ernst nehmen und mit dem nötigen Nachdruck auf sie reagieren. Sonst machen sie sich zu Helfershelfern der Krankheit, anstatt zu Verbündeten der Gesundheit.

Hilflosigkeit und Wut der Angehörigen

»Das Schlimmste ist die Hilflosigkeit, daß man nichts machen kann.«

Die vorherrschenden Gefühle von Angehörigen eßgestörter Mädchen und Frauen sind Hilflosigkeit und verdeckte Wut. Eltern und Partner sind ratlos, wie sie auf die Betroffene eingehen sollen und wie sie sie zu einer Therapie motivieren können.

Eltern fühlen sich durch die magersüchtige oder bulimische Tochter zum Teil ›kaltgestellt‹, da sie sich ihnen verschließt, sich aggressiv abgrenzt und weder auf Druck noch auf gutes Zureden reagiert. Dieses Verhalten befremdet sie vor allem deshalb, weil gerade diese Tochter früher angepaßt und willig war. Die meisten Eltern erlebten ihre Tochter vor der Eßerkrankung als ein braves Kind, das immer tat, was andere von ihr wollten, die fleißig, unauffällig und ›pflegeleicht‹ war. Ihr heutiger Widerstand entspricht nun gar nicht dem Bild, das sie sich bisher von ihrer Tochter gemacht haben. So leiden die Eltern nicht nur unter dem ungewöhnlichen Eßverhalten und dem Untergewicht der Tochter, sondern zugleich unter ihrem veränderten Verhalten, das sie immer weiter von ihnen distanziert. Ihre bisherigen Erziehungsweisen scheinen wirkungslos geworden zu sein, und es sieht so aus, als hätten sie die elterliche Macht über die Tochter verloren. Daß sie gegen den Willen der Tochter nichts ausrichten können, führt zu dem Gefühl der Hilflosigkeit.

Die Erfahrung, einen anderen Menschen erreichen zu wollen und an ihm abzuprallen, dürfte jeder schon einmal gemacht haben. Wir erleben sie um so intensiver, je näher und wichtiger uns der andere ist. In die Hilflosigkeit und den Schmerz mischt sich mit der Zeit auch Ärger und Wut. Eltern müssen zusehen, wie sich die Tochter ›zu Tode hungert‹, Partner erleben täglich den gleichen Kampf gegen das Überessen und Erbrechen mit, der sie abstößt und den sie am liebsten sofort abstellen würden. Was sie vom Gegenüber erfahren ist nur Aggression, Unverständnis, Ungeduld, Rückzug und Ablehnung.

Die Magersüchtige oder Bulimikerin signalisiert: »Laßt mich bloß alle in Ruhe, ich habe eure ewigen Ermahnungen und Kontrollen satt.« Sie will keine Hilfe, weil jede Unterstützung als Bevormundung erlebt wird und mit Angst verbunden ist. Wer würde da nicht sauer werden?

Aus der therapeutischen Arbeit mit Süchtigen wissen wir, daß niemand eine Süchtige, auch keine Eßsüchtige, zu einer Therapie bewegen kann, wenn sie es nicht selbst will. Erst in dem Augenblick, wo sie Einsicht in die eigene Krankheit bekommt und ihr Leiden unter der Sucht größer ist als der Gewinn, wird sie bereit sein, Hilfe anzunehmen. Wenn die Betroffene keine Motivation besitzt, sich behandeln zu lassen, wird daran niemand etwas ändern können. Und genau diese Tatsache macht hilflos.

»Es macht einen fast verrückt, nichts ausrichten zu können und so ohnmächtig zu sein«, klagt ein Vater und lenkt sofort von sich ab, indem er die Frage anschließt, wie man denn am besten ein Gespräch mit der Tochter beginnen könne. Seine Reaktion ist typisch, denn es ist schwer, die eigene Hilflosigkeit auszuhalten. Viele flüchten sich daher in einen starken Aktionismus: Sie informieren sich laufend über Eßstörungen; lesen jedes Buch dazu – auch dieses –; stellen endlose Fragen an Fachleute, was sie tun können oder was sie besser lassen sollten; reden auf die Tochter ein; fangen an zu kontrollieren, was sie ißt; klagen ständig über ihren Kummer mit der Tochter oder der Partnerin; streiten sich mit dem Ehepartner über die zu ergreifenden Maßnahmen und richten ihr Leben immer mehr an der Eßstörung aus. Sie sind ganz auf die Magersucht oder Bulimie fixiert und auf den Gedanken, etwas tun zu müssen. Sie können weder von dem einen noch von dem anderen loslassen.

Wenn sie nichts mehr probieren, haben sie Angst, daß dann alles noch schlimmer würde. Irgend etwas tun gibt mehr Sicherheit, als sich einzugestehen, im Moment nichts ausrichten zu können. Es ist jedoch eine Scheinsicherheit, und der Nutzen der unzähligen Aktionen ist gering.

Genauso verhält es sich auch mit der Suche der Eltern nach dem rettenden Hinweis, was sie tun sollen. Sie fragen immer wieder, ob das, was sie bisher getan haben, richtig war oder ob sie ihre Strategie besser verändern sollten. Die Antworten akzeptieren sie jedoch meist nicht. Wenn sie beispielsweise hören, daß es besser sei, die Tochter und die Kontrolle über ihr Essen loszulassen, lehnen sie dies mit dem Argument ab, es sei nicht machbar, oder sie hätten es schon ohne Erfolg ausprobiert oder sie hielten nichts davon. Wie auch immer, der fachliche Rat wird verworfen, um nach kurzer Zeit erneut erbeten zu werden – mit demselben Resultat. Mag sein, daß wirkliches Interesse an einer Antwort hinter den Fragen steht, sie klingen jedoch spätestens nach dem dritten Mal nicht mehr überzeugend, sondern nur noch rhetorisch. Im Grunde lassen sie ihr Gegenüber ähnlich abblitzen wie es die Tochter mit ihren Eltern tut.

Die Süchtige, die Angehörigen und die Therapeuten müssen sich also mit der Tatsache ihrer Hilflosigkeit, ihrer Machtlosigkeit und ihren Grenzen auseinandersetzen. Das sind Themen, die zu unserem Leben dazu gehören, die wir jedoch im normalen Alltag vermeiden, solange alles gutgeht.

In dem Moment, in dem wir uns jedoch auf diese Seiten unserer Existenz einlassen, nämlich auf unsere Hilf- und Machtlosigkeit, werden wir erfahren, ob und wie wichtig uns Macht und Einfluß im Umgang mit anderen Menschen sind und wieviel Angst wir bekommen, wenn wir uns machtlos fühlen. Unsere westliche Kultur und Lebensform neigen dazu, das Thema Hilflosigkeit auszublenden. Im Gegenteil. Wir haben gelernt, daß wir fast alles erreichen können, wenn wir uns nur ordentlich anstrengen. In diesem Denken bedeutet die Tatsache, ein Problem nicht lösen zu können, eine Bankrotterklärung und muß daher vermieden werden.

Suchterkrankungen gehören jedoch zu jenen Herausforderungen, die wir sinnvoll nicht mit noch mehr Anstrengung und Bemühen beantworten können, sondern durch Innehalten. So, wie sich die Betroffenen im ersten Genesungsschritt ihre Machtlosigkeit gegenüber ihrer Sucht eingestehen müssen, so müssen die Angehörigen ihre Grenzen in bezug auf die eßgestörte Tochter oder Partnerin akzeptieren. Denn je mehr Druck sie ausüben, um so mehr Gegendruck werden sie erfahren und es kommt zu den endlosen, verletzenden, aber ineffektiven Machtkämpfen.

Wenn die Tochter ›Terror macht‹

Wenn sich Eltern bei ihrer Suche nach Unterstützung und Rat an Therapeuten wenden, stehen am Anfang der Gespräche ausführliche Berichte über ihre Schwierigkeiten mit der magersüchtigen oder bulimischen Tochter. Wie schon erwähnt beklagen sie sich vor allem über die Aggressivität der Tochter und die Art und Weise, wie sie die gesamte Familie terrorisiert. Die Mutter einer 14jährigen magersüchtigen Tochter berichtet:

Unsere Tochter ist in einer Form aggressiv, die sehr schwer zu ertragen ist. Sie beschimpft mich fast unentwegt, meinen Mann auch, aber nicht so stark wie mich. Ein normales Gespräch ist gar nicht mehr möglich, es geht gleich in Schreien und Aggressionen über. Über ihre Krankheit oder über Essen können wir nicht vernünftig reden, dann flippt sie sofort aus, heult und schmeißt die Türen. Letzte Woche hatten wir einen Termin in einer Beratungsstelle, aber sie sträubte sich mit Händen und Füßen dagegen mitzukommen. Sie schrie und tobte, weil sie keine Einsicht in ihre Krankheit hat. Es war schrecklich.
Sie fängt jetzt auch schon an, Vorgaben zu machen, was ich einkaufen und kochen soll und sie ißt auch nur das, was sie bestimmt. Und wehe, ich stelle den Essensplan um und koche, was ich will, dann macht sie Zicken, weil man ihren Wünschen nicht nachkommt. Einmal wollte sie, daß ich mittags Blumenkohl in Salzwasser koche. Ich sagte nein, heute koche ich keinen Blumenkohl, weil ich heute nicht einkaufen gehe. Dann machte sie Terror und erpreßte mich: Sie ginge erst in die Schule, wenn ich ihr verspreche, Blumenkohl zu kochen.
Ich kann mich ihr nicht entziehen, weil sie mir keine Ruhe läßt und mir unentwegt nachläuft. Ich geh nach oben, sie geht mir nach, ich mach die Tür zu, sie macht sie auf, ich telefoniere, sie setzt sich neben mich. Ständig

ruft sie mich, bloß um mich zu stören. Wenn ich wegfahre, rennt sie mir hinterher, um mir noch im letzten Moment zu sagen, was ich einkaufen soll. Mit Worten kann ich mich nicht mehr gegen sie wehren. Und heute war es so schlimm, da wurde sie sogar handgreiflich. Mein Mann ist da anders, der ist autoritärer. Aber man will ja nicht zu weit gehen, es ist ja auch das geliebte Kind und man berücksichtigt, daß es ihr schlecht geht. Wir sagen uns dann untereinander: Halt dich etwas zurück, sie ist ja krank.

Machtkämpfe dieser Art bestimmen in vielen Familien den Alltag. Die Eltern, vor allem die Mütter, fühlen sich der Tochter mehr oder weniger hilflos ausgeliefert und sind unfähig, der Aggressivität der Tochter Einhalt zu gebieten. Sie gehen sogar noch weiter und versuchen, Konfrontationen zu vermeiden, um die Tochter nicht noch mehr zu provozieren. Besonders die Mütter sehen sich in der Rolle derjenigen, die ausgleicht und versucht, Harmonie herzustellen.

Mein Mann hat sich ausgeklinkt, der sagt nichts mehr, der hat es lange versucht und nichts erreicht. Und jetzt kriegen wir miteinander Streit, weil die Stimmung wegen dem Terror der Tochter sehr explosiv ist. Ich sag schon gar nichts mehr, weil ich es dann wieder ausbaden muß. Man muß sich eine seelische Hornhaut anschaffen, denn wenn man das in sich eindringen läßt, was in der Massivität bei uns zur Zeit daheim abläuft, dann müßte man sich bald einen Strick nehmen. Weil mein Mann eher autoritär ist, habe ich gedacht, ich muß nachgeben, weil sie krank ist und das kein normales Verhalten ist. Man muß schon gute Nerven haben, um das auszuhalten und einigermaßen Ruhe herzustellen.

Fragt man die Töchter, warum sie sich so aggressiv verhalten, dann sehen sie es als nicht so dramatisch an, wie ihre Eltern. Sie erleben sich endlich einmal aufmüpfig, nicht mehr so angepaßt und finden, daß es ruhig auch mal Streit in der sonst so harmonischen Familie geben muß. Denn schließlich seien sie bisher immer lieb und brav gewesen und wollen aus diesem Muster ausbrechen.
Was dadurch in der Familie entsteht, ist ein Machtkampf darum, wer der oder die Stärkere ist. Keiner der Beteiligten gibt nach, jeder glaubt sich im Recht und versucht, den anderen mit allen Mitteln

unter Druck zu setzen. Dabei scheinen die Rollen zwischen den Eltern aufgeteilt: Einer, meist der Vater, ist mehr autoritär und greift streng ein, der andere, in der Regel die Mutter, gibt eher nach und lenkt ein. Eine scheinbar typisch männlich-weibliche Zuschreibung. Sie resultiert meiner Einschätzung nach jedoch weniger daraus, daß die Frauen schwächer sind, sondern ist mehr eine Folge der Lebenssituation. Die Mütter verbringen weit mehr Zeit mit den Töchtern, wogegen die Väter sich oft ›raushalten‹ und aufgrund ihrer Arbeit den größten Teil des Tages abwesend sind. Die Beziehung zwischen Müttern und Töchtern ist viel enger und oft gekennzeichnet von einer starken Ambivalenz: Sie ziehen sich an und stoßen sich gleichermaßen weg. Diese Ambivalenz tritt deutlich in den Machtkämpfen zutage: Es entsteht zugleich viel Kontakt und Distanz. Die Töchter rennen der Mutter faktisch hinterher, stoßen sie aber im Streit von sich. Für die Mütter bedeutet es Schmerz, Verletzung und Ärger, für die Tochter ist es der verzweifelte Versuch der Befreiung.

»Ich versuche es jetzt mit Autorität«, verkündet ein Vater. »Ich drohe meiner Tochter, wenn sie nicht ißt und zunimmt, dann muß sie in eine Klinik.« »Dann bringe ich mich lieber um, als da hinzugehen«, warnt die Tochter ihrerseits. Mit Selbstmord habe sie schon oft gedroht.

Alle Mittel scheinen in diesem Kampf erlaubt: Vorwürfe, Drohungen, Verletzungen, Erpressung, Druck und Widerstand. Eine der stärksten ›Waffen‹ ist die Androhung des Suizids. Jede Partei hat ihre Trümpfe in der Hand, die zur entsprechenden Zeit ausgespielt werden. Eltern und Töchter wissen genau, wo der wunde Punkt der Gegenseite ist und wo sie sie treffen können. In den seltensten Fällen geht es noch um die Inhalte, um die eigentlich nur vordergründig gestritten wird. Meist handelt es sich um einen Schlagabtausch, bei dem nie ganz klar ist, wer siegen wird.

Häufige Themen sind das Essen und die Schule. Die Tochter hat andere Vorstellungen als die Eltern, und sie will sie unter allen Umständen durchsetzen. Die Eltern ihrerseits haben ebenso klare

Vorstellungen und wollen diese durchsetzen. So kämpfen beide Parteien bis es zum Streit kommt, der dann häufig durch Einlenken der Mutter beendet wird.

Machtkämpfe müssen nicht immer lautstark ablaufen, häufig finden sie heimlich, still und leise statt, sind aber nicht weniger anstrengend. Besonders in Familien, in denen es nie zu Streit kommt und Schreien und Türenschlagen undenkbar wären, wählen die Töchter die ruhige Form der Verweigerung oder des Sich-Verschließens. Dagegen sind Eltern ebenso machtlos. Wenn sie nicht zornig werden, werden sie sich arrangieren und sich auf die ›Marotte‹ der Tochter einstellen.

Eine 15jährige Magersüchtige hatte die Angewohnheit, immer nur nachts zu essen, wenn die Eltern schon im Bett waren. Als diese das merkten, waren sie sehr befremdet und versuchten mit allen Mitteln, die Tochter dazu zu bringen, wieder bei den normalen Mahlzeiten mitzuessen. Aber sie verweigerte sich und ließ nicht davon ab, erst in der Nacht ihr Tagesquantum an Nahrung zu sich zu nehmen. Die Eltern schlossen daraufhin ein stilles Abkommen mit der Tochter, daß sie schon früher schlafen gehen, damit sie Zeit zum Essen habe und wegen der Schule nicht zu spät ins Bett komme. Die Tochter hatte auf diese Weise die Eltern in der Hand, die unter dem nächtlichen Essen litten. Es war ihre leise Form des Protests in einer harmonischen Familie.

Als ich in einem Vortrag darüber sprach, daß eine magersüchtige oder bulimische Tochter eine ganze Familie terrorisieren könne, kam hinterher ein junges Mädchen, das vermutlich selbst betroffen war, auf mich zu und fragte leicht vorwurfsvoll: »Glauben Sie denn nicht, daß auch die Eltern die Tochter terrorisieren können?« Ich bejahte und sie sah mich strahlend an, bedankte sich und meinte, daß sie das nur einmal von mir bestätigt haben wollte.

Wenn wir von ›Terror‹ sprechen, müssen wir also beide Seiten betrachten, die der Tochter und die der Eltern. Auffällig ist für mich in diesem Zusammenhang die Wortwahl der Eltern, das aggressive und von Widerstand gekennzeichnete Verhalten der

Tochter als Terror zu bezeichnen, der als Begriff für kriegerische Handlungen und Zerstörung steht. Vielleicht erleben sie das Verhalten der Tochter in diesem Sinne: Als etwas Zerstörerisches und Verletzendes, vor dem sie sich so schützen müssen, wie vor einem Kriegsgegner.

Da alle Beteiligten unter dem leisen oder lauten Familienkonflikt leiden, würden sie ihn gerne beenden. Wie das möglich ist und was einer Lösung in diesen Familien oft im Wege steht, möchte ich in den nächsten Kapiteln aufzeigen.

Alles dreht sich um die Tochter

Stellen Sie sich als betroffene Eltern oder als Partner bitte einmal die folgenden Fragen und beantworten Sie sie, bevor Sie weiterlesen:

- Wie hat sich Ihr Leben verändert, nachdem Ihre Tochter/Partnerin magersüchtig oder bulimisch wurde?
- Versuchen Sie, sich die Zeit vor Ausbruch der Krankheit in Erinnerung zu rufen, und vergleichen Sie Ihre Situation und Ihr Gefühl von damals mit dem heutigen.
- Wie haben sich Ihre Beziehungen zu Ihrer Tochter beziehungsweise Partnerin, zur Ehefrau oder zum Ehemann verändert?
- Was tun Sie heute nicht mehr, was Sie früher taten?
- Welche Probleme haben Sie heute nicht mehr, die Sie früher hatten?
- Welche neuen Probleme sind hinzugekommen?
- Hat sich der Inhalt Ihrer Gespräche mit Ihrer Tochter/Partnerin und zwischen den Eltern verändert?

Bei Partnern muß man die Frage etwas variieren, weil die Bulimie oder Magersucht meist schon vor Beginn der Beziehung bestand. Deshalb beginnt für die Partner das Problem oft erst dann, wenn sie von der Erkrankung erfahren, die bis dahin geheimgehalten wurde.

- Wie ändert sich durch dieses Wissen die Beziehung, und welche Probleme sind damit verbunden?

Im Anhang dieses Buches sind einige freie Seiten, auf die Sie Ihre Antworten notieren können. Das Aufschreiben der Antworten hat oft noch mehr Wirkung, als nur darüber nachzudenken. Zudem haben Sie durch die Aufzeichnungen den Vorteil, eventuelle Veränderungen Ihrer Einstellung deutlicher wahrzunehmen.

Wenn Sie weiterlesen, werden Sie sich vielleicht in den Äußerungen anderer Angehöriger wiederfinden. Auch wenn die Antworten unterschiedlich sind, sie haben eines gemeinsam: Die Eßstörung wird zum wesentlichen Inhalt der familiären oder partnerschaftlichen Beziehung.

»Das Gesprächsthema kreist nur noch um die Tochter und ihr Eßproblem. Vorher gab es keine Probleme«, erklärt eine Mutter. »Es ist schwierig, mit dieser Situation umzugehen. Unsere Tochter ist sehr dünn, und ich habe Angst, daß sie irreparable Schäden behält. Das ist die größte Sorge.«

Wenn man immer Angst hat, das arme Kind ißt nichts mehr, sobald es einmal Krach gibt, dann traut man sich nichts mehr zu sagen, aber dann wird es immer schlimmer. Das ist eine große Belastung. Unsere Tochter fragt auch oft: »Streitet ihr wegen mir, bin ich schuld?« Dem wollen wir halt aus dem Weg gehen, und dann hat man einfach aufgehört, was zu sagen.

Sobald die Eßstörung der Tochter in der Familie bekannt ist oder von den anderen nicht mehr übersehen werden kann, ändert sich Wesentliches im familiären oder partnerschaftlichen Zusammenleben. Das Eßsymptom rückt in den Vordergrund, und alle Beteiligten fangen an, ihr Verhalten danach auszurichten. Sie halten beispielsweise ihren Ärger zurück, äußern sich nicht mehr oder überlegen genau, was sie sagen. Auch beginnt ein mehr oder weniger auffälliges Kontrollieren dessen, was die Tochter oder Partnerin ißt, nicht ißt, wie sie ißt, wann sie ißt und ob sie erbricht oder nicht. Es wirkt so, als zentriere sich alle Aufmerksamkeit auf die Eßgestörte oder, besser gesagt, auf ihre absonderlichen Eßgewohnheiten. Denn es ist weniger die Person selbst, die größere Beachtung findet, als mehr ihre Art, wie sie mit dem Essen umgeht.

Die Eltern und Partner können ihr nicht mehr unvoreingenommen begegnen, sie sehen oder suchen überall nach Zeichen der Krankheit, fangen an, die Keksschachteln nachzuzählen und verdächtigen sie sofort, wenn irgendwelche Lebensmittel verbraucht sind. Oft stimmt es auch, daß sie sich an den Vorräten in der Speisekammer oder im Kühlschrank bediente und am nächsten Morgen keine Marmelade mehr da ist. Oder daß die Nachspeise am Sonntag ausfallen muß, weil das dafür vorgesehene Eis schon längst einem Freßanfall anheimfiel.

Dennoch führt die Kontrolle zu keiner Veränderung, da sie meist unausgesprochen und heimlich abläuft. Der Ärger über das leere Marmeladenglas wird nicht ausgesprochen aus Angst, es könnte zu einem Streit kommen, der sich eventuell negativ auf das Eßverhalten auswirkt. Ein Vater bringt es auf die einfache Formel: »Ich überleg mir mehr, was ich sage.«

Aus Sorge um die Tochter/Partnerin beginnt ein Versteckspiel, das Schonung oder Rücksichtnahme genannt wird. Bloß vorsichtig sein, damit kein Funke auf das Pulverfaß überspringt und es zum Eklat kommt. Dabei stellen die Angehörigen ihre Interessen und Wünsche zurück und denken statt dessen darüber nach, wie ihr Verhalten auf das der Tochter/Partnerin wirkt. Wenn sie meinen, es sei der Genesung dienlich, dann verhalten sie sich entsprechend. Sie tun also vorwiegend nicht das, was sie selbst möchten, sondern richten sich nach dem, was sie glauben, das für die Tochter/Partnerin gut wäre. Das ist für sie weit wichtiger als das, was sie wollen.

Es bedeutet allerdings eine Fixierung auf die Tochter, wenn sich Eltern ständig darauf konzentrieren, wie ihr Verhalten auf diese wirkt, oder wenn sie andauernd fragen: »Was sollen wir tun, wie machen wir es richtig?« Sie machen sich dadurch abhängig und werden in hohem Maße unfrei. Die Tochter bekommt eine sehr starke Position, da alles, was in der Familie geschieht, daran gemessen wird, ob sie zu- oder abnimmt, gute Laune hat oder aggressiv reagiert, offen ist oder sich zurückzieht.

Die Tochter rückt in den Mittelpunkt und steht im Zentrum der Aufmerksamkeit: Jeder denkt über sie nach, macht sich Sorgen, überlegt sich Hilfsangebote und vergißt sich selbst darüber.

»Ich gehe immer auf ihren Gemütszustand ein, und dadurch kommen meine Bedürfnisse zu kurz oder werden verdrängt«, spürt eine Mutter. »Ich kann gar nicht so, wie ich will, kann gar nicht explodieren oder ein Gesicht machen, weil sie denkt, es ist wegen ihr. Das Schonen ist schrecklich.«

Und dennoch schonen Eltern und Partner ihre Tochter/Partnerin, weil sie glauben, der Betroffenen damit helfen zu können. Wirkliche Hilfe ist das aber nicht, denn sonst würden die Mädchen und Frauen ja aufhören, sich zu überessen, zu erbrechen und zu hungern, was aber nicht der Fall ist.

Die Konzentration auf die Eßgestörte wird auch noch in einem anderen Zusammenhang deutlich. In Gesprächen oder in der Therapie mit Angehörigen fällt auf, daß sie hauptsächlich über die Tochter/Partnerin und ihr Eßproblem sprechen und kaum über sich selbst. Wie es ihnen geht, welche Sorgen sie haben und was sie bewegt, bezieht sich nur auf die Erkrankung der Tochter/Partnerin. Als gäbe es kein Leben darüber hinaus. Erst nach langen Gesprächen gelingt es ihnen, von sich zu erzählen. Und wenn sie nicht aufpassen, landen sie ganz schnell wieder bei der Tochter/Partnerin und ihrem Eßverhalten. Es scheint um vieles leichter, die Probleme der Tochter/Partnerin zu beleuchten, als die eigene Situation zu betrachten. Doch durch noch so viel Reden über deren Schwierigkeiten wird sich die Situation der Angehörigen nicht verbessern, was aber das eigentliche Ziel der Beratung oder Therapie sein sollte.

Kontrolle macht unfrei

Ein wesentliches Charakteristikum von Familien mit einer bulimischen oder magersüchtigen Tochter ist die Kontrolle, die untereinander ausgeübt wird. Der Kontrolle entgeht niemand, weder die
Kinder noch die Eltern. Dabei kontrollieren die Eltern die Kinder,
und diese ihrerseits die Eltern. Obwohl es kaum Untersuchungen
über die Geschwister von eßgestörten Mädchen gibt, scheinen vor
allem die Brüder in geringerem Maße betroffen zu sein, weil es
ihnen gelingt, sich von der Familie unabhängiger zu machen und
ihren Weg außerhalb zu suchen. Die Situation magersüchtiger oder
bulimischer Jungen dürfte eher der der betroffenen Mädchen gleichen: Sie sind eng an die Familie gebunden, passen sich der herr-
schenden Stimmung an und können sich nicht effektiv gegen Kontrolle und Bevormundung wehren, außer in ihrem stillen Protest der
Eßstörung.

Die Kontrolle bezieht sich auf alle wesentlichen Lebensbereiche
und war schon vor Ausbruch der Erkrankung ein Merkmal der
familiären Interaktion. In eßgestörten Familien unterliegen, häufiger als in anderen Familien, speziell die Figur, das Gewicht sowie
Menge und Art des Essens der elterlichen Kontrolle. Wir wissen,
daß viele Mütter und sogar Großmütter von Magersüchtigen und
Bulimikerinnen selbst Probleme mit dem Essen haben oder hatten.
Eine Mutter erinnert sich an ihre Hungerphase, als sie 15 Jahre alt
war: Ihr ging es damals ähnlich wie heute ihrer Tochter, nur nahm
sie nicht so extrem ab wie diese. Dennoch mußte sie sich von
daheim viele Klagen, Ermahnungen und Schimpfen anhören, was
sie jedoch an sich abprallen ließ. Eigentlich nervte es sie nur, immer
auf ihr Essen angesprochen und kontrolliert zu werden, geholfen
hat es nichts. Denn es hätte ihr sowieso niemand helfen können, es
war eine Sache, die sie mit sich selbst austragen mußte. Die elterlichen Bevormundungen haben bei ihr eigentlich nur das Gegenteil
bewirkt, nämlich, daß sie sich verschloß und mit noch mehr Nachdruck ihre Vorstellung durchsetzen wollte.

Weshalb sie, trotz ihrer eigenen Erfahrung, ihre Tochter heute gleichermaßen kontrolliert, begründet sie mit ihrer Sorge um sie. Ich denke, das wird für ihre eigenen Eltern derselbe Grund gewesen sein. Und wie unangenehm Kontrolle ist, erfährt sie wiederum durch ihre Tochter:»Sie kontrolliert mich, wieviel ich esse, wahrscheinlich, um ja nicht mehr zu essen als ich. Ich sage es ihr dann immer, aber es ist sehr lästig und unbehaglich, kontrolliert zu werden.«

Diäten, Appetitzügler und Gewichtskontrolle sind in Familien mit einer eßgestörten Tochter und/oder Mutter an der Tagesordnung. Auch kritische Kommentare über die Figur der zur Frau heranreifenden Mädchen fehlen in fast keinem Fall und werden von den Töchtern als tiefe Verunsicherung empfunden und als Legitimation des Hungerns herangezogen.

»Dicker darfst du nicht mehr werden«, hat einmal mein Vater zu mir gesagt, und das hat mich sehr getroffen. Ich dachte, ich bin nicht richtig, nicht schlank genug, und da hab ich angefangen zu hungern.

Bemerkungen dieser Art können keine Eßstörung auslösen, denn dazu bedarf es vieler weiterer Faktoren. Sie schärfen jedoch häufig das Bewußtsein der Töchter für die Notwendigkeit vermehrter Kontrolle ihres Körpers und Gewichts und unterstützen ihre Selbstzweifel, nicht schön genug oder ›richtig‹ zu sein.

Befragungen von Bulimikerinnen (Busch 1988 zit. in Wardetzki, Dissertation 1990) ergaben, daß deren Mütter und Großmütter zu einer rigiden Sauberkeitserziehung neigen, die von den Töchtern eine hohe Anpassungsleistung an die Wünsche und Ansprüche der Erwachsenen fordert. Der Schwerpunkt der Körpererziehung liegt dabei weniger auf dem lustvollen Erleben und Kennenlernen des Körpers und seiner Vorgänge, als mehr auf seinem Training und seiner Kontrolle durch die umgebenden Normen. Diese Haltung setzt sich auch in späteren Jahren fort und könnte die Basis für die hohe Anpassung an das Schönheitsideal bilden.

»Ich hab das im Blick, wenn sie ein halbes Kilo abnimmt, ich sehe das sofort«, sagt ein Vater voller Überzeugung. »Das hat man im Gespür, das weiß man. Ich weiß auch ganz genau, was sie am Tag ißt. Nichts. Sie ißt nur nachts.«

Er ist sich sicher, obwohl er tagsüber nicht daheim ist. In dieser Familie scheint die Tochter kaum einen Intimraum zu besitzen, und die Kontrolle macht sie zu einer ›gläsernen Tochter‹. Zumindest nachts, wenn alle im Bett sind, ist sie unbeobachtet. Das nächtliche Essen ist daher eine scheinbar sinnvolle Lösung, wo es sonst keine Abgrenzung gibt.

Mütter und Väter üben offensichtlich auf unterschiedliche Weise Kontrolle aus. Bei Müttern steht die Versorgung der und die Sorge um die Tochter im Vordergrund, was bei den folgenden Äußerungen deutlich wird:

Meine Tochter hat mir vorgeworfen, ich hätte ihr immer alles abgenommen.

Ich schaff es nicht, sie in die Selbständigkeit zu entlassen, weil meine Sorge so groß ist.

Unsere Tochter meint, sie müsse immer noch Rücksicht auf uns nehmen, weil bei uns immer alles kontrolliert und abgesprochen wird. Sie ist dadurch so unfrei.

Die Töchter können sich in der Regel auf ihre Mütter verlassen, weil diese sich verantwortlich fühlen und ihnen viel abnehmen. Zu kurz kommt dabei die Eigenverantwortlichkeit der Tochter, die nur dann Raum hat, wenn die Mutter sich zurückzieht und nicht sofort eingreift.

Meine Tochter sagt: »Ich finde es prima, daß du dich für mich verantwortlich fühlst, daß ich genug lerne, dann brauche ich es nicht zu tun. Nur, wenn du dich da raushältst, hab ich selber Angst, daß ich es nicht schaffe, und tue von mir aus was.«

Die Kontrolle durch die Väter ist mehr geprägt von subtiler Machtausübung über die Tochter. Sie äußert sich in folgender Weise:

Zur Oma wollen wir sie nicht schicken, weil wir sie dann ganz verlieren und keinen Einfluß mehr auf sie haben.

»Haben Sie Ihre Tochter noch auf anderem Wege im Griff, als über das Essen? Gibt es außer dem Essen Dinge, die Sie von ihr verlangen zu tun? Folgt Sie Ihnen dann?« fragt ein Vater im Gruppengespräch eine andere betroffene Mutter.

Väter üben in vielen Familien eine eingrenzende Funktion aus, die sich oft auch auf die Ehefrau bezieht. Sie sind diejenigen, die autoritärer auftreten, fordernder und schonungsloser sind. Sie wollen ihren Einfluß und ihre Macht nicht verlieren, wogegen die Mütter sich eine Entlastung versprechen, wenn die Töchter sich mehr vom Elternhaus entfernen.

Denn es scheint so zu sein, daß sich Mütter besser oder nur dann abgrenzen können, wenn sie räumlich getrennt sind und nicht direkt miterleben, was die Tochter tut. Sie lassen sich ansonsten schnell wieder verstricken, wo Väter sich scheinbar besser abgrenzen oder schützen können. Eine Mutter beschreibt es folgendermaßen:

Wenn ich nicht daheim bin, mache ich mir gar keine Sorgen, wie und wann sie heimkommt, aber wenn ich daheim bin, stehe ich oft Kopf. Bin ich weg, passiert alles genauso, aber dann mache ich mir keine Gedanken und keiner hat ein schlechtes Gewissen. Und deshalb denke ich, sie müßte nach dem Abitur aus dem Haus.

Wir dürfen an dieser Stelle jedoch nicht die Rolle und Aufgabe der Mütter vergessen, die in allen Familien, mit denen ich gearbeitet habe, weit mehr der Sorge um die Familie galt, als es für die Väter zutraf. Daraus kann sich dann auch leichter eine kontrollierende und verwöhnende Haltung entwickeln.

Ein weiterer, zentraler Bereich, in dem die Eltern Kontrolle ausüben, ist der schulische Sektor.

Unsere Tochter hat immer sehr unter Druck gestanden. Vielleicht glaubt sie, gut sein zu müssen. Man weiß ja nicht, wie das die Kinder interpretieren. Wenn man selbst ein leistungsbetonter Mensch ist und das Kind will einem gefallen, daß es sich dann selbst unter einen Leistungsdruck setzt. Das spielt am Anfang der Krankheit bestimmt eine gewisse Rolle.

Sie fühlte sich bestimmt zu kontrolliert von mir, das sagte sie schon mal. Ich denke, das habe ich nicht ganz richtig gemacht, daß ich immer so hinterher war bei der Leistung.

Gerade weil der Leistungsbereich in vielen eßgestörten Familien so betont wird, übernehmen die Töchter den Druck und verstärken ihn noch selbst, indem sie die Besten sein wollen. Leistung wird dadurch neben dem Essen zum bevorzugten Kampfplatz zwischen Eltern und Töchtern. Unterstützt wird dieser Prozeß durch die gesellschaftliche Leistungsnorm, die in der Schule einen immer höheren Druck auf die Kinder ausübt und gute Zensuren im Wettstreit um Berufschancen zum wesentlichen Maßstab werden. Es verwundert daher nicht, wenn Eltern von den Töchtern gute Leistungen fordern.

In Familien mit einer magersüchtigen oder bulimischen Tochter geht der Anspruch oft jedoch noch weiter: Da ist kein Platz mehr für Fehler. Der Anspruch an alle Familienmitglieder heißt, perfekt zu sein, viel zu leisten und keine Schwächen zu zeigen.

Kontrolle hat die Funktion, Angst zu binden. Die Angst nämlich, daß die Tochter nicht fähig wäre, ihr Leben und vor allem auch ihre Probleme selbst zu meistern. Es wirkt fast so, als trauten es die Eltern ihr im Grunde gar nicht zu. Sie sprechen jedoch von Sorge und legitimieren ihr Kontrollverhalten mit der Krankheit der Tochter: »Da, am Essen und Gewicht sieht man doch, daß sie es nicht kann!«

Reflexionen über dieses Thema werden von Eltern oft schuldhaft verarbeitet: Weil wir zu viel kontrollieren, ist die Tochter krank geworden. Was sollen wir also tun, wie machen wir es richtig? Und dann beginnt der Teufelskreis von neuem.

60

Sinnvoller wäre es dagegen, die Eßstörung als Signal zu interpretieren, daß die Tochter mehr Raum und Freiheit braucht. Wenn sie diese im familiären Umgang nicht oder nicht ausreichend findet, dann können das Hungern oder die bulimischen Episoden eine Art Ersatzfreiheit bedeuten, ein Bereich, in dem nur sie bestimmt, was geschieht und in den niemand eindringen kann. Wenn Eltern jedoch lernen, statt sich Vorwürfe zu machen, die zu nichts führen, ihrer Tochter zu vertrauen, werden sie ihren Weg in die Unabhängigkeit und Eigenständigkeit unterstützen.

Wie Töchter und Eltern sich gegenseitig kontrollieren

Ebenso wie die Eltern die Tochter, so versucht auch die Tochter die Eltern zu kontrollieren. Ihre Form besteht mehr in der Verweigerung, Dinge zu tun, die die Eltern möchten. Das Ziel ist aber dasselbe: das bei den anderen durchzusetzen, was sie will. Und Mutter oder Vater dazu zu bringen, so zu sein, wie sie sie haben will. Um das zu erreichen, kann die Tochter sehr massiv werden.

Ich glaube, unsere Tochter fühlt sich durch uns kontrolliert und gegängelt. Ihre Leistungen in der Schule haben in den letzten Monaten stark nachgelassen, und ich denke, das ist zum Teil auch eine Protesthaltung gegen uns. Nun sagt sie, sie will das Schuljahr freiwillig wiederholen, obwohl das von ihren Noten her gar nicht nötig wäre. Wir haben ihr abgeraten, weil sie sich dadurch ja was verbauen kann, aber sie hat gesagt: »Ich mach es, wie ich will.« Ich will das aber nicht durchgehen lassen und mein Mann schon dreimal nicht.

Auf den ersten Blick sieht es so aus, als handle es sich bei dieser Auseinandersetzung um die Frage nach der besten Schulentscheidung. Wenn wir jedoch die Worte der Mutter genau wahrnehmen, merken wir, daß es ein Kampf zwischen Tochter und Eltern ist. Schulischer Leistungsabfall ist häufig ein Zeichen von Protest, ausgedrückt in der Verweigerung, die Leistungsnormen wie bisher zu erfüllen. Die Mutter spricht es sogar deutlich aus: Bei ihrer Tochter ist es der Widerstand gegen zuviel Kontrolle. Somit geht es gar nicht um Versetzung oder Rückstellung, sondern darum, daß die Tochter selbst entscheiden möchte. Und wenn ihr das erlaubt wird, dann muß sie sich nicht mehr gegen die Eltern stellen und der Machtkampf löst sich auf. Denn Protest gegen Bevormundung und Kontrolle wird nicht durch noch mehr Druck und Anpassungszwang kuriert, sondern durch die Möglichkeit, eigene Entscheidungen zu treffen. In diesem Fall ist die Tochter aufgerufen, die Verantwortung für sich zu übernehmen. Das bedeutet, die für sie beste Lösung zu finden und die Konsequenzen zu tragen. Oft jedoch entscheiden sich Jugendliche und Erwachsene nur deshalb nicht für die beste Lösung, weil die Eltern sie gutheißen. Ihr Protest gegen Bevormundung verlangt, gegen die Eltern zu sein, auch wenn es ihnen selbst schadet. Wenn also die Tochter eigenständig entscheiden kann, was für sie besser ist und wenn die Frage der Rückstellung kein Kampfplatz um Autonomie ist, dann wird sie vielleicht selbst einsehen, daß es sich lohnen könnte, die Klasse doch noch zu schaffen. Oder sie läßt sich zurückstufen, dann aber aus freien Stücken und nicht, um den Eltern eine auszuwischen.

Die Eltern ihrerseits wären dann nicht mehr verstrickt in einen auszehrenden Kampf, sondern könnten sich darauf beschränken, Tips zu geben und konstruktive Vorschläge zu machen. Sie müßten jedoch auf etwas verzichten: auf ihre unumschränkte elterliche Macht in dem Sinne, daß das getan wird, was sie sagen.

»Wir warten meist stundenlang, bis sie zum Frühstück kommt, und kommen nicht zum Essen«, klagt eine Mutter.

An diesem Beispiel sehen wir die gegenseitige Verstrickung der Familienmitglieder: Die Eltern wollen, daß die Tochter mit ihnen frühstückt, die Tochter kommt aber nicht. Sie haben die Tochter in der Hand, indem sie es verhindern, daß sie dem Frühstück entkommt, da es über Stunden dauert. Die Tochter manipuliert die

Eltern, indem sie sie versetzt und weiß, daß diese nichts essen, bis sie kommt. Keiner läßt den anderen so, wie er ist, speziell, wenn er anders ist.

Töchter sind besonders ihren Müttern gegenüber unversöhnlich und versuchen, sie mit allen Mitteln zu verändern. Die unausgesprochene Botschaft lautet: Mutti, ändere du dich, dann geht's mir besser.

Meine Tochter sagte, es ist für sie eine Belastung, wenn ich mir so viele Sorgen um sie mache. Ich kann das verstehen. Sie meint, ich soll das gelassener sehen, es würde ihr leichter fallen. Aber ich müßte auch sehen können, daß sie was ändern will, damit sie zunimmt.

Es kann sehr leicht zu einer Anklagesituation kommen, indem die Tochter der Mutter sozusagen die Schuld für ihre Krankheit gibt, weil sie zu kontrollierend ist. Sicherlich ist Kontrolle ein wesentliches Merkmal dieser Familien und unterstützt die Eßerkrankung, enthebt jedoch die Tochter nicht von ihrer eigenen Verantwortung, Schritte aus ihrer Krankheit zu unternehmen.

Wo Grenzen fehlen

Da, wo in eßgestörten Familien Kontrolle und Überbehütung eine zu starke Einschränkung der Familienmitglieder zur Folge hat, fehlen an entscheidenden Stellen die notwendigen Grenzen, um Individualität zu ermöglichen. Das Motto heißt: ›Die Familie kommt vor dem einzelnen‹. Die Räume einer jeden Person sind nicht hinreichend von denen der anderen unterschieden und es herrscht ein ›eindringendes Familienklima‹ (Schneider-Henn 1988). In diesen Familien ist es schwer, eine eigene Meinung zu vertreten, Geheimnisse zu haben, Dinge nur für sich besitzen zu wollen und sich gegenüber den anderen abzugrenzen. Schon früh werden die Mädchen beispielsweise angehalten, von ihren Geschenken abzugeben, egal, ob sie das selbst wollen oder nicht.

Eigenes für sich in Anspruch zu nehmen wird schnell mit Gier und Egoismus gleichgesetzt und daher negativ bewertet. Das Familienideal besteht darin, alles mit allen zu teilen.

Mangelnde Grenzen zeigen sich auch in der Mißachtung von Generationenschranken, wenn Mutter und Tochter zu ›besten Freundinnen‹ werden. Natürlich ist es schön, ein offenes und freundschaftliches Verhältnis zur Mutter zu haben, dennoch wird es nie dasselbe sein wie zu einer Freundin, die vor allem im frühen Erwachsenenalter meist eine Gleichaltrige ist. Wie das eine Tochter erlebt, zeigt folgendes Zitat:

Meine Mutter wollte früher immer dabei sein, wenn ich wegging. Wir sind uns wahnsinnig ähnlich, und ich vergleiche mich immer mit ihr, bloß, daß sie einen Kopf kleiner und sehr schmächtig ist. Mit vierzehn war ich schon größer als meine Mutter, und ich kam mir so vor, als wäre ich über sie hinausgewachsen. Eigentlich bin ich noch ein Kind, aber dann bin ich für sie zur Konkurrenzperson geworden und sie für mich. Wenn Freunde zu mir nach Hause kamen, dann war sie immer die jung-dynamische Mutter, halt mehr wie eine Freundin. Die Leute haben dann gesagt, sie könnte meine größere Schwester sein, das hat mich wahnsinnig gestört. Ich war nie wie eine Tochter sein müßte: kleiner, schmächtiger, halt nicht so gleich. Ich wollte, daß da ein Unterschied zwischen uns ist. Sie hätte mütterlicher sein sollen und nicht so wie eine Freundin. Eine Mutter, die zu Hause ist und sich um die Hausaufgaben kümmert. Die immer für mich da ist und ein großes Vorbild für mich ist. Vom Körper her wollte ich immer so sein wie sie.

Auch viele Themen, die die Mutter mit der Tochter als Freundin besprechen will, sind nicht für sie geeignet. Die Töchter fühlen sich überfordert, Ehe- oder Sexualprobleme der Mutter mit dem Vater anzuhören und zugleich Stellung beziehen zu müssen. In diesem Fall erfüllt die Mutter nicht mehr ihre Rolle und drängt die Tochter in eine Erwachsenenposition.

Generationengrenzen zu wahren, würde auf seiten der Eltern bedeuten, daß die Partner untereinander, mit Freunden oder Therapeuten ihre Probleme besprechen und lösen. Nur das, was auch direkt die Tochter betrifft, sollte Gegenstand gemeinsamer Gespräche werden. Grenzziehung auf seiten der Tochter hieße, daß sie aufhört, sich die Sorgen der Eltern anzuhören und Ratschläge zu geben.

Meine Mutter kommt immer mit denselben Problemen, die meist meinen Vater betreffen. Sie beklagt sich darüber, daß er nichts mehr mit ihr unternimmt und nur noch daheim rumsitzt. Sie kann gar nicht mehr mit ihm reden und kommt nicht an ihn ran. Meine Mutter ist sehr verzweifelt, und deshalb denke ich, ich müßte ihr helfen. Aber es ist so schwer, mir all das Negative von meinem Vater anzuhören, weil ich den ja auch mag. Und wenn ich meiner Mutter rate, sie solle doch allein weggehen, dann macht sie es ja doch nicht. Als mir klar wurde, was meine Mutter da mit mir macht, habe ich beschlossen, nicht mehr ihr Seelenmülleimer zu sein. Es ist sehr schwer, das nächste Mal nicht wieder zuzuhören und Kommentare abzugeben, aber es ist mir gelungen. Ich bin ganz stolz auf mich, obwohl ich natürlich ein schlechtes Gewissen habe, daß ich sie im Stich lasse.

Wenn Generationengrenzen aufgelöst werden, kommen die Töchter in eine Position, die ihnen nicht zusteht und die sie überfordert. Die Verantwortung der Eltern besteht darin, die Tochter zu entlasten, indem sie sie nicht zur Schiedsrichterin oder zur Seelsorgerin machen.

Mangelnde Grenzen zeigen sich auch daran, daß die Eltern auf alle Wünsche und Marotten der Tochter eingehen. Ein Vater klagt:

Ich komme spät abends heim und dann soll ich mit ihr noch Latein lernen. Dazu habe ich keine Lust. Da krieg ich einen Horror vor ihrem Anspruch. Aber weil morgen Schulaufgabe ist, drängt sie mich. Am Tag vorher, als ich Zeit hatte, da wollte sie nicht lernen. Es muß immer dann sein, wenn sie es will.

Die Lösung in diesem Fall besteht im Setzen von Grenzen und deren konsequenter Einhaltung. Der Vater kann der Tochter sagen, wann er Zeit und Lust hat, mit ihr zu lernen, und kann ihren Wunsch ablehnen, nachts mit ihr zu üben. Dieses Vorgehen scheint so einfach, ist aber für viele Eltern sehr schwer umzusetzen. Die Angst vor einem Streit oder die Möglichkeit, die Tochter zu verletzen, bewegt sie, ihr nachzugeben. Dadurch lernt sie jedoch nie, mit Begrenzungen und Frustrationen umzugehen, was Eßgestörten noch schwerer fällt als Menschen ohnehin. Sie fordern sofortige Erfüllung ihrer Wünsche und sind gekränkt und wütend, wenn sie ein Nein bekommen. Die Grenzenlosigkeit in der Familie weckt die Erwartung, daß alle Menschen ständig zur Verfügung stehen müssen, so wie die Eltern.

Zu lernen, mit Versagungen umzugehen, ist nicht leicht, besonders in einem bisher verwöhnenden Milieu. Bei Grenzsetzungen durch die Eltern ist daher mit Protest und Szenen von der Tochter zu rechnen. Um nicht in das alte, nachgebende Verhalten zurückzufallen, müssen Eltern konsequent bleiben und einen Krach mit der Tochter aushalten. Wenn sie aus Liebe zur Harmonie wieder umschwenken und doch tun, was die Tochter will, wird sich nichts ändern.

Der Anspruch auf Verfügbarkeit bezieht sich aber nicht nur auf Menschen, sondern auch auf Essen. Selbstverständlich bedienen sich die Töchter an den Vorräten und die Eltern lassen es zu.

Sie ißt uns alles weg. Ich hatte Lebkuchen gekauft, und als ich sie holen wollte, waren keine mehr da. Genauso war es letzten Sonntag mit der Marmelade. Da war fast das ganze Glas leer, obwohl ich sie neu gekauft hatte. Das muß unsere Tochter alles verschlungen haben.

Diese Mutter ist erschrocken darüber, daß die Tochter heimlich die Vorräte verspeist, aber sie spürt keinen Ärger, daß ihre Lebensmittel weggegessen werden.

Man kann sie ja wieder kaufen. Wenn wir arm wären, dann wäre es vielleicht schlimmer, aber so ist es kein Problem.

Hier existiert keine Grenze, sondern grenzenloser Überfluß. Weder das Geld noch das Angebot an Waren fordern Beschränkungen. Weil wir alles kaufen können, scheint es kein Problem zu sein, wenn jemand aus der Familie alles wegißt. Es wird aber auch deutlich, daß es in dieser Familie keine eigenen Räume gibt, zumindest was das Essen betrifft. Es ist nicht üblich, sich zu ärgern, wenn jemand einem etwas wegnimmt, es wird mit Großzügigkeit übergangen und entschuldigt. Mein und Dein werden ersetzt durch Unser, über das die Tochter frei verfügen kann. Sie reagiert ihrerseits zornig, wenn jemand etwas von ihrer Schokolade haben möchte, respektiert selbst aber nicht das, was anderen gehört. Das kann sie nur lernen, wenn die Eltern anfangen, ein Bewußtsein für ihren Raum und das ihnen Zustehende zu entwickeln und den Mut aufbringen, es ihr unmißverständlich mitzuteilen.

So schwach die Grenzen innerhalb der Familie und zwischen den Personen sind, so starr sind sie in der Regel nach außen. Das zeigt sich in geringen Außenkontakten der Eltern und später auch bei der magersüchtigen oder bulimischen Tochter. Sie alle haben wenige Beziehungen zu anderen Menschen, die nicht zur Familie gehören, es kommen kaum oder keine Freunde und Bekannte zu Besuch und die Familie hält sich vorwiegend mit sich auf. Man ist ›unter sich‹ und will niemanden hineinschauen lassen, denn die äußere Fassade für die anderen soll aufrechterhalten bleiben. Die Familien versuchen, den Normen zu entsprechen und soziales Ansehen zu erhalten, weshalb sie die internen Streitigkeiten verbergen müssen.

Die einzigen, die Außenbeziehungen besitzen, sind häufig die nicht eßgestörten Geschwister. Das hat natürlich eine starke Fixierung der Eltern auf die ›kranke‹ Tochter zur Folge. Sie erlebt sich deshalb auch oft als die einzige, die ihnen noch bleibt und etwas mit ihnen unternimmt.

Ich wäre ja so froh, wenn meine Eltern auch mal was allein oder mit anderen unternehmen würden. Mal weggehen und nicht nur daheim rumsitzen. Dann könnte ich viel leichter mein Eigenes machen, aber so denke ich immer, sie sind dann traurig oder beleidigt.

Die Suche nach Fehlern endet in Schuldgefühlen

Im Kontakt mit den Eltern von eßgestörten Mädchen fällt die starke Neigung von Vater und Mutter auf, sich die Schuld für die Erkrankung der Tochter zuzuschreiben. Die vordringliche Frage, die sie sich immer und immer wieder stellen, lautet: »Was haben wir nur falsch gemacht?«

Die Antworten, die sie finden, bestehen in der Regel aus Selbstanklagen, die Tochter als Kind beispielsweise nicht genügend angenommen zu haben oder sich später zu wenig oder zu viel um sie gekümmert zu haben. Sie listen all das auf, was sie unterlassen oder getan haben und stellen sich als mangelhafte, gescheiterte Eltern hin. Aus ihren Versäumnissen heraus reagieren sie heute mit Schuldgefühlen, die die Beziehung zur Tochter erschweren.

Wenn man die Ursache für die Erkrankung der Tochter sucht, dann gibt es da viele Einflüsse, wie die pubertäre Entwicklung, die Menstruation, den Schulwechsel einschließlich des schlechten Gewissens von Vater und Mutter. Man muß sich fragen, ist unsere Beziehung nicht so normal, wie sie sein sollte, wird zu viel diskutiert, zu viel gestritten oder gibt es zu viel Ärger? Wieviel Schuld an der Krankheit trifft mich als Vater oder uns als Eltern? Und dann weiß man oft gar nicht mehr, wie man es richtig machen soll. Soll man strenger sein, sind wir vielleicht zu nachlässig gewesen oder sollen wir unsere Tochter mehr in Ruhe lassen? Man will ja keine Fehler machen, jetzt, wo sie krank ist.

Die Suche nach Fehlern, auch wenn sie schon länger zurückliegen, kann der gegenwärtigen Situation nützlich sein, sofern die Eltern daraufhin ihr Verhalten überdenken und verändern. Denn es ist nun einmal so, daß alle Eltern Fehler machen. Warum sollten sie es sich nicht selbst auch zugestehen, da kein Mensch fehlerfrei ist? Es scheint jedoch im ›Mythos der guten Elternschaft‹ ein Frevel zu sein, Fehler zu machen. Gute Eltern machen keine Fehler, oder nur ganz kleine. Der Umkehrschluß ist bitter: Eltern, die Fehler machen, sind schlechte Eltern.

Und aus diesem Grund wird das Eingeständnis von eigenen Versäumnissen in der Erziehung zu einer generellen Anklage: Wir sind schuld. Eltern reagieren darauf mit heftigen Schuldgefühlen, die ihnen den Blick für die Lösung der gegenwärtigen Probleme verstellen.

Ich denke, wir sollten diesen Mythos einmal kritisch hinterfragen, da er meiner Meinung nach zur moralischen Verurteilung von Eltern beiträgt und weder ihnen noch den Kindern hilft. Mythen dieser Art, wie zum Beispiel auch der Schönheitsmythos, beinhalten häufig einen Anspruch, der jedoch in seiner Absolutheit, mit der er ausgesprochen wird, nicht erfüllbar ist.

Dazu gehört beispielsweise das Diktat, alle seine Kinder in der gleichen Weise lieben zu müssen. Wer das nicht erfüllen kann, muß sich als schlechter Elternteil fühlen.

Der Mythos orientiert sich mehr an einer idealen Norm als an der Realität. Und der Vergleich ›realer‹ Eltern mit dem Ideal muß immer scheitern und führt zu ineffektiven Schuldgefühlen, die alles nur noch schlimmer machen[1].

In dem folgenden Zitat einer 17jährigen bulimischen Tochter wird das deutlich:

Meine Eßstörung macht meine Mutter wütend. Sie glaubt, sie sei schuld, und sie hört nicht auf, den Therapeuten immer wieder zu fragen: »Was soll ich tun?« Aber sie tut, was sie kann. Ich wünschte mir nur, wir könnten Freunde sein und sie könnte sich sicher und schuldlos fühlen. Es ist nicht ihr Fehler, daß ich so bin.

Ich möchte in den nächsten Kapiteln versuchen, über Fehler, Schuld und ineffektive – in der Fachsprache auch neurotische – Schuldgefühle der Eltern zu sprechen, ohne sie mit Verurteilung zu verbinden, was wir leider im Zusammenhang mit diesen Themen schnell tun. Und zwar verurteilen sich die Eltern selbst oder werden von anderen als schlechte Eltern verurteilt. Um die Verurteilung auszuschalten, ist es nötig, Schuld im psychologischen Sinne von Schuld im juristischen Verständnis zu trennen, die ihr Ziel hat, Täter zu identifizieren, sie anzuklagen, sie abhängig von der Schwere der Tat zu verurteilen und zu bestrafen. Schuld im psychologischen Sinn heißt nach meinem Verständnis, Fehler einzusehen, sich zu ihnen zu bekennen und die Verantwortung dafür zu übernehmen, um in der Zukunft nicht denselben Fehler erneut zu begehen. Das Ziel ist nicht Anklage und Verurteilung, sondern Lernen aus Fehlern und Verzeihen früherer Verfehlungen.

Wie Schuldgefühle alles nur noch schlimmer machen

Neurotische Schuldgefühle, die aus Selbstanklagen resultieren, führen zu keiner Lösung, sondern dienen in erster Linie dazu, das System so zu erhalten, wie es im Moment ist. Aus Schuldgefühlen heraus trauen sich die Eltern nicht, der Tochter nötige Grenzen zu setzen oder sie verwehren sich ihr eigenes Leben. Sie opfern sich sozusagen auf, fast scheint es, als täten sie Buße. »Wenn wir schon so schlechte Eltern sind, dann haben wir es auch nicht besser verdient.«
Eine solche Form von Schuldgefühl ist sinnlos und zerstörerisch. Denn sie ändert nichts, sondern löst im Gegenüber Aggressivität und in der angeklagten Person selbst Minderwertigkeitsgefühle aus.
Man stelle sich die Situation einer Mutter vor, deren 15jährige Tochter an Bulimie erkrankt ist. Sie befürchtet, ihre Tochter nicht genug geliebt zu haben, da sie sie nie richtig annehmen konnte. Das ist sicher ein sehr schmerzliches Eingeständnis, das mit Scham und Selbstverurteilung verbunden ist. Die Mutter versucht, ihr Schuldgefühl in Grenzen zu halten, indem sie ihr Versäumnis bei der Tochter wieder gutmachen will. Die gängige Form ist die Verwöhnung und der Verzicht, dem Kind Grenzen zu setzen. Verwöhnung soll ihr und anderen demonstrieren: Ich liebe mein Kind. Keine Grenzen setzen bedeutet, Auseinandersetzung zu vermeiden und die Bezie-

hung in Harmonie zu wähnen. Wenn sie ihrem Kind Grenzen setzt, könnten andere sie, oder sie sich selbst, für eine schlechte Mutter halten, was sie jedoch aufgrund ihrer Schuldgefühle unter allen Umständen vermeiden muß. So ein scheinbar harmonisches Erziehungsklima erscheint für andere Eltern meist erstrebenswert. Oft ›geraten‹ diese Töchter ›wohl‹, zeichnen sich durch eine hohe Anpassungsfähigkeit aus, sind ›pflegeleicht‹, aber haben nie gelernt, Grenzen und Frustration zu ertragen und sich als autonomer und eigenständiger Mensch zu verhalten. Statt dessen sind sie angepaßt und tun, was von ihnen erwartet wird. In der Pubertät dann, wenn es um Ablösung und Auseinandersetzung geht, fällt es ihnen schwer, sich gegen diese ›liebe‹ Mutter aufzulehnen, da sie ja eigentlich gar keinen Grund dafür haben. Sie hat doch immer nur das Beste für sie gewollt. Und zugleich macht diese Tatsache die Tochter auch wütend, weil sie spürt, daß sie dadurch kaum eine Chance hat, eigenständig zu werden. Aufgrund des harmonisierenden Klimas ist jedoch damit zu rechnen, daß diese Wut in der Beziehung zur Mutter nicht erlaubt und daher mit Schuldgefühlen verbunden ist. Die Magersucht oder Bulimie kann in einem solchen Fall die wortlose Botschaft der Tochter sein, sich abzugrenzen und ihren Ärger auszudrücken. So indirekt, wie der familiäre Umgangston war, so indirekt ist jetzt die Sprache der Tochter.

Mit dem Beginn der Eßerkrankung der Tochter werden die alten Schuldgefühle der Mutter reaktiviert, und sie wird dann dazu neigen, sich für die Eßstörung der Tochter verantwortlich zu fühlen. Und sie wird wieder dasselbe tun wie früher, nämlich alles versuchen, damit die Tochter gesund wird. Denn wenn diese gesund ist, braucht sie sich selbst nicht länger schuldig zu fühlen.

So ist quasi die Tochter verantwortlich für die Entlastung der Mutter. Nur wenn die Tochter gesund wird, kann die Mutter wieder vor sich bestehen. In diesem Fall aber wird die Tochter emotional ausgebeutet, indem sie für das Selbstwertgefühl der Mutter zuständig sein soll, für das jene jedoch selbst die Verantwortung übernehmen muß.

Wie wir an diesem Beispiel sehen, führt das Schuldgefühl der Mutter eigentlich genau zu dem, was sie vermeiden möchte, nämlich der Tochter zu schaden. Und hier beginnt dann ein unentrinnbarer Teufelskreis: »Siehst du, ich hab alles falsch gemacht und deshalb bin ich schuld an der Erkrankung meiner Tochter.« Vielleicht werden Sie als Eltern nun für sich selbst denselben Schluß ziehen. Doch ich möchte mit Ihnen nicht in diesem Teufelskreis verharren, sondern einen Schritt weitergehen.

Schuld und Schuldgefühle

Zu diesem Zweck halte ich es für wichtig, daß wir uns einige Gedanken über Schuld und Schuldgefühle machen. Denn es herrscht in unserer Vorstellung und christlichen Kultur eine Vermischung von beiden vor.

Schuld entsteht immer da, wo wir einem anderen, uns oder der Umwelt geschadet haben, Verhaltensregeln mißachtet oder unseren inneren Moralkodex verletzt haben. Aus der Schuld kann ein Schuldbewußtsein resultieren, verbunden mit dem schmerzlichen Gefühl der Reue über die Verfehlung und der Verantwortung für das eigene Handeln. Das bedeutet, daß wir unser Verhalten bereuen, um Verzeihung bitten, versuchen, das Geschehene wiedergutzumachen und bereit sind, eine gerechte Strafe anzunehmen. Um sich überhaupt schuldig fühlen zu können, bedarf es eines vollständig ausgebildeten Gewissens und eigener Wertvorstellungen[2].

So spricht man beispielsweise auch von ›gewissenlosen‹ Tätern, die weder Reue noch Einsicht in ihre Tat besitzen und dadurch ihre Schuld leugnen. Das sind Menschen, die kein oder nur ein schwach entwickeltes Gewissen besitzen und Probleme haben, ihr Verhalten gemäß kultureller Wertvorstellungen auszurichten. Ihnen fehlt beispielsweise das Gefühl, daß sie andere verletzen können und daß ihr Verhalten Einfluß auf andere Menschen hat.

Sie haben zumeist als Kinder nicht gelernt, ihr Verhalten in Beziehung zu anderen zu setzen. Oftmals fehlten ihnen feste Bindungspartner, die bereit gewesen wären, sich ihnen zu widmen und sich mit ihnen auseinanderzusetzen. Oder die Kinder wuchsen in Heimen auf, wo sie sich vordergründig an die äußeren Regeln anpaßten, aber kein Gefühl für eigene Werte entwickelten. Sie müssen später erst ein Schuldbewußtsein ausbilden und lernen, sich in Beziehungen zu erleben.

Neben dem Fehlen eines Gewissens gibt es auch das andere Extrem, das des rigiden oder starren Gewissens. Das Gewissen wird in manchen psychologischen Theorien, beispielsweise der Psychoanalyse und der Transaktionsanalyse, mit dem sogenannten Über-Ich oder Eltern-Ich umschrieben, das alle Ge- und Verbote sowie Werte enthält, die ein Mensch im Laufe seines Lebens und speziell in seiner Kindheit verinnerlicht hat. Es schreibt vor, wie jemand sich verhalten soll, aber auch, wie er mit sich selbst umgeht. Das Über-Ich ist auch die Instanz, die bewertet, welches Verhalten oder welche Einstellung ›richtig‹ und welche ›falsch‹ ist. Je nachdem, wie streng oder wie wohlwollend die Umgebung war, in der sich das Über-Ich gebildet hat, wird es kritischer oder milder ausfallen. Je kritischer ein Gewissen ist, um so starrer ist jemand. Menschen mit einem rigiden Über-Ich werden sogar kleine Verfehlungen mit schlechten Gefühlen, Schuldempfindungen oder Selbstbestrafung beantworten. Da scheint kein Raum für Fehler zu sein, immer müssen sie perfekt und korrekt sein, sonst sind sie nichts wert. Sie zählen zu den Perfektionisten und sind sehr anfällig für jedwede Form von Schuldgefühlen. Was ihnen fehlt, ist die Flexibilität in der Einschätzung von Schuld. Denn sie haben einen überwiegend strengen Moralkodex entwickelt, der ihnen nur wenig Spielraum bei der Beurteilung ihres Verhaltens läßt.

Im Zusammenhang zur Schuld und dem damit verbundenen Schuldbewußtsein stehen die Schuldgefühle. Wir können dabei zwei Formen unterscheiden: Gefühle, sich schuldig gemacht zu haben, die aus einem Schuldbewußtsein resultieren und ineffektive rotische Schuldgefühle. Letztere sind jene, von denen in den letzten zwei Kapiteln die Rede war.

Das Schuldbewußtsein wird begleitet von einem Schuldgefühl, das aus der Einsicht in eine begangene Schuld resultiert und ist verbunden mit dem Wunsch, den Schaden wiedergutzumachen, die Verantwortung für die Tat zu übernehmen und den oder die Geschädigte um Verzeihung zu bitten.

Neurotische Schuldgefühle dagegen haben anklagenden Charakter und entspringen nicht zwangsläufig einem schuldhaften Verhalten, sondern mehr einer Vorstellung davon. Der Mensch hält sich für schuldig und verurteilt sich dafür, unabhängig davon, ob er sich wirklich schuldig gemacht hat oder nicht. Neurotische Schuldgefühle müssen daher nicht unbedingt mit einem schuldhaften Verhalten zusammenhängen, sie können jedoch auch eine Reaktion auf wirkliche Schuld sein. Dann nämlich, wenn die Einsicht in die eigene Schuld fehlt, wenn also kein Schuldbewußtsein existiert, der Mensch aber ein ›unbewußtes‹ Gefühl von Schuld hat. So wie die Mutter im letzten Beispiel. Sie befürchtet, sich an ihrer Tochter schuldig gemacht zu haben, da sie sie ablehnte und nicht genug liebte. Sie könnte sich diese Schuld nun eingestehen und ein Schuldbewußtsein dafür entwickeln, daß sie ihre Tochter nicht ausreichend geliebt oder sogar abgelehnt hat. Sie könnte weiterhin versuchen, ihr ablehnendes Verhalten aufgrund ihrer eigenen Lebensgeschichte zu verstehen und es sich verzeihen. Statt dessen klagt sie sich ein Leben lang an und leidet unter Schuldgefühlen, ohne zu einer Lösung oder Erlösung zu kommen. Anstelle der alten, nicht wirklich eingestandenen und angenommenen Schuld, ihre Tochter abgelehnt zu haben, glaubt sie, an deren Eßstörung schuldig zu sein. Doch dieses Schuldgefühl ist unangemessen, denn eine einzelne Person kann nicht für eine spätere Bulimie oder Anorexie verantwortlich gemacht werden. Das Bedingungsgefüge für die Entstehung dieser Krankheiten ist sehr komplex und sowohl von individuellen Faktoren der Tochter als auch von familiären, kulturellen und gesellschaftlichen Normen abhängig. Die Mutter ist dabei lediglich ein Teil dieses Gefüges und trägt ihren Anteil dazu bei, kann jedoch nie als die alleinig Schuldige hingestellt werden. Zudem ist es ja auch keine zwingende Folge, daß die Tochter aufgrund der mütterlichen Ablehnung eine Eßstörung entwickelt. Sie könnte diese Erfahrung auch anders verarbeiten oder durch eine positive Beziehung zum Vater, einer Schwester oder zur Oma soweit kompensieren, daß sie sich seelisch nur wenig beeinträchtigt fühlt.

Die Schuldgefühle der Mutter können daher ein Zeichen sein für die Scham, als Mutter versagt zu haben oder sie sind das Ergebnis der Selbstverachtung oder eine Art Selbstbestrafung. Zusammenfassend gilt, daß neurotische Schuldgefühle eher der Fixierung von Problemen dienen, wogegen ein Schuldbewußtsein hilft, Probleme zu lösen.

Als Anmerkung möchte ich darauf hinweisen, daß ich ebensogut ein Beispiel zwischen Vater und Tochter oder Vater und Sohn hätte wählen können. Meine Entscheidung resultierte keineswegs daraus, daß ich glaube, daß sich Mütter schuldiger an den Kindern machen. Ich glaube im Gegenteil, daß Mütter häufiger bereit sind, ihr Verhalten zu hinterfragen und zu verändern, als es die Väter tun. Ich jedoch habe das Beispiel gewählt, weil mir die Sicht aus der Perspektive der Tochter einer Mutter leichter nachvollziehbar ist.

Scham und Schuld

Neurotische Schuldgefühle, die aus der Vorstellung erwachsen, schuldig zu sein, stehen in einem engeren Verhältnis zur Scham als zur Schuld. Im Gegensatz zur Schuld, die sich auf ein Verhalten bezieht, trifft die Scham die Persönlichkeit. Scham ist eine qualvolle Empfindung der Herabwürdigung und Unzulänglichkeit, der Demütigung und Entwürdigung. Menschen, die sich schämen, haben oft das Gefühl, ihrer »Würde beraubt zu sein oder als im Grunde unzulänglich, schlecht und ablehnenswert bloßgestellt zu werden«. (Fossum/Mason, S. 25)

Scham betrifft direkt das Identitätsgefühl von Menschen und bewirkt Minderwertigkeitsgefühle. Da, wo Schuld entsteht, wenn eine Verletzung von Verhaltensregeln vorliegt, ist Scham eine Frage der Identität. »Man kann nichts daraus (aus dem Schamerlebnis, Anm. d. Autorin) lernen, und die Erfahrung eröffnet keine Wachstumsmöglichkeiten, weil sie nur die negativen Gefühle hinsichtlich der eigenen Person bestätigt.« (Fossum/Mason, S. 26)

Auch können wir gegen die Scham nichts tun, im Gegensatz zur Schuld. Das Wissen um Gut und Böse vorausgesetzt, haben wir im Fall der Schuld die Möglichkeit (oder auch die Verpflichtung), es das nächste Mal anders, besser zu machen. Dem Gefühl der Scham sind wir unentrinnbar ausgeliefert, oft ohne zu wissen, was wir eigentlich falsch gemacht haben. Wenn wir uns schämen, befürchten wir, irgendwie ›falsch‹, ›ablehnenswert‹, ›ungeliebt‹ zu sein, ohne etwas ändern zu können. Diese daraus entstehende Ohnmacht und Hilflosigkeit sind der Motor, die Scham in Schuld zu verwandeln: Wir werden böse, rächen uns, verletzen den, der uns beschämt hat, schlagen vielleicht zu oder beschämen andere. »Das Schamgefühl wird zwecks Vermeidung der Konfrontation mit ihm in der Schuld ertränkt.« (Bastian) Wir verwandeln Scham in Schuld, weil es für die meisten Menschen weniger unangenehm ist, diese auszuhalten. Das trifft auch auf die Situation der betroffenen Eltern zu. Sie sind im Grunde beschämt durch die Eßerkrankung der Tochter, fühlen sich jedoch schuldig, klagen sich und die Tochter an und werten sich ab. Ihre Schuld wird als peinliche Verfehlung erlebt und erwächst aus der Scham: Wir sind keine guten Eltern, wir müssen etwas falsch gemacht haben. Diese Suche nach der Schuld, den Fehlern, entfernt sie von dem Schamgefühl und vermittelt den Eindruck, etwas dagegen tun zu können. Deshalb stellen sie auch die ständig wiederkehrende Frage: »Was haben wir falsch gemacht?«, in der Hoffnung, einen Rat zu bekommen und es ab jetzt richtig zu machen. Doch es zeigt sich, daß das nicht die Lösung ist. Denn sie können mit den Antworten nicht wirklich etwas anfangen. Scham ist durch Bessermachen nicht zu tilgen, es entstehen daraus nur bizarre Formen des Umgangs innerhalb der Familie: Die Eltern versuchen alles, um ihrer Tochter zu helfen, bleiben aber in einem ziellosen Aktionismus gefangen. Doch tun sie das in der Hoffnung, daß die Tochter schnell wieder normal ißt und ein normales Gewicht bekommt. Bis dahin ist ihr Selbstbild als Eltern angeschlagen und wird durch die ständigen Selbstvorwürfe noch schlechter. Zu einer wirklichen Einsicht und Verhaltensänderung kommen sie nicht, sondern klagen sich nur an.

Scham hängt mehr mit dem Idealbild von der eigenen Person als mit dem tatsächlichen Verhalten zusammen. Es tritt auf, wenn wir etwas nicht können, von dem wir und die anderen erwarten, daß wir es können. Deshalb schämen sich viele Menschen, weil sie nicht ihrem Anspruch an sich und ihrem Ideal entsprechen. Und je höher und unverrückbarer dieses Ideal ist, wie zum Beispiel im ›Mythos der guten Eltern‹, um so leichter werden sie davon abweichen und um so öfter werden sie sich schämen, schuldig und minderwertig fühlen.

Scham erfährt man, wenn die soziale Gruppe auf einen herabschaut, oder man dies befürchtet. Im Grunde betrachtet sich der beschämte oder zur Scham neigende Mensch mit den kritischen Augen der anderen und wünscht sich nichts sehnlicher, als ihnen zu gefallen und in ihrem Urteil gut abzuschneiden. Das Ergebnis ist eine »Sucht nach sozialer Anpassung« (Whitaker in Fossum/Mason, S. 11/12), das ständige Bestreben, alles richtig und gut zu machen.

Die Sucht nach sozialer Anpassung entspringt einem mangelnden Selbstwertgefühl, dem Gefühl, als Person ungenügend oder minderwertig zu sein. Ein geringes Selbstwertgefühl ist immer mit Scham verbunden. Eine Möglichkeit, sein Selbstwertgefühl zu stärken, ist eine perfekte Fassade nach außen aufrechtzuerhalten, um die Scham der Minderwertigkeitsgefühle nicht zu spüren. Die eßgestörten Familien bemühen sich daher, auf andere wie eine intakte, normale, glückliche Familie zu wirken, die ansonsten keine Probleme hat. Sie sind freundlich im Kontakt, wirken aufgeschlossen, sind sozial anerkannt und gut situiert. Wie es hinter der Fassade aussieht, erfahren nur wenige. Diese Familien tun dabei dasselbe wie die eßgestörten Töchter: Auch sie versuchen, durch ein perfektes Äußeres ihre innere Unsicherheit und Gefühle der Unzulänglichkeit auszugleichen. Nur wenn sie schlank, dünn und besonders sind, sind sie etwas wert (Wardetzki 1991).

Die Sucht nach Anerkennung formuliert Carl Whitaker provozierend: »Du sollst nicht Vater und Mutter ehren, sondern dem Image gerecht werden, das sie für die Nachbarn geschaffen haben.« (Fossum/Mason, S. 12)

Die Abhängigkeit von der Akzeptanz der Umgebung zeigt sich auch in der immer noch weit verbreiteten Verleugnung oder Ablehnung von Therapie. Obwohl in jeder Zeitschrift über psychologische Themen berichtet wird und Rat- und Hilfesuchen scheinbar alltäglich geworden sind, scheint Therapiebedürftigkeit nach wie vor etwas zu sein, dessen man sich schämen muß. Auch die Abwehr der Töchter gegen Psychotherapie kann in vielen Fällen darauf zurückgeführt werden.

Unsere Tochter konnte mit der Therapeutin nicht so recht und geht jetzt nicht mehr hin. Es kam hinzu, daß mein Mann sagte, man mache keine Therapie, das sei ein Stigma, wenn man das braucht. Auch unsere Tochter denkt, es sei schlimm, Therapie zu machen, weil sie ja nicht psychisch krank sei. Sie meint, man wird dadurch noch kränker, weil man dann als krank abgestempelt wird.

Aber nicht nur Therapiebedürftigkeit ist mit Scham besetzt, sondern auch das Eingeständnis, bulimisch oder magersüchtig zu sein oder das Offenlegen des Gewichts. Das alles ist mit der Angst verbunden, ›das Gesicht‹ zu verlieren und von den anderen abgelehnt zu werden. Wir alle kennen in unterschiedlichem Maße Gefühle von Scham und Beschämung. Da der Ursprung der Scham in Verletzungen und Herabsetzung der Persönlichkeit in der frühen Kindheit liegt, tritt sie heute in jenen Situationen auf, in denen eine Wiederholung dieser Erlebnisse droht. Je stärker ein Kind früher beschämt wurde, um so stärker neigt der Erwachsene später zu Scham- und Schuldgefühlen. In der Regel ist Scham kein persönliches Problem des einzelnen, sondern ein Familienthema, das von Generation zu Generation weitergegeben wird (siehe Teil II).

Bevor ich näher auf die familiären Zusammenhänge von Scham und Schuld eingehe, möchte ich zuerst einige Gedanken für den Umgang mit Schuld und Schuldgefühlen formulieren.

Das Annehmen von Schuld löst Schuldgefühle auf

Die herkömmliche Art der Eltern, mit ihren Schuldgefühlen umzugehen, erweist sich in der Regel als Falle, die die Eltern durch die Eßerkrankung der Tochter bauen: Unsere Tochter ist krank, wir sind schuld, also müssen wir jetzt alles besser machen, damit sie wieder gesund wird. Und wir müssen alle weiteren Fehler vermeiden, sonst wird sie nicht gesund und wir sind schlechte Eltern. Um die Eltern von ihren Schuldgefühlen zu befreien, muß die Tochter gesund werden. Und je mehr die Tochter das spürt oder unbewußt wahrnimmt, um so mehr Widerstand wird sie gegen ihre Genesung aufbringen.

Eine Lösung aus diesem Dilemma gibt es, wenn die Eltern die Verantwortung für sich selbst übernehmen. Das heißt, wenn sie den Mut aufbringen, das, was sie an der Tochter verschuldet haben, anzunehmen, ein Schuldbewußtsein zu entwickeln und sich zu verzeihen. Und das, was sie nicht verschuldet haben, auch nicht tragen. Das Annehmen von Schuld beinhaltet auch, von der Frage wegzukommen, was sie nun anders machen sollen, damit die Tochter wieder gesund wird. Die Genesung der Tochter darf nicht mit dem Selbstwertgefühl der Eltern verknüpft werden, weil sonst eine ungesunde Verstrickung der Familienmitglieder untereinander entsteht im Sinne von: »Nur wenn du, dann kann ich …«

»Nur, wenn du gesund wirst, geht es mir wieder gut«, oder: »Nur, wenn du gesund bist, kann ich mich wieder als gute Mutter fühlen«, oder: »Nur, wenn du gesund wirst, kann ich wieder leben.«

Nehmen Sie sich bitte einmal eine halbe Stunde Zeit, um darüber nachzudenken, was Sie mit der Genesung Ihrer Tochter/Partnerin verknüpfen. Jeder sollte diese Fragen für sich beantworten. Danach können Sie in Ihrer Partnerschaft Ihre Äußerungen austauschen und Ähnlichkeiten sowie Unterschiede feststellen. Bitte vermeiden Sie Diskussionen darüber, wer recht hat, denn bei dieser Aufgabe geht es nicht um eine richtige oder falsche Beantwortung, sondern um das Bewußtmachen Ihrer Einstellung. Die beste Unterstützung, die Sie einander als Eltern geben können, ist, sich gegenseitig anzuhören und Ihren Gefühlen Raum zu geben. Denn die Eßerkrankung der Tochter macht viel angst und bereitet Ihnen vermutlich große Sorgen. Diese Gefühle mit dem Partner zu teilen, statt sich in gegenseitigen Anschuldigungen zu verlieren, wird für alle Beteiligten eine Entlastung sein.

Sich seine Schuld einzugestehen und dafür die Verantwortung zu übernehmen, ist ein schmerzlicher Prozeß, vor allem dann, wenn er mit Scham verbunden ist. Denn aus Scham heraus wird oft ein Schuldbewußtsein verleugnet. Ein Schuldbewußtsein zu entwickeln gelingt vor allem in einer Umgebung, die »zwar erwartet, daß begangene Fehler zugegeben und wiedergutgemacht werden, der Wert der Person jedoch nicht angezweifelt wird.« (Fossum/Mason, S. 50) Wenn Sie also als Eheleute versuchen, dem Partner die Schuld oder die Mehrschuld für die Eßstörung der Tochter zuzuschieben oder sich einer die Gesamtschuld aufbürdet, wird Ihr System sich nicht in eine gute Richtung verändern. Denn es ist auf Anklage und Verteidigung ausgerichtet und hat keinen Platz für eigene Fehler sowie Fehler der anderen und für Verzeihen. Doch beides ist notwendig, um aus dem Teufelskreis von Selbstanklagen, Schuldgefühlen, Fehlermachen und noch mehr Selbstanklagen herauszukommen.
Eltern sind Menschen und machen wie alle Menschen Fehler. Sie begehen ihre Fehler in der Regel nicht absichtlich oder vorsätzlich, sondern aus ihrer eigenen Lebensgeschichte heraus, die sie zu denen

machte, die sie heute sind. Eigene Verletzungen, Beschämungen und emotionale Defizite begrenzen ihr Verhalten als Erwachsene und erlauben ihnen oft nicht, so zu reagieren, wie sie es gerne möchten. So machen sie sich oft schuldig, ohne es zu wissen. Vor allem im Kontakt mit den eigenen Kindern können sich unverarbeitete Konflikte und Traumata der eigenen Kindheitsgeschichte mit den eigenen Eltern wiederbeleben. Nicht selten wiederholt sich das ehemalige Beziehungsmuster zwischen Mutter und Tochter nun mit der eigenen Tochter, obwohl die Mutter genau das verhindern möchte. Wenn eine Mutter also spürt, daß sie ihr Kind ablehnt oder bekämpft, könnte es sein, daß sie auf dem Rücken der Tochter einen unausgefochtenen Konflikt mit der eigenen Mutter austrägt. Oft bleibt so ein Mechanismus unbewußt. Was die Mutter nur spürt, ist, daß sie Probleme mit der Tochter hat und sie nicht so seinlassen kann, wie sie ist. Wenn bei ihr der Eindruck entsteht, dieses Kind nicht an sich ranlassen zu können, dann sollte sie den Mut haben, sich fachlichen Rat zu holen, um das eigentliche Problem, das dahintersteht, aufzulösen und die Beziehung zur Tochter zu entlasten. Denn erst dann, wenn sie frei ist, ihre Tochter als ihre Tochter zu sehen und in ihr nicht ihre Mutter zu erwarten, wird sie ihr gerecht und kann aufhören, sie abzuwerten. In diesem Fall handelt die Mutter verantwortlich und macht ihre Schuld an der Tochter wieder gut. Durch das Verstehen der Zusammenhänge kann sie darüber hinaus ihr Verhalten anders beurteilen und sich verzeihen. Denn trotz allem sind die Eltern für ihre Fehler verantwortlich. Sie sind deshalb jedoch nicht schlecht oder böse, sondern brauchen das Gefühl, daß ihnen verziehen wird und die Möglichkeit, daß sie sich selbst verzeihen. Verzeihen ist aber nur möglich nach dem Eingeständnis von Fehlern. Werden sie geleugnet, bleiben sie als neurotische Schuldgefühle weiter bestehen.

Die Eltern müssen deshalb unterscheiden zwischen Selbstanklagen und wirklichen Fehlern, durch die sie sich an der Tochter schuldig gemacht haben, wofür sie sich gegebenenfalls bei ihrem Kind entschuldigen und das sie wiedergutmachen wollen. Um darüber Klarheit zu bekommen, ist das Gespräch mit einem Außenstehenden, der nicht dem Familiensystem angehört, oft sehr hilfreich, da man sich allein mitunter verwirrt. Zudem laufen viele Prozesse zwischen Eltern und Kindern unbewußt ab, das heißt, sie sind uns zum gegenwärtigen Zeitpunkt nicht durch Nachdenken zugänglich. Aufgabe einer Therapie oder Beratung ist es deshalb unter anderem, Unbewußtes bewußt und damit einer Veränderung zugänglich zu machen.

Wodurch können sich Eltern an ihrer Tochter schuldig machen?

Im Grunde durch jedes Verhalten, das sie verletzt, ihr unnötigen Schmerz zufügt und sie schädigt. Die Bandbreite ist sehr groß und reicht von massiven Vergehen wie Kindestötung, sexuellem und körperlichen Mißbrauch, körperlicher, seelischer und geistiger Verwahrlosung, bewußter Schädigung und Verachtung bis zu Maßnahmen wie schlagen, ihr unnötig weh tun, sie einsperren, im Keller einschließen, sie zu lange allein lassen und ihre kindlichen Bedürfnisse nach Schutz, Versorgung und Annahme mißachten. Diese Handlungen schädigen ein Kind in seiner seelischen Entwicklung. Ähnliche Folgen können auch Ablehnung haben, Entwertung und seelische Ausbeutung, wenn die Tochter etwas erfüllen muß, nur weil die Eltern selbst mit ihren Problemen nicht klarkommen. Auch die Einschränkung der Freiheit, sich zu einem eigenständigen Menschen zu entwickeln und altersangemessene Kontakte aufzubauen, gehört hier hinein.

Sicherlich gibt es graduelle Unterschiede in der Schuldhaftigkeit des Verhaltens und seinen negativen Folgen. Auch ist es oft schwer, ein Verhalten als schuldhaft zu bezeichnen, wenn es keinen dementsprechenden juristischen Tatbestand erfüllt, wie beispielsweise im Fall des sexuellen Mißbrauchs. Hier sind sich die meisten einig, daß sich der Täter oder die Täterin schuldig gemacht hat.

Wir alle machen uns im Zusammenleben an anderen Menschen schuldig, oft ohne es zu wissen. Erfahren wir jedoch von unserer Schuld oder wird sie uns eines Tages bewußt, dann ist es an der Zeit, dieses Verhalten zu ändern und die geschädigte Person um

Verzeihung zu bitten. Selbstanklagen dagegen bleiben im Raum stehen, ohne wirkliche Konsequenzen. Ein Schuldeingeständnis hat in diesem Zusammenhang nichts mit moralischer Verurteilung zu tun. Die liegt eher im Fall von Selbstanklage und -bestrafung vor. Wenn wir unsere Schuld annehmen und uns zu ihr bekennen, kann daraus eine positive Kraft erwachsen, die die Beziehung zwischen Eltern und Kind oder zwischen den Partnern zum Guten verändern kann und Schuld beendet.

II.
Dimensionen
des Familienproblems

Die Eßstörung – eine Familienkrankheit

Bulimie und Magersucht sind keine individuellen Krankheiten, sondern Familienprobleme. ›Was soll denn das?‹, werden Sie jetzt fragen, oder vielleicht sind Sie sogar empört, daß ich so eine Behauptung aufstelle. Denn schließlich ist allein die Tochter/Partnerin krank und alles wäre gut, wenn sie nicht hungern oder sich überessen und erbrechen würde.

Doch leider ist die Situation bei psychischen Erscheinungen nicht so einfach. Denn jeder Mensch lebt in Beziehungen, und diese spielen eine entscheidende Rolle für die Entwicklung und das Befinden des Menschen. Dabei hat die Familie eine wesentliche Bedeutung, weil in ihr die intimsten Begegnungen stattfinden. Weder in der Schule noch in der Arbeitssituation, im Kegelclub oder im Freundeskreis entsteht so viel Intimität wie in der Familie. In keinem anderen Rahmen sehen und wissen die anderen so viel über einen und kommen einem so nahe, wie dort.

Eine Familie besteht aus den einzelnen Familienmitgliedern und bildet ein System, in dem jeder bestimmte Rollen übernimmt, die eine Funktion für die Gruppe haben. Das Zusammenleben ist durch Regeln geordnet, die in der Mehrzahl unbewußt und unausgesprochen sind, an die sich aber alle gemäß einer ›stillen Vereinbarung‹ halten. Einige Regeln stammen möglicherweise schon aus vorausgegangenen Generationen, von den Groß- oder Urgroßeltern, und ›vererben‹ sich weiter. So eine Regel könnte sein: ›Wir sind fleißig und bringen es zu etwas.‹ Und ein Blick auf den Stammbaum bestätigt, daß die meisten Männer in hohe Positionen aufstiegen und die Frauen gut verheiratet waren. Einige schwarze Schafe waren auch dabei, aber über die wird nicht gesprochen. Je wichtiger diese Regel in dieser Familie genommen wird, um so eher läuft jemand Gefahr, aus der Familie herauszufallen, sobald er sie nicht befolgt. Zum Versager oder Sonderling wird dann leicht der, dem beispielsweise eine weniger gut bezahlte Arbeit mehr Spaß macht und wertvoller ist, als eine gehobene Stellung oder Reichtum. Unabhängig davon, wie gut er in seiner Arbeit ist, für die Familie ist er ein Versager. Die Regel bestimmt in dem Fall über diesen Menschen, nicht das, was er tut.

Aus der Familientherapie und -forschung wissen wir, daß es in Familien – und natürlich ebenso in Partnerschaften – sowohl unterstützende (funktionale) als auch entwicklungshemmende (dysfunktionale) Regeln und Muster des Zusammenlebens gibt (zur Begriffsbestimmung siehe S. 14). Entwicklungshemmende Einflüsse zeigen sich im Laufe der Zeit in bestimmten Symptomen, die ein oder mehrere Familienmitglieder ausbilden. Manche Symptome brechen erst in späteren Generationen aus, auch wenn die hemmenden Muster schon das System der Urgroßeltern bestimmten.

Eine Sichtweise, die generationenübergreifend ist und die Gesetze der Gruppe zum Thema hat, nennen wir in der Psychologie systemisch. In diesem Denken wird den Beziehungsmustern in der Familie und Partnerschaft eine hohe Bedeutung bei der Entwicklung einer Eßstörung zugeschrieben. Was ich im folgenden von Familiensystemen schreibe, gilt in gleicher Weise auch für Partnerschaften, weil auch sie Systeme sind, die nach denselben Gesetzmäßigkeiten funktionieren.

Aus systemischer Perspektive können folgende Aussagen gemacht werden:

1. Ein Symptom, das eine Person entwickelt, wie eine Magersucht oder Bulimie, ist untrennbar mit familiären/partnerschaftlichen Regeln und Mustern verbunden und somit immer ein Teil des ganzen Familien- oder Partnersystems.

2. Die Person, die das Symptom entwickelt, ist nicht alleine krank, sondern sie zeigt auf, daß die Regeln in dieser Familie/Partnerschaft entwicklungshemmend oder dysfunktional sind.

3. Wenn die Symptomträgerin unter den dysfunktionalen Familienmustern leidet, müssen wir davon ausgehen, daß auch die anderen

darunter leiden. Entweder nehmen sie sie bei sich jedoch nicht bewußt wahr oder wollen es nicht.

4. Wenn wir davon ausgehen, daß die Erkrankung ein Teil des familiären/partnerschaftlichen Systems ist, dann stellt sich die Frage nach der Heilung neu. Ist das Behandlungsziel, daß die Tochter/Partnerin ein normales Gewicht bekommt oder daß sich die Strukturen in der Familie/Partnerschaft zur Funktionalität hin verändern? Soll es nur der Magersüchtigen bessergehen oder auch den anderen Familienmitgliedern?

5. Auf dem Hintergrund der Komplexität der Zusammenhänge ist es schwer und müßig, nach Ursachen oder Schuldigen zu suchen, weil es in einem System weder das eine noch das andere gibt.

Bei der Frage nach den Ursachen haben wir es mit dem bekannten Henne-Ei-Problem zu tun: Wer war zuerst da, wer ist die Ursache wovon? In einem System gibt es keinen Anfang und kein Ende, außer wir definieren sie künstlich. Doch auch die böse Urgroßmutter ist nicht der Beginn allen Unheils, weil es vor ihr schon andere gab, in deren System sie selbst verflochten war.

Ähnlich verhält es sich mit der Schuld. Wenn Mitglieder der Familie Schuld auf sich laden, dann wirkt diese im System oft über Generationen hinweg. Und dennoch können wir nicht sagen, A ist schuld an der Magersucht oder B an der Bulimie. Damit würde nur die eigene Verantwortung auf jemand anderen geschoben. Aber wir können aufdecken, wie die Schuld von jemandem heute das eigene Leben bestimmt und uns dann von dieser übernommenen Schuld befreien, um unseren eigenen Lebensweg gehen zu können und nicht Buße tun zu müssen für Vorfahren. Und wir müssen, wie in Teil I schon beschrieben, Verantwortung für eigenes schuldhaftes Verhalten übernehmen.

Noch ein Hinweis: Die Familie oder Partnerschaft ist natürlich nicht das einzige System, in dem wir leben. Jede Gruppe, Institution und die Gesellschaft als Ganzes sind Systeme, in denen wir wechselseitig aufeinander bezogen leben. Auch diese Systeme sind mit dem Eßsymptom verbunden und an deren Entstehung und Aufrechterhaltung in unterschiedlichem Maße beteiligt. Ich werde später auf einige dieser Aspekte näher eingehen.

Die Familienforschung und -therapie hat weitreichende Erkenntnisse über den Zusammenhang von psychischen Erkrankungen und den Strukturen von Familien herausgefunden. In den folgenden Kapiteln möchte ich einige aufzeigen, die in Verbindung mit Eßstörungen wesentlich sind.

Wie Familiensysteme funktionieren

Systeme, wie Familien und Partnerschaften, besitzen bestimmte Merkmale und beruhen auf speziellen Prinzipien, von denen ich für meine Betrachtung zwei herausgreifen möchte:

1. Beständigkeit und Wandel
In Familien herrschen zwei gegenläufige, aber sich nicht widersprechende Strebungen: Beständigkeit (Homöostase/Gleichgewicht) und Wandel (Veränderung). Beide sind zum Erhalt und zur Fortentwicklung nötig.

Die homöostatischen Prozesse sind darauf gerichtet, das Gleichgewicht der Familie/Partnerschaft zu erhalten. Sie sorgen dafür, daß das System in gewissem Maße konstant bleibt und sich einer Veränderung widersetzt. Das ist wichtig, damit eine Familie überhaupt bestehen kann und nicht bei jedem beliebigen Einfluß von innen oder außen gestört wird. Widerstand gegen Veränderung verleiht Beständigkeit und Zusammenhalt. Regeln definieren, wie diese Konstanz des Systems aufrechterhalten wird.

Die andere, entgegengesetzte Strebung ist die Veränderung. Ohne inneren Wandel würde das System starr werden und nicht überleben können. Ein System, das nicht auf die Entwicklungsprozesse ihrer

Mitglieder reagieren kann, hemmt den natürlichen Prozeß und ist krankmachend.

Ein gut funktionierendes System braucht beides, Stabilität und Veränderung. Eine Überbetonung nach der einen oder anderen Seite hat Einfluß auf alle Beteiligten.

Zu geringe Beständigkeit führt zu chaotischen und unvorhersagbaren Familienverbänden, auf die kein Verlaß ist. Hier ist immer alles im Wandel, was zu Verunsicherung und Angst führen kann.

Familien/Partnerschaften, in denen psychische oder psychosomatische Störungen auftreten, reagieren in der Mehrzahl ablehnend auf Veränderungen und bemühen sich mit allen Kräften, den Ist-Zustand aufrechtzuerhalten (Selvini Palazzoli 1978, S. 228 ff). Ihr Ziel ist also Homöostase und Beständigkeit. Diese wird in vielen Fällen durch das Symptom einer Magersucht oder Bulimie erreicht. Das Gleichgewicht einer Familie wird beispielsweise erhalten, wenn die Eltern sich wegen der Erkrankung der Tochter nicht trennen oder die Tochter aufgrund ihrer Magersucht abhängig bleibt und so die Ablösung vom Elternhaus hinausschiebt. In beiden Fällen sind die Familien nicht gezwungen, sich an eine neue Situation anzupassen, auch wenn die Magersucht zu Desorientierung führt. Aber die scheint dennoch leichter zu ertragen zu sein als die Angst, die mit einer grundlegenden Veränderung verbunden wäre.

Auch die bereits beschriebene Kontrolle ist ein Verhalten, das auf Beständigkeit zielt. Kontrolle versucht, alles in vorgeschriebenen Bahnen zu halten und nichts dem Zufall zu überlassen. Alles bleibt so, wie es immer war.

II. Gegenseitige Bezogenheit

Ein zweites wichtiges Merkmal von Systemen ist die Ganzheit. Das bedeutet, daß die Familie/Partnerschaft nicht nur eine Ansammlung von verschiedenen Menschen ist, sondern ein zusammenhängendes, untrennbares Ganzes. Die Personen sind aufeinander bezogen und so miteinander verbunden, daß die Veränderung bei einer Person eine Veränderung bei allen Personen und damit im System verursacht. In einem Gespräch mit Barbara Brink entstand die Idee für folgende Vorstellungsübung, die auf Virginia Satir zurückgeht.

• Stellen Sie sich bitte einmal folgende Szene vor:
Sie sitzen mit Ihrer Familie im Wohnzimmer. Es sind alle Personen anwesend, die zusammenleben. Diese Menschen sind durch ein Band untereinander verbunden. Von jedem Handgelenk geht eine Schnur zu den Handgelenken der anderen Familienmitglieder. Nun steht eine Person auf. Was passiert mit den anderen?
Sie spüren die Bewegungsveränderung als leichtes Ziehen am Handgelenk oder sie müssen sich mitbewegen oder werden sogar vom Stuhl geworfen. Ihre Reaktion hängt von der Heftigkeit ab, mit der die Person aufsteht. Sie variiert jedoch auch mit der Starre oder Flexibilität der Schnur, die die Angehörigen miteinander verbindet. Eine starre Schnur zwischen sich und den anderen bewirkt, daß jeder stark in die Bewegung des anderen involviert ist. Er muß sich zwangsläufig mitbewegen und wird mitgerissen.

• Stellen Sie sich nun bitte vor, die Schnur wäre ein leicht dehnbares Gummiband. Wie verändern sich dadurch die Reaktionen der einzelnen Personen? Sie werden ganz sicher abgeschwächt sein: Auch wenn einer aufsteht, beeinflußt das die anderen nur am Rande. Sie reagieren mit, aber nicht so intensiv, sie behalten etwas mehr Freiraum.

Mit diesen Beispielen, die Sie spaßeshalber selber einmal ausprobieren können, will ich den Zusammenhang deutlich machen, der zwischen den einzelnen Familienmitgliedern besteht. Das Verhalten eines jeden hat Einfluß auf die anderen. Wir leben nicht in einem Vakuum, sondern immer in Beziehungen, in denen wir uns gegenseitig beeinflussen. Dabei wirken nicht nur die Eltern auf die Kinder, sondern diese ebenso auf die Eltern. Auch jeder Partner beeinflußt das Verhalten seiner Partnerin und umgekehrt. Das heißt auch, wenn eine Person Therapie macht, also ihr Verhalten bewußt verändert, dann hat das einen Einfluß auf das ganze System. Genau das aber befürchten viele Familien oder Partnerschaften. Sie haben Angst, daß durch die Therapie der Tochter/Partnerin die Homöostase in Gefahr gerät und sie eine Veränderung vornehmen müssen. Die Weigerung der Eßsüchtigen, Therapie zu machen, steht dann im Einklang mit den homöostatischen Regeln, die keinen Wandel erlauben und drückt die Angst des Systems vor Veränderung aus. Wenn wir den Widerstand gegen Therapie also nicht nur als persönliches Problem der Tochter/Partnerin interpretieren, sondern es vom systemischen Standpunkt aus betrachten, müßten sich die Eltern oder der Partner selbst die Frage stellen, welche Ängste sie vor Veränderung haben und was in ihrer Familie/Partnerschaft der Änderung bedarf. Je mehr Mut sie haben, sich auf etwas Neues einzulassen, um so leichter wird es auch für die Betroffene. Ansonsten muß sie allein gegen den Widerstand des Systems ankämpfen, etwas zu verändern, was entweder sehr schwer oder sogar unmöglich ist.

Konfliktvermeidung in Suchtsystemen

Suchtsysteme werden jene Familien/Partnerschaften genannt, in denen ein oder mehrere Mitglieder an einer Sucht erkrankt sind. Wir finden in Familien, in denen eine Tochter Bulimie oder Magersucht hat, nicht selten einen alkoholabhängigen Vater und eine eßsüchtige oder medikamentenabhängige Mutter. Untersuchungen ergaben, daß in eßgestörten Familien deutlich häufiger Eßstörungen und Alkoholabhängigkeit bei Verwandten ersten Grades auftreten als in Familien ohne eine eßgestörte Tochter[3].
Es kommt auch vor, daß zwei oder mehr Geschwister Eßstörungen entwickeln oder drogen- und alkoholabhängig sind. Mitunter stammen die Eltern ihrerseits schon aus Familien, die durch Suchtstrukturen charakterisiert waren. Personen, die selbst mit einem süchtigen Elternteil aufgewachsen sind, neigen häufig dazu, sich später ihrerseits einen süchtigen Partner zu suchen. Aufgrund dieser ›Traditionen‹ können ganze Generationsketten von Suchtsystemen ent-

stehen. Dabei setzt sich die Suchtdynamik von Familie zu Familie fort, ohne daß es den Beteiligten bewußt sein muß.

In Suchtsystemen lernen die Menschen, über stimmungsverändernde Drogen oder anderes süchtiges Verhalten ihren Problemen zu entkommen und sich damit vorübergehende Befriedigung und Wohlgefühle zu verschaffen. Hierunter fällt süchtiges Spielen, Arbeiten, Fernsehen, Essen und Hungern.

Suchtsysteme unterscheiden sich von nicht süchtigen Systemen und zeichnen sich durch Dysfunktionalität aus. Dysfunktionalität bedeutet in diesem Zusammenhang, daß Regeln herrschen, die das süchtige Verhalten einzelner unterstützen und es erschweren, daß beispielsweise die Tochter aufhört zu hungern oder der Vater vom Alkohol abstinent wird.

Ein wesentliches Merkmal ist die Konfliktunfähigkeit dieser Systeme. Die Art und Weise, wie Suchtfamilien mit Problemen und Konflikten umgehen, ist nicht konstruktiv. Das bedeutet, daß Probleme in der Regel ›unter den Tisch‹ gekehrt werden und erst dann als Problem anerkannt werden, wenn es nicht mehr anders geht. Im Bild gesprochen: Wenn der Berg unter dem Teppich so hoch geworden ist, daß jeder darüber stolpern muß.

Statt Konflikte zu definieren, zu benennen und Lösungswege zu suchen, werden sie vermieden, und alle gehen ihnen aus dem Weg. Sie sprechen nicht offen über die Sorgen, die jemand in der Familie/Partnerschaft hat, sondern drücken sie, wenn überhaupt, nur indirekt aus, in der Hoffnung, die anderen würden verstehen, was gemeint sei. Oder sie befürchten, die anderen verstehen die eigenen Probleme sowieso nicht und behalten daher ihre Sorgen für sich.

»Mit meinem Vater würde ich nie über meine Schwierigkeiten sprechen, der kann sich in meine Lage gar nicht hineinversetzen«, beklagen sich viele Töchter. Mit der Mutter ginge das in den meisten Fällen besser. Die Mütter ihrerseits verbergen ihre Schwierigkeiten vor der Familie oder besprechen sie mit der Tochter; beides keine Wege, die zu einer positiven Veränderung ihrer Situation führen. Die Väter haben meist große Mühe, sich zu öffnen und machen einen Bogen um Schwierigkeiten. Die Arbeit ist für viele ein Ausweg, der sie ablenkt und betäubt.

Auch viele eßgestörte Frauen fühlen sich in ihrer Partnerschaft unverstanden und in ihren Problemen vom Partner nicht angenommen. Sie werfen ihm nicht selten Kaltherzigkeit vor und verschließen sich immer mehr.

Es gibt auch Familien, die auf Probleme übermäßig heftig, fast hysterisch reagieren. Es werden die schlimmsten Folgen ausgemalt oder Vorwürfe gemacht, warum beispielsweise die Tochter diese Probleme überhaupt habe. Beim nächsten Mal wird sie lieber versuchen, sich alleine zu helfen.

Einige Familien/Partnerschaften zeichnen sich dadurch aus, daß sie eine heile Welt aufbauen, obwohl oder gerade weil viele ungelöste Probleme anstehen. Sie streiten nie, versuchen immer derselben Meinung zu sein, auch wenn sie es nicht sind und legen über alle Probleme den Mantel der Harmonie. Sich-nicht-einig-Sein ist für diese Systeme sehr bedrohlich, weil sie dann Angst haben, auseinanderzufallen. Zusammenhalt wird gleichgesetzt mit Einigkeit. Das bedeutet, alles in derselben Weise zu wollen, zu sehen, zu denken und zu fühlen. Das Ziel ist, immer derselben Meinung zu sein und nichts Trennendes zwischen sich zu haben. Unterschiedlichkeit läßt Getrenntheit befürchten und macht daher angst. Auch ein Streit würde anzeigen, daß es unterschiedliche Meinungen gibt, die um des lieben Friedens willen aber unterdrückt werden. Denn der Friede geht über alles und muß unter allen Umständen erhalten werden. Was dabei verlorengeht, ist die Individualität der einzelnen, die Freiheit, zu sagen, zu denken und zu fühlen, wie es für jeden stimmt und das Recht auf eine eigene, auch abweichende Meinung. In diesen Familien/Partnerschaften zählt der einzelne weniger als die Harmonie und jeder hat sich dieser unterzuordnen. Die Auflehnung gegen dieses Gefangensein versuchen die Mädchen und Frauen, durch ihre Eßstörung auszudrücken.

Meine Eltern streiten nie. Sie machen alles in Harmonie. Meine Mutter paßt sich immer dem Vater an. Sie war immer nur für die Familie da und hat sonst keine Freunde oder irgendwas, was sie für sich macht. Vor meiner Magersucht war ich auch immer ganz lieb und brav und habe nie Ärger gemacht. Das ging erst los, als ich nichts mehr gegessen habe. Ich finde es besser, wenn wir mal streiten, weil ich dieses ewige Dulden und die Harmonie nicht mehr ertrage.

Eine Eßstörung kann in einer harmoniedominierten Familie das Mittel des Protests werden, wenn die Tochter keine andere Möglichkeit sieht, sich abzugrenzen und ihr Anderssein auszudrücken. Das andere Extrem sind die streitdominierten Familien, in denen es dauernd kracht, viele Auseinandersetzungen gibt und nur selten Frieden herrscht. Hier werden alle Meinungsverschiedenheiten lautstark ausgetragen, weil sie glauben, so schreien zu müssen, um gehört zu werden. Letztendlich wird auch in diesen Familien ein Anderssein nicht toleriert, nur die Form der Auseinandersetzung unterscheidet sich von der der harmoniedominierten Familien.

Beide Formen des Umgangs mit Konflikten sind nicht effektiv für deren Lösung, denn ständiges Streiten löst Probleme ebensowenig wie andauerndes Harmonisieren.

Die häufigsten Konfliktvermeidungsstrategien in eßgestörten Systemen sind die Verleugnung des Problems: »Es ist doch alles in Ordnung«, das Verharmlosen: »Es ist doch alles nicht so schlimm« und das Harmonisieren: »Wir haben nie Meinungsverschiedenheiten.«

Das Gemeinsame der Konfliktvermeidungsstrategien ist, daß die Ressourcen einer Familie/Partnerschaft nicht ausgeschöpft werden, um die Lage der Person, die Probleme hat, oder die Situation der Familie/Partnerschaft als Ganzes zu verbessern. Der Wunsch, ihm oder ihr zu helfen, mag zwar vorhanden sein, die Art und Weise, wie eingegriffen werden könnte, ist jedoch unklar und unstrukturiert. In Teil III werde ich einige Hinweise geben, wie Familien und Paare konstruktiv mit Problemen umgehen können.

Scham und Familiengeheimnisse

Scham als individuell erlebtes Gefühl, wie ich es im I. Teil schon beschrieb, ist eng verbunden mit sogenannten schamorientierten Familienstrukturen, die ihrerseits auch ein Kennzeichnen von Suchtsystemen sind. Man könnte vereinfacht sagen, daß Menschen, die sich stark schämen, aus Familien stammen, in denen die Scham ein wesentliches Gefühl darstellt. Es mag Ihnen im ersten Moment vielleicht etwas fremd erscheinen, Scham mit Familienstrukturen in Verbindung zu bringen, dennoch unterscheiden sich Familien hinsichtlich der Stärke, mit dem dieses Gefühl vorherrscht. Man spricht daher in diesem Zusammenhang von schamorientierten Familien im Gegensatz zu respektvollen Familien (dieser Begriff stammt von Fossum/Mason). Respektvolle Familien besitzen hauptsächlich funktionale Regeln und könnten daher auch als gesunde Systeme bezeichnet werden. Schamorientierte Systeme reagieren dagegen hauptsächlich dysfunktional und stehen im engen Zusammenhang mit Krankheiten wie beispielsweise Sucht.

Schamorientierte Systeme versuchen, über ein ausgeprägtes Kontrollverhalten die Scham zu unterdrücken, die mit der Eßstörung der Tochter/Partnerin oder eigener Süchte einhergeht. Die gesamte Familie oder das Paar ist in einen sogenannten Scham-Zyklus eingebunden, der von Generation zu Generation weitergegeben wird. Das bedeutet, daß nicht nur jedes Familienmitglied gemäß dieses Zyklus reagiert, sondern auch die Familie insgesamt.

Der Zyklus besteht aus zwei Phasen, der Kontrolle und dem Ausagieren, das man auch exzessive Phase nennen kann. Das Ausagieren entspricht dem Kontrollverlust im Sinne von unkontrolliertem Überessen, Erbrechen, Abmagern, Alkoholrausch, sexueller Grenzenlosigkeit oder Drogenkonsum. Es bringt Erleichterung, reduziert Spannungen und vermittelt ein vorübergehendes Wohlgefühl. Nach dem Ausagieren setzt jedoch die Scham über das eigene zügellose Verhalten wieder ein und zwingt zu Kontrolle. Je exzessiver beispielsweise das Eßverhalten der Tochter/Partnerin ist, um so höher ist die Kontrolle, die sie sich selbst auferlegt oder die von seiten der Eltern oder des Partners ausgeübt wird.

Ein Beispiel für die hohe Selbstkontrolle sind die extremen Fastenphasen, in denen die Betroffene kaum Nahrung zu sich nimmt, oder die Selbstkasteiung, den ganzen Tag nichts zu essen. In dieser Zeit erlebt sie sich frei von Schuld und Scham, sie fühlt sich rein, fast übermenschlich und gut. Versagt jedoch diese Kontrolle nach einer gewissen Zeit, dann schlägt sie in unkontrolliertes Überessen und Erbrechen um. Die Betroffene schämt sich für ihr gieriges und abartiges Verhalten, hält sich für wertlos und nichtig. Als Reaktion darauf verstärkt sie ihr Kontrollverhalten, um den nächsten Suchtexzeß zu verhindern. Die hohe Kontrolle und Kasteiung führen jedoch wiederum zum nächsten Suchtrückfall, und auf diese Weise entsteht ein undurchdringlicher Teufelskreis aus Kontrollmechanismen und Suchtverhalten: Je intensiver die Kontrolle, um so exzessiver wird das Suchtverhalten, und je massiver die Freßphasen, um so gnadenloser wird die Kontrolle. Scham, Selbsthaß und Versagensgefühle sind dabei der Motor, der die Kontrolle und die Sucht in Gang hält. Diese Tatsache betrifft sowohl die Süchtige selbst als auch das sie umgebende System. Die Eltern und Partner reagieren um so kontrollierender, je massiver die Formen der Eßstörung werden. Auch ihre eigenen Schuld- und Schamgefühle wachsen dadurch.

Je intensiver diese Gefühle sind, um so stärker wird ihr Kontrollverhalten und um so exzessiver das süchtige Ausagieren. Die Kontrolle wird dabei als Ausweg vor der Scham empfunden, in Wirklichkeit verdeckt sie sie jedoch nur. Denn die Bulimikerin, die den ganzen Tag gehungert und ein unmenschliches Fitneß- und Bewegungsprogramm absolviert hat, spürt zwar im Moment nur den Stolz über sich, ändert damit jedoch nichts an ihrem negativen Selbstwertgefühl. Das bleibt weiterhin bestehen, ebenso wie ihre Selbstabwertung und ihr Schamgefühl, die nur vorübergehend durch den Stolz verdeckt werden. Auch die Angehörigen können sich nur zeitweise ein Gefühl von Sicherheit verschaffen, indem sie die Süchtige kontrollieren, von ihren Schuld- und Schamgefühlen werden sie dadurch jedoch nicht befreit.

In Familien und bei Paaren werden häufig der Pol der Kontrolle und der Pol der Sucht von verschiedenen Personen besetzt. Oft sind die Väter und Mütter die Kontrollierenden, während die Töchter süchtig ausagieren. Haben die Eltern ihrerseits eine Sucht, übernimmt meist ein anderes Geschwister oder ein nichtsüchtiger Elternteil den Kontrollpol. Diejenigen, die den Kontrollaspekt repräsentieren, werden meist als die ›Guten‹ angesehen, die Süchtigen als die ›Bösen‹, unter denen die ›Guten‹ zu leiden haben. Tatsächlich aber sind alle Teil ein und desselben Systems und besetzen nur unterschiedliche Pole. Die Co-Abhängigen, also die Angehörigen von Süchtigen, agieren selbst zwar nicht aus, sind aber eng mit einer süchtigen Person verbunden, die quasi ›stellvertretend‹ die Sucht auslebt. Im System gehören sie zusammen wie zwei Seiten einer Medaille, wobei keine besser ist als die andere, sondern jede die andere braucht und ein Spiegel der anderen ist.

Oft hat das Kontrollverhalten die Funktion, die Angst vor eigenen Exzessen in Schach zu halten und den anderen das ausagieren zu lassen, wovor sie sich bei sich selbst fürchten. Lebt der Partner die Sucht aus, müssen sie es nicht selber tun.

Es stellt sich nun die Frage, woher das tiefe Gefühl der Scham in den Systemen kommt. Wir können zwei wesentliche Quellen ausmachen:

1. Scham entsteht durch die Verheimlichung früher begangener Schuld oder vermeintlicher Schuld, manchmal über Generationen hinweg, die als sogenannte Familiengeheimnisse weiterbestehen.

2. Sie ist eine Folge von Herabsetzung, Entwertung, Bloßstellung und Mißachtung des Kindes oder Teilen von ihm, oft verbunden mit körperlichem, sexuellem oder emotionalem Mißbrauch.

Zu Punkt 1: Familiengeheimnisse können in Systemen eine negative Wirkung auf die Familienmitglieder oder auf spätere Generationen ausüben, wenn die Schuld und Scham, die mit ihnen verbunden sind, unbewußt an andere weitergegeben und von ihnen gesühnt werden, statt von denen, die für das Ereignis verantwortlich sind. Das kann dann zu schweren Krankheiten, Mißerfolgen, Ängsten und Versagen bis zum Suizid führen. In diesen Fällen reagiert ein Mensch unwissentlich auf eine vergangene Scham- oder Schuldhandlung, obwohl er gar nichts mit diesem Ereignis zu tun hat. Auf diese Weise wird Scham von einer Generation auf die andere ›vererbt‹ und wirkt in jedem System weiter. Auch wenn über Geheimnisse nicht gesprochen wird, so spüren die Kinder doch oft, daß ›da etwas nicht stimmt‹. Wenn Eltern die Fragen der Kinder mit Aussagen wie:»Das ist schon lange vorbei, darüber braucht man nicht mehr zu reden«, beantworten, lösen sie nicht die Spannung, die an das Geheimnis gebunden ist, sondern verstärken sie eher noch. Und die Kinder leiden unter dem Schweigen mehr als unter der Wahrheit und reagieren häufig mit psychischen Symptomen darauf. Das Aufdecken des Familiengeheimnisses kann in vielen Fällen diesen Mechanismus unterbrechen und den einzelnen und das ganze System entlasten. Denn vieles, was verheimlicht wird, erzeugt Gefühle von Scham oder Schuld, die sich auflösen, wenn das Geheimnis ausgesprochen wird und dann kein Geheimnis mehr ist. Dann werden die mit diesem Ereignis verbundenen Gefühle, meist Traurigkeit und Schmerz, freigesetzt und können verarbeitet werden.

Es ist eine alte Erfahrung, daß Trauer und Schmerz verbinden, wogegen Scham- und Schuldgefühle trennen.

Viele Dinge, die in Familien verheimlicht werden, sind Schamerlebnisse, und ihre Nichterwähnung soll die Scham ungeschehen machen. Aber wie im Fall der Kontrolle ist auch die Geheimhaltung häufig eine Form der Verdrängung und kann nicht von der Scham befreien. Das gelingt nur, wenn sich die Familie oder die Ehepartner über das verschwiegene Ereignis verständigen und die Scham ausgesprochen wird.

Familien hüten ihre Geheimnisse vor der Aufdeckung mit viel Energie, weshalb es oft lange dauert, bis sie ans Licht kommen, falls überhaupt. Manchmal sorgen äußere Umstände für ihre Aufdeckung, was dann meist mit viel Schrecken, Schmerzen und Tränen verbunden ist.

Wie im Falle einer Familie, die der bulimischen Tochter die Existenz ihrer Halbschwester verschwiegen hatte, bis diese eines Tages vor der Tür stand und so das Geheimnis lüftete. Zuerst reagierte die Tochter entsetzt, später freute sie sich dann, eine Schwester zu haben. Der Grund, es zu verschweigen, war die Angst, wie die leibliche Tochter reagieren würde und die Scham, wie die Mutter vor ihr dastehen würde.

Häufig ranken sich Familiengeheimnisse um frühere Beziehungen, um die eigene politische Vergangenheit im Dritten Reich als Verfolgte oder Verfolger, um uneheliche Kinder, Selbstmorde, Todesfälle, Gewalttaten, schwere Krankheiten oder Unfälle, für die sich die Eltern zum Teil verantwortlich fühlen. Aber sie betreffen auch Mißbrauchstaten am Kind durch den Ehepartner oder andere Angehörige, körperliche oder sexuelle Gewalt. Sie alle werden verschwiegen, weil sie zu peinlich und zu schmerzlich sind, um in der Familie über sie zu sprechen. Doch die Wirkung der Ereignisse bleibt. Die Mutter einer magersüchtigen Tochter berichtet:

Unsere Tochter hatte eine Krankheit, die mit Erstickungsanfällen einherging, und sie wäre fast daran gestorben. Diese Anfälle riefen bei uns allen solche massiven Ängste hervor, daß wir die Krankheit zu verheimlichen begannen. Keiner von uns, weder mein Mann noch unsere beiden Söhne noch ich, wollten an die schlimmen Nächte erinnert werden, deshalb sprachen wir nicht mehr darüber. Heute berichtet meine Tochter, daß diese Krankheit eine wesentliche Rolle in ihrer Therapie spiele.

Wir können Traumata verheimlichen, ungeschehen machen wir sie damit nicht. »Das verleugnete Trauma ist wie eine Wunde, die nie vernarben kann und die jederzeit wieder anfangen kann zu bluten.« (Miller, S. 233)

Selbstverständlich gibt es auch Geheimnisse, die als solche auch verschwiegen werden dürfen und sollten. Dies betrifft beispielsweise Erlebnisse der Eltern mit früheren Beziehungspartnern. Sie vor den Kindern aufzudecken, wäre eher schädlich für sie, denn sie betreffen einen Bereich, der nur den Eltern vorbehalten ist. Ein anderes Beispiel wären die Geheimnisse Jugendlicher, die nur dem Tagebuch oder der Freundin anvertraut werden. Diese den Eltern aufdecken zu müssen, würde mehr schaden als der Beziehung nützen. Aber um diese Art von Geheimnissen ging es in meinen Ausführungen nicht, sondern um die, deren Geheimhaltung für die Familie negative Konsequenzen haben können.

Punkt 2 der Entstehungsbedingungen für Scham beruht auf frühen Kindheitserlebnissen, die die Persönlichkeit nachhaltig beeinträchtigen. Schamvolle Menschen besitzen in der Regel kein stabiles Selbstwertgefühl, sondern sind unsicher und wollen es allen recht machen, um sich nicht zu blamieren. Ihre Geschichte ist oft geprägt von Erniedrigungen, Abwertungen, von Verachtung oder Bloßstellung. Dadurch entwickeln sie keine gesunde Einstellung zu ihrer Person, sondern zweifeln an sich, halten nichts von sich und besitzen kein Vertrauen in ihre Wahrnehmung und Gefühle.

Das geschieht beispielsweise, wenn Kinder häufig kritisiert werden für das, was sie tun; wenn sie das Gefühl entwickeln, nichts richtig zu machen oder anders sein zu müssen, als sie sind; wenn sie zum Stolz der Eltern etwas verwirklichen sollen, das ihnen nicht entspricht; wenn sie weniger geliebt werden, nur weil sie ein Mädchen sind oder wenn ihnen ihre Gefühle ausgeredet werden. Besonders kraß ist diese Ausprägung von Scham und Minderwertigkeitsgefühlen bei Kindern, die sexuell, körperlich oder emotional mißbraucht wurden, da durch den Mißbrauch die Unversehrtheit der gesamten Person des Kindes verletzt wird.

»Der unmittelbarste Weg, um bei Kindern Scham hervorzurufen, besteht darin, sie zu mißbrauchen – sexuell, körperlich, emotional. Unsere Untersuchung zeigt, daß Kindesmißbrauch eine grundlegende Ursache für Sucht ist.« (Carnes, S. 123)

Emotionaler Mißbrauch ist die Form, die am wenigsten auffällt, die aber am häufigsten auftritt. Wir verstehen in der Psychologie darunter die Hinwendung zum Kind, die mehr den Erwachsenen dient als den Kindern. Emotional mißbraucht wird ein Kind zum Beispiel, wenn es Sorge für die Mutter oder den Vater übernehmen muß, statt selbst ausreichend umsorgt zu werden, oder wenn es in einer emotionalen Abhängigkeit gehalten wird, nur weil die Eltern Angst vor Trennung und Ablösung haben. Emotionaler Mißbrauch bedeutet auch, bestimmte Gefühle nicht wahrnehmen zu dürfen, weil es das Familiensystem verbietet, zum Beispiel Ärger, Wut oder den Wunsch, umsorgt zu werden. Emotionaler Mißbrauch verhindert eine ungestörte Entwicklung der Persönlichkeit des Kindes und führt zu selbstunsicheren, abhängigen und ängstlichen Menschen.

Schuld und Verantwortung in Familien

In Familien mit einer magersüchtigen oder bulimischen Tochter oder Partnerin geben die Themen Schuld und Verantwortung häufig Anlaß zu Verstrickungen unter den Familienmitgliedern.

Es fällt auf, daß sowohl die Tochter/Partnerin als auch die Eltern/Partner vorwiegend Verantwortung für die anderen übernehmen, für sich selbst jedoch nicht oder nur in geringem Maße. So sorgt beispielsweise die Mutter für die Tochter, den Vater und die anderen Kinder, ohne dabei an sich zu denken. Vielleicht denkt sie ja an sich und spürt, daß ihr die Sorge zuviel wird oder sie auch andere Interessen verwirklichen möchte. Sie setzt diese Wünsche jedoch selten um. Denn die Verantwortung für die anderen ist wichtiger und der Schritt zu mehr Eigenleben scheinbar zu groß. Darüber hinaus würde er nicht in das Bild der perfekten Mutter passen, die sie versucht zu sein.

Ebenso hat die Tochter/Partnerin gelernt, sich zuerst um die anderen in der Familie zu kümmern und dafür zu sorgen, daß es ihnen gutgeht, bevor sie Verantwortung für sich übernimmt.

Daraus resultiert auch das Gesetz: ›Mir geht's nur gut, wenn es dir gutgeht.‹ Hat zum Beispiel die Tochter die Verantwortung für die Eltern, oder die Partnerin für ihren Partner, dann geht es ihr um so besser, je glücklicher sie sind beziehungsweise er ist und umgekehrt.

Und schon sind wir wieder bei den Schuldgefühlen: Wenn die Eltern/Partner sich für ihre Tochter/Partnerin verantwortlich fühlen, und es ihr schlechtgeht oder sie magersüchtig oder bulimisch wird, dann denken sie, daß sie zwangsläufig daran schuld sein müssen. Auf diese Weise schließt sich ein unentrinnbarer Teufelskreis, der alle Beteiligten einengt und sie unglücklich macht. In ihm wirken neurotische Schuldgefühle, die ineffektiv bleiben und den Teufelskreis aufrechterhalten. Eine Mutter definiert dieses Thema folgendermaßen:

Schuld ist die Zuweisung an den anderen und Verantwortung ist das, was ich mir selber überlege, was ich verändern kann.

Das ist der entscheidende Punkt, um den sich in eßgestörten Systemen in der Regel die Kommunikation dreht: Sich in Schuldgefühle und Vorwürfe zu verstricken, statt ein Problem zu definieren, Verantwortung zu übernehmen, eine Entscheidung zu fällen und das Problem zu lösen. Die Aussage des Vaters einer magersüchtigen Tochter ist dafür charakteristisch:

Bei uns weiß immer jeder, was der andere falsch macht und ändern müßte.

Diese Einstellung führt dann nicht selten zu gegenseitigen Schuldvorwürfen, wer von den Eltern der Schuldigere an der Eßstörung der Tochter ist. Dabei schneiden in der Regel die Mütter schlechter ab, weil sie häufiger mit der Tochter zusammen sind und ihnen daher eine größere Verantwortung für die Erziehung zugeschrieben wird. Eine Mutter beklagte sich folgendermaßen:

Weil die Männer sich wenig oder gar nicht um die Erziehung kümmern, meinen sie meist, sie haben auch keine Verantwortung dafür. Und immer ist die Frau die, die erzieht und daher die Schuldigere. Der Vater kommt abends nach Hause und tut so, als wisse er alles besser, macht aber nichts anders, weil er sich entzieht. Oder er diktiert der Familie in autoritärer Manier, was gemacht werden soll, und wenn etwas schief geht, dann sind die anderen schuld.

So, wie die Eheleute sich gegenseitig angreifen, so beschuldigt auch die Tochter die Eltern, für ihre Eßstörung verantwortlich zu sein. Sei es, daß der Vater kritische Bemerkungen über die Figur und das Gewicht der Tochter machte oder die Mutter zu fürsorglich oder zu wenig fürsorglich war, es läßt sich immer ein ›Grund‹ bei den anderen finden, mit denen die Tochter ihre Krankheit rechtfertigen kann. Und die Eltern reagieren dementsprechend mit Schuldgefühlen und glauben, die Eßstörung der Tochter verantworten zu müssen, also auch alles tun zu müssen, um sie zum Stoppen zu bringen.

Ebenso machen viele eßgestörte Partnerinnen ihren Partner oder Ehemann für ihre Bulimie oder Magersucht verantwortlich, weil er sie beispielsweise zu häufig sexuell begehrt, sie zu oft alleine läßt oder ihnen nicht genügend emotional zugewandt ist. Das sind unzweifelhaft gravierende Probleme in einer Familie oder Partnerschaft, sie aber als Grund für die eigene Erkrankung heranzuziehen, wäre eine verkürzte Sichtweise. Denn genaugenommen gibt es keinen Grund, zu hungern, sich zu überessen und zu erbrechen. Es gibt aber Probleme, die gelöst werden müssen.

Durch die Schuldverschiebung vermeiden alle Beteiligten, ihr eigenes Verhalten zu hinterfragen und die Verantwortung dafür zu übernehmen, was sie tun. Immer sind ›die anderen‹ die Ursache für das, was getan oder unterlassen wird. Dieses Denken entlastet zwar im ersten Moment davon, eigene Entscheidungen treffen zu müssen, hindert jedoch auch daran, das Leben in die eigenen Hände zu nehmen. Denn in allem Tun machen sie sich abhängig von den anderen und entfernen sich dadurch mehr und mehr von sich und ihren eigenen Motiven. Der Blick richtet sich zuerst auf die anderen und erst im zweiten Schritt auf sie selbst. Dadurch wird es unmöglich, selbständige Entscheidungen zu treffen, da sie immer an die anderen angepaßt werden müssen.

Orientiert sich das Handeln mehr an den anderen, als daß es von persönlichen Wünschen und Vorstellungen geleitet wird, engen sich die Menschen in starker Weise ein:

Ich traue mich schon gar nicht mehr zu erzählen, wenn ich zu meinem Damenkränzchen gehe, weil mein Mann das gar nicht leiden kann und nur abfällige Bemerkungen darüber macht.

Als meine Tochter das erste Mal allein verreiste, habe ich mich gefragt, ob ich auch wegfahren darf oder nicht besser daheim bleibe, um abrufbereit zu sein.

Ich habe immer Angst, daß unsere Kinder durch unseren Krach belastet werden, und deshalb hab ich nichts mehr gesagt und alles ertragen.

Duldsamkeit scheint eine Möglichkeit zu sein, mit einer einengenden Lebenssituation umzugehen, Flucht in die Arbeit, in Autorität, Ärger oder eben in eine Eßstörung sind andere Varianten. Sie alle zeigen das Gefangensein der Betroffenen und die scheinbare Ausweglosigkeit ihrer Lage.

Nehmen Sie sich bitte etwas Zeit und überlegen Sie sich die Antworten zu folgenden Fragen:
• Wie frei sind Sie in Ihren Entscheidungen, oder wie stark machen Sie sich von den anderen Familienmitgliedern oder Ihrer Partnerin/Ihrem Partner abhängig?
• Welches Motiv leitet Sie, sich in diese Abhängigkeit zu begeben? Ist es beispielsweise die Fürsorge für die anderen oder Ihre Angst, abgelehnt zu werden oder Krach zu bekommen, wenn Sie tun, was Sie möchten, oder haben Sie in Ihrer eigenen Mutter oder Ihrem Vater ein ähnliches Vorbild?
• In welchen Unternehmungen und Gefühlen engen Sie sich ein, wenn Sie Ihr Verhalten von den anderen abhängig machen?
• Was würden Sie tun, und wie sähe Ihr Leben aus, wenn Sie sich mehr an Ihren Wünschen und Motiven orientieren würden?
• Was würde sich dadurch in Ihrer Familie/Partnerschaft verändern?

Interessant wäre es, wenn Sie Ihre Antworten mit denen Ihres Ehepartners austauschen und darüber sprechen. Sie können dadurch vielleicht Seiten an sich und Ihrem Partner/Partnerin entdecken, die Sie vorher nicht kannten.

In Systemen, in denen es viel um Schuld, Schuldzuweisung und neurotische Schuldgefühle geht, wird auch oft mit der Vermittlung von Schuldgefühlen gearbeitet. Aussagen wie: ›Weißt du, wie sehr du deine Eltern damit triffst, daß du so hungerst?‹, verstärken bei der Tochter ihre bereits bestehenden Schuldgefühle, ändern an der Tatsache ihres Hungerns jedoch nichts. Es führt eher dazu, daß sie sich verletzt abwendet und sich als Tochter minderwertig fühlt.

Was funktionale Systeme von dysfunktionalen unterscheidet

Zusammenfassend möchte ich noch einmal die Unterschiede zwischen dysfunktionalen (auch Sucht- beziehungsweise Schamsystemen) und funktionalen (auch respektvollen, gesunden Systemen) gegenüberstellen und zeigen, wie entwicklungshemmende Regeln sich auf die Persönlichkeit der Eßgestörten auswirken.

I. Dysfunktionale Systeme
Sie zeichnen sich durch eine hohe Kontrolle unter den Familienmitgliedern aus, fordern die Unterordnung des einzelnen unter die Familie und verhindern auf diese Weise die Entwicklung einer autonomen Persönlichkeit. Die Individuation, also die Selbstwerdung, wird durch die Familienregel der Gemeinsamkeit eingeschränkt. Anderssein wird negativ sanktioniert, Gleichheit wird belohnt. Das bezieht sich auch auf die Wahrnehmung eigener Gefühle und Bedürfnisse, die ebenso den familiären Vorstellungen entsprechen sollen wie das Verhalten. Auf Bedürfnisse und Emotionen des Kindes wird in diesen Familien häufig nicht angemessen reagiert, statt dessen werden

sie abgewertet, ignoriert oder bleiben unbeantwortet. Wie in einer Untersuchung von Tscheulin/Dinsing 1991[4] belegt werden konnte, haben Bulimikerinnen Schwierigkeiten, Gefühle und Bedürfnisse überhaupt wahrzunehmen, sie auszudrücken und auf sie zu reagieren. Oft nehmen sie nur ein diffuses Unwohlsein oder Hunger wahr, ohne Zusammenhang zu einem bestimmten Gefühl oder einem speziellen Wunsch. Vor allem das Bedürfnis nach Nähe, Schutz, Unterstützung, liebevoller Zuwendung sowie Bestätigung und Verständnis bleibt bei den meisten eßgestörten Mädchen schon von klein auf unbefriedigt oder unbeantwortet. Sie haben daher ein Defizit in diesen Bereichen. So lernen sie nicht, wie man durch angemessenes Verhalten seine emotionalen und sozialen Bedürfnisse befriedigt und sich Wohlgefühle verschafft.

»Allerdings werden sie paradoxerweise angehalten, alles richtig zu machen im Sinne einer Anpassung an perfektionistische Verhaltensstereotypien, die aber losgelöst von ihrer eigenen Identität sind.« (Stauss) Es entsteht dadurch ein nach außen hin angepaßtes Verhaltensmuster ohne Zusammenhang zur eigenen Person.

In diesen Familien wird weniger Wert auf Eigenständigkeit und Selbstsicherheit gelegt als auf Fügsamkeit und Unterordnung. Das zeigt sich später in der Tendenz, sich zu unterwerfen und keine eigene Meinung zu vertreten. Viele Mädchen, die sich zurückgesetzt, vernachlässigt oder herabgesetzt fühlen, gehen später in derselben Weise mit sich um: In Kontakten schotten sie sich emotional ab, ziehen sich bei Kritik beleidigt zurück und reagieren auf Nicht-Beachtung mit massiver Unsicherheit. Sie haben auch Probleme, Nähe und Zuwendung anzunehmen, auch wenn sie sich danach sehnen. Nähe bedeutet für sie immer die Gefahr, so wie früher abgelehnt, mißachtet oder ausgebeutet zu werden. Sie neigen dazu, sich selbst anzuklagen, zu kritisieren, ›runterzumachen‹, hart zu bestrafen bis hin zur Selbstgefährdung und -verletzung. Häufig vernachlässigen sie sich, indem sie ihre Fähigkeiten nicht einsetzen, sich nicht angemessen ernähren, Chancen nicht nutzen und dafür mehr in Tagträumen leben.

Ungelöste Konflikte und die Verleugnung oder Verdrängung von Ärger- und Wutgefühlen tragen in diesen Familien zu ihrer Dysfunktionalität bei. Obwohl sie nach außen hin Familien sind, die intakt und sicher erscheinen, herrscht untergründig oft eine Stimmung des Mißtrauens und der Gespaltenheit. Das Essen dient häufig als eine Möglichkeit, die Angst zu binden und unangenehme Gefühle wie Wut, Schmerz und Unsicherheit zu kanalisieren, da es keine anderen akzeptierten oder verfügbaren Wege gibt, Spannung abzubauen. Jede Art von Druck entlädt sich dann in Suchtverhalten. Dysfunktionale Systeme sind geprägt durch Extreme sowohl im Verhalten als auch in der Einstellung. Die Welt und die Menschen werden in einem Schwarz-Weiß-Muster gezeichnet, sie sind entweder gut oder schlecht, Grautöne gibt es selten.

»Entweder leistet man etwas Besonderes, oder man ist eine Null, ein Versager; entweder man ist mit der Familie total verbunden, oder man ist ganz draußen. Es gibt keinen dritten Weg, keine Alternative dazu, kein Sowohl-als-Auch.« (Weber/Stierlin, S. 70) Dysfunktionale Systeme funktionieren weitgehend aufgrund rigider, starrer Regeln oder besitzen gar keine, sind also chaotisch. Dysfunktionale Systeme sind in den meisten Fällen schamdominiert.

In eßgestörten Familien herrscht eine unausgesprochene Stimmung nach dem Motto: ›Mach's mir recht, aber du schaffst es nicht.‹ Es entsteht bei den Töchtern das Gefühl: ›Ich kann machen, was ich will, es ist nie gut genug, nie richtig. Und ich bin schuld, daß es den Eltern schlechtgeht, nur weil ich nicht das Richtige tue.‹ Was zurückbleibt ist das Gefühl, minderwertig zu sein, nichts zu können und nutzlos zu sein. Mit noch mehr Anstrengung versuchen sie, dem entgegenzutreten, versagen aber wieder, weil das Versagen vorprogrammiert ist. Ein Ausweg aus dieser Situation ist die Flucht in die Magersucht oder Bulimie, die eine Nische bildet, wo kein anderer hinein kann und wo sie nichts richtig machen müssen. Es ist ihre Art des Protestes gegen eine Anweisung, die nie ›richtig‹ ausgeführt werden kann.

Ausgehend von einer Liste von Carnes für schamorientierte Familien, habe ich in überarbeiteter Form einen Katalog mit den wesentlichen Themen in dysfunktionalen Systemen entworfen. Diese Themen entsprechen im großen und ganzen auch jenen, die in eßgestörten Familien vorherrschen und die das Denken von eßgestörten Frauen bestimmen.

Die dysfunktionalen Familienregeln, die sowohl ausgesprochen als auch unausgesprochen ihre Wirkung zeigen, prägen sich in den Kindern und späteren Erwachsenen in Form von Verboten und Anweisungen als persönliche Überzeugung ein und bestimmen, was sie tun dürfen und wie sie sein müssen, beziehungsweise was sie zu unterlassen haben. Diese Ver- und Gebote stehen dabei nicht in bezug zu der persönlichen Bedürfnislage des Kindes und bremsen so die individuelle Entwicklung. Die dysfunktionalen Regeln sind meist aus Angst der Eltern vor ihren eigenen Wünschen und Gefühlen geboren und werden automatisch an die Kinder weitergegeben. Und das um so leichter, je unbewußter sie sind.

Dysfunktionale Familienregel	Persönliche Überzeugung
1. Der Mensch wird nach seiner Leistung bewertet. Er ist so gut, wie seine Leistung. (Nur gute Leistungen zählen etwas.)	Nur wenn ich viel leiste, werde ich anerkannt und geliebt. Ich habe Angst, bedeutungslos zu sein, wenn ich nichts leiste.
2. Du mußt alles richtig machen.	Fehler sind das Schlimmste. Ich werde mich blamieren. Die anderen werden mich ablehnen.
3. Du kannst das nicht.	Ich bin dumm, ich kann nichts.
4. Du hättest es besser machen können.	Ich hab mich zuwenig bemüht. Streng dich mehr an.

Dysfunktionale Familienregel	Persönliche Überzeugung
5. Selbstverständliches muß nicht anerkannt werden.	Selbstzweifel: Bin ich gut genug?
6. Wenn du nicht die Beste bist, hast du dich nicht genug angestrengt.	Nur wenn ich perfekt bin, bin ich gut genug und wert-voll.
7. Wir wissen, was falsch und richtig ist.	Dinge dürfen nur so und nicht anders sein.
8. Zu viel Lob ist nicht gut und macht eingebildet.	Selbstverachtung: Ich bin ein wertloser Mensch.
9. Schuld: Was hast du schon wieder angestellt? – Du schon wieder!	Fühlt sich für alles verant-wortlich und schuldig.
10. Begrenzter Ausdruck von Zuneigung: Die wissen schon, daß ich sie mag, ich tue ja viel für sie.	Sucht verzweifelt nach Aner-kennung und Liebe: Bin ich liebenswert?
11. Bedingte Unterstützung: Nur wenn du's richtig machst, helfe ich dir.	Keine Zeit zum Lernen: Ich muß alles gleich können und richtig machen.
12. Allein lassen, vernachläs-sigen: Ich mußte mich als Kind auch um mich selbst kümmern.	Angst vor dem Verlassenwer-den: Ich werde verlassen, weil ich nicht liebenswert bin.
13. Angreifen, überkritisch sein: Du bist undankbar, verdorben, faul etc.	Selbstkritik, Selbsthaß: Ich bin selbstsüchtig, egoistisch, träge etc.

Dysfunktionale Familienregel	Persönliche Überzeugung
14. Mangelndes familiäres Selbstwertgefühl: Wegen unserer Herkunft müssen wir uns noch mehr anstrengen.	Mangel an Selbstwertgefühl: Ich muß den Leuten beweisen, daß ich nicht schlecht bin, nur weil ich aus dieser Familie stamme.
15. Konfliktverbot: Deck ja nicht auf, was wir für Probleme haben.	Konfliktvermeidung: Ich muß ganz lieb sein, damit es keine Probleme gibt.
16. Familiengeheimnisse: Das ist Vergangenheit, wir müssen nicht darüber reden.	Angst vor Entdeckung: Wenn die anderen erfahren, wer ich wirklich bin, werden sie mich verlassen.
17. Verleugnen von Gefühlen: Beherrsch dich, trag deine Gefühle nicht zur Schau, führ dich nicht so auf. Das tut doch gar nicht weh.	Kein Bewußtsein von Gefühlen: Ich weiß nicht, wie ich das empfinde.
18. Weigerung, schmerzliche Themen anzusprechen: Du übertreibst, so schlimm ist das doch gar nicht.	Schmerztoleranz: Zähne zusammenbeißen und durch.
19. Verleugnen von Bedürfnissen: Erst die Arbeit, dann das Vergnügen. Man kann nicht das tun, was man will.	Über die eigenen Bedürfnisse im unklaren und Widerstreit: Meine Bedürfnisse sind nicht in Ordnung und nicht wichtig. Sie zu erfüllen, ist schlecht.

Dysfunktionale Familienregel	Persönliche Überzeugung
20. Persönliche Grenzen werden nicht respektiert: Wir haben keine Geheimnisse voreinander. Jeder gibt dem anderen ab. Jeder kümmert sich um den anderen.	Kann keine Grenzen ziehen: Ich bin schlecht, böse, undankbar, egoistisch, wenn ich mich abgrenze und nein sage. Dann mag mich keiner mehr, und ich bleibe allein.

2. Funktionale Systeme

In funktionalen Systemen lernen die Kinder, ihre Bedürfnisse zu identifizieren und angemessen auf sie zu reagieren. Sie lernen zu unterscheiden, ob sie Hunger haben oder ob ihr Unwohlsein einem Bedürfnis nach Nähe entspringt. Als Erwachsene werden sie dann, im Unterschied zu eßgestörten Frauen, bei Einsamkeit nicht essen, sondern versuchen, Kontakte zu knüpfen und ihren emotionalen Hunger zu stillen. Durch die Erfahrung, daß ein Nein auf ihre Wünsche nicht bedeutet, daß sie als Person schlecht oder ihre Wünsche unangemessen sind, werden sie mit Frustrationssituationen leichter umgehen können. Das Nicht-erfüllt-Werden von Wünschen ruft vorübergehende Traurigkeit und Enttäuschung hervor, ist aber nicht mit Gefühlen von Verlassenheit oder Minderwertigkeit verbunden. Wenn die grundlegenden menschlichen Bedürfnisse nach Kontakt, Selbständigkeit, Wohlbefinden, Annahme, Sicherheit und Getragenwerden weitgehend erfüllt werden, entsteht bei Kindern eine Grundsicherheit im Leben, ein sogenanntes ›Urvertrauen‹ (Erickson). Sie erleben die Umwelt nicht als bedrohlich oder ausbeutend und können dadurch ein gutes Selbstwertgefühl aufbauen. Sie entwickeln ein Bewußtsein für ihren Wert und ihre Würde und erleben sich selbst als genügend. Ihre Einstellung zu anderen Menschen wird mehr von Achtung getragen sein als von Mißtrauen oder Vergötterung. Konfliktfähigkeit bedeutet, sich mit anderen auseinanderzusetzen, ohne sich unterzuordnen oder sich darüberzustellen, sondern den eigenen Standpunkt klarzulegen und dem anderen seine Meinung zuzugestehen. In der Regel ergibt sich daraus ein für beide Teile akzeptabler Kompromiß, ohne daß einer seinen Standpunkt auf Kosten der Beziehung durchkämpft. ›Willst du recht haben oder eine Beziehung?‹ (Stauss) könnte die vereinfachte Frage lauten.

Der Aufbau intakter Grenzen erfolgt in funktionalen Systemen durch Wahrung der physischen (körperlichen), psychischen (seelischen) und sexuellen Integrität des Kindes. Intimräume werden respektiert und eigene Grenzen deutlich benannt. So lernt ein Kind, sowohl auf die eigenen Grenzen als auch auf die anderer zu achten.

Verantwortung übernimmt jeder für sich, wobei die Eltern sich bewußt sind, daß sie günstige Bedingungen für die Entwicklung des Kindes bereitstellen können und sollen, damit es zu einer autonomen und selbständigen Person heranwächst. »Letztendlich sind Kinder nur Gäste in ihrem (der Eltern) Haus.« (Stauss)

Durch die Erlaubnis der Eltern verinnerlicht das Kind positive Grundeinstellungen, die zur seelischen Gesundheit gehören:

- Ich darf leben. Ich darf da sein.
- Ich habe ein Recht auf meine Gefühle und Bedürfnisse.
- Ich habe ein Recht auf mein eigenes Leben. Ich bin Ich.
- Ich bin liebenswert, so wie ich bin.
- Ich bin gut genug, auch wenn ich Fehler mache.
- Ich brauche nicht perfekt zu sein, ich darf aus Fehlern lernen.
- Es darf mir gutgehen.
- Ich darf nah sein.
- Meine Liebe ist ein Geschenk.
- Ich brauche für Beziehungen keinen Preis zu zahlen.

Der Preis, den viele eßgestörte Mädchen und Frauen für Beziehungen zahlen, ist die Unterordnung. Wenn sie gelernt haben, daß Liebe bedeutet: ›Sei so, wie ich dich haben will‹, dann wird jede Beziehung bedeuten, sich anzupassen und nicht so sein zu können, wie sie sind. Wenn Kinder die Erfahrung machen, daß sie ihre Eltern emotional stützen müssen, werden sie später immer die Erwartung haben, daß sie von Menschen, die sie lieben, gebraucht werden und für sie sorgen müssen.

In funktionalen Systemen erfahren die Kinder drei wesentliche Grundlagen des Umgangs mit sich und anderen: Verantwortung, Beziehung und Realitätseinschätzung. Das bedeutet, daß sie Verantwortung für sich und ihre Beziehungen übernehmen, daß sie beziehungsfähig werden und in der Lage sind, ihre innere Realität (Einstellungen, Gefühle, Bedürfnisse etc.) und die äußere Realität (die soziale Situation, in der sie sich befinden, Erwartungen und Bedürfnisse anderer etc.) getrennt voneinander wahrzunehmen und miteinander in Einklang zu bringen. Das bedeutet zum einen, daß nicht alles, was außen passiert, mit ihrer Person zusammenhängt, zum anderen, daß sie als Person das Recht und die Verantwortung haben, ihre eigenen Bedürfnisse und Vorstellungen im Kontakt mit anderen Menschen zu verwirklichen.

Die Sucht der Angehörigen: Co-Abhängigkeit

Co-Abhängigkeit beschreibt die Tendenz der Angehörigen, das eigene Tun von den anderen, speziell den Süchtigen, abhängig zu machen. Es ist ein Verhalten, das die Sucht unbewußt verstärkt und es ermöglicht, daß die Süchtige immer mehr in die Abhängigkeit abgleitet. Vieles von dem, was ich im I. Teil ausführlich darstellte, fällt darunter, wie zum Beispiel das Verleugnen der Krankheit, die Kontrolle des Eßverhaltens oder fehlende Grenzen.

»Co-Abhängigkeit ist ein spezifischer Zustand, der durch die vorrangige Beschäftigung mit einem anderen Menschen … sowie die Abhängigkeit (emotional, sozial, manchmal auch körperlich) von diesem charakterisiert ist. Schließlich wird diese Abhängigkeit von einer anderen Person zu einem pathologischen Zustand, der die co-abhängige Person in allen anderen Beziehungen beeinträchtigt.« (Wegscheider-Cruse 1985, zit. in Rennert, S. 160)

Diese Definition ist etwas umständlich formuliert, beinhaltet aber die wesentlichen Elemente der Co-Abhängigkeit: Die Zentrierung auf einen anderen Menschen, hier die Tochter oder Partnerin, die, weil sie süchtig ist, Hilfe braucht. Diese Hinwendung kann ihrerseits süchtigen Charakter annehmen, wenn die helfende Person nicht mehr aufhören kann, der Süchtigen zu helfen oder sie sich emotional so verbunden fühlt, daß sie nicht mehr von ihr loslassen kann. Bei den Eltern kommt noch ihre Sorgfaltspflicht und elterliche Liebe der Tochter gegenüber hinzu, die sie zwingt, Unheil von ihr abzuwenden. Aus ihrer Sorge heraus fühlen sie sich verpflichtet, alles zu unternehmen, der Tochter zu helfen. Zudem neigen Eltern und Partner dazu, sich emotional von der Tochter/Partnerin abhängig zu machen, indem es ihnen nur dann gutgeht, wenn es auch ihr gutgeht. In diesem Fall müssen sie alles daransetzen, ihr zu helfen, um sich selbst besser zu fühlen.

Die Rolle der Co-Abhängigen übernehmen all die Personen, die der Bulimikerin oder Magersüchtigen emotional nahe stehen, wie der Partner oder die Eltern, aber auch alle anderen, die direkt oder indirekt die Eßstörung verleugnen oder bagatellisieren. Das können Geschwister sein, aber auch Gleichaltrige und Lehrer, die aus Furcht ›wegschauen‹ oder ärztliche und psychologische Behandler, die die Eßstörung verharmlosen oder unbeachtet lassen.

Co-Abhängigkeit ist ein wichtiges Thema in Partnerschaften mit einer eßgestörten Frau. In meinen Gesprächen mit Partnern wurde deutlich, daß sie alles versuchen, um sie von der ›Droge‹ Essen wegzubekommen und daß sie verhindern wollen, sie durch Konfrontationen zu verletzen. So lassen sie sich viel von ihr gefallen in dem gutgemeinten Wunsch, ihr zu helfen.

Co-Abhängige wollen helfen, jedoch bewirkt die Art der Hilfe oft genau das Gegenteil dessen, was sie sich erhoffen. Statt, daß die Tochter/Partnerin aufhört zu hungern oder sich zu überessen und zu erbrechen, tut sie es immer stärker und wird immer dünner. Die Bemühungen, sie zu retten, werden daraufhin verstärkt, was aber auch die Abhängigkeit der Tochter/Partnerin verstärkt. Wir haben es mit einem Teufelskreis zu tun, in dem sich alle Betroffenen zusehends unwohler fühlen und keiner rauskommt: Die Tochter/Partnerin verstrickt sich immer tiefer in die Eßstörung und die Eltern/Partner entfremden sich mehr und mehr von sich, leben nur noch für die Eßgestörte und vergessen darüber ihr eigenes Leben, ihre eigene seelische und körperliche Gesundheit.

Die folgenden Merkmale co-abhängigen Verhaltens wurden zwar bei Angehörigen von Kokainkonsumenten festgestellt (Nelson 1985 in Rennert, S. 53), sie können jedoch auch auf die Situation von Eltern und Partnern einer Bulimikerin oder Magersüchtigen übertragen werden:

1. Vermeiden und Beschützen
Unter Vermeidung fallen alle Verhaltensweisen, die die Sucht der Tochter/Partnerin stoppen sollen wie beispielsweise Drohungen und Erpressungen, die aber dann doch nicht durchgeführt werden. Ein Beispiel wäre die Androhung der Klinikeinweisung, die nie wahr gemacht wird. Vermeiden umfaßt zudem alles, was die Sucht nach außen hin maskiert, wie Entschuldigungen und Erklärungen. Es wird mit keinem Fremden offen über die Eßstörung gesprochen, sondern die Familie sucht Ausreden, um die Magerkeit der Tochter/Partnerin zu begründen.
Beschützen bedeutet schonen und abschirmen: Die Tochter/Partnerin wird nicht auf ihre Eßstörung hin angesprochen und nicht konfrontiert, weil die Angehörigen einen Krach oder den Rückzug der Süchtigen befürchten. Vor allem die Eltern und Partner neigen aufgrund ihrer Versorgerrolle stark zum Beschützen.

2. Kontrollversuche des süchtigen Eßverhaltens
In Teil I habe ich ausführlich die verschiedenen Varianten von kontrollierendem Verhalten dargestellt, die sich sowohl auf das Essen, Erbrechen und Gewicht beziehen als auch auf das Verhalten der Betroffenen. Kontrolle soll das Eßsymptom zum Stoppen bringen, verstärkt jedoch das Protestverhalten der Tochter/Partnerin und verfestigt so die Eßstörung.

3. Übernehmen von Verantwortlichkeit

Co-Abhängige neigen dazu, sich um Angelegenheiten der Süchtigen zu kümmern und für sie Verantwortung zu übernehmen, auch wenn die Betroffenen in der Lage sind, sich selbst darum zu kümmern. Wie wir sahen, bewirkt dieses Verhalten Passivität bei den Betroffenen, denn sie verlassen sich auf die Mutter oder den Partner, der das schon erledigen oder sie im rechten Moment erinnern wird. Sie selbst müssen nicht von sich aus reagieren, werden aber zugleich auch entmündigt, weil man ihnen nicht zutraut, Verantwortung zu übernehmen. Das ist ein Teufelskreis: Je mehr Verantwortung ihnen abgenommen wird, um so ›verantwortungsloser‹ werden sie, was die Angehörigen dazu bewegt, ihnen noch mehr abzunehmen. Sucht und ›Verantwortungslosigkeit‹ gehören zusammen, und umgekehrt gehört zu jeder Genesung die Übernahme von Eigenverantwortung. Wird sie von den Eltern oder dem Partner verhindert, unterstützt das die Passivität und das Suchtverhalten.

4. Rationalisieren und Akzeptieren

Rationalisierungen sollen das Suchtverhalten der Tochter erklären und ihm einen Sinn verleihen, wie beispielsweise: »Besser sie hungert, als Drogen zu nehmen.« »Bei anderen ist es noch schlimmer.« Eltern magersüchtiger Töchter sind oft ›froh‹, daß ihre Tochter keine Bulimie hat.

Das Akzeptieren der Magersucht oder Bulimie bedeutet in diesem Zusammenhang, sie hinzunehmen und mit ihr zu leben. Das geht jedoch nur, wenn die Folgen der Erkrankung in Grenzen gehalten werden, indem die Angehörigen der Betroffenen Mineralstoffe und Vitamine verabreichen oder dafür sorgen, daß sie wenigstens genug Schlaf hat und nicht zu viel Sport treibt. Hierbei wird an den Folgen der eigentlichen Erkrankung ›herumgedoktert‹, die Sucht aber bleibt unangetastet.

In Partnerbeziehungen kann das Akzeptieren auch die Form eines stillen Abkommens annehmen: ›Ich schweige über deine Eßstörung, dafür erwarte ich von dir, daß du mir meine Freiheit läßt und mir nicht nachspionierst.‹

5. Kooperation

Angehörige kooperieren mit den Betroffenen, wenn sie ihnen beispielsweise Geld für Eßgelage geben oder ihnen gestatten, sie vom Haushaltsgeld zu finanzieren. Kooperation wäre aber auch, zuzulassen, daß die Vorräte weggegessen werden oder die Mutter dazu überredet wird, nur bestimmte Lebensmittel einzukaufen und auf spezielle Weise zu kochen, oder wenn Eltern der Tochter ein Vorratslager anlegen. Dabei kooperieren sie mit der Suchterkrankung und machen sich zu deren Verbündeten, da sie das süchtige Verhalten direkt unterstützen.

6. Retten und sich nützlich machen

Eltern wollen ihre Tochter, der Partner will seine Partnerin retten. Dazu ist ihnen jedes Mittel recht, keine Mühe zu schwer. Sie versuchen, Schaden von ihr abzuwenden, ihr Probleme aus dem Weg zu räumen und sie nicht mit den Konsequenzen ihrer Sucht zu konfrontieren. Sie säubern das Badezimmer nach dem Erbrechen, damit keiner merkt, daß sie wieder erbrochen hat, ersetzen fehlende Lebensmittel und legen Geld in die Kasse, wenn die Tochter/Partnerin es entwendet hat. Sie entschuldigen ihr Verhalten damit, daß sie krank ist und einer sich ja um sie kümmern muß. Sie würde sonst vielleicht vollkommen abrutschen.

Was Co-Abhängige in ihrer Sorge nicht merken, ist, daß sie mit ihrem Verhalten die Sucht der Tochter/Partnerin aufrecht erhalten. »Tatsächlich stellt sie (die co-abhängige Person) durch ihre überverantwortliche Haltung erst eine Situation her, in welcher es keinerlei Grund für die Abhängige gibt, ihren Konsum einzustellen und verhindert Krisen, die dazu führen können, die Abhängige zu einer Änderung ihres Verhaltens zu bewegen.« (Rennert, S.59) Die wohlgemeinte Hilfe führt zum Gegenteil dessen, was sie erreichen will.

Aber nicht nur die Süchtigen leiden letztlich unter dem überfürsorglichen Verhalten, auch die Co-Abhängigen selbst. Denn mit der Zeit vernachlässigen sie sich mehr und mehr, kümmern sich immer weniger um sich selbst, machen sich Sorgen um die Süchtige, aber nicht mehr um sich und unternehmen nichts Schönes mehr. Ihr Leben wird immer enger, denn es dreht sich nur noch um die Sucht der Tochter/Partnerin und ihre Bemühungen, sie zur Therapie zu bewegen. Oft fühlen sie sich ausgebrannt, lustlos, ausgenutzt oder wütend. Freude und Spaß erleben sie kaum noch, dafür gehen sie ganz in ihrer Sorge und Hilfe auf. Mit der Zeit werden sie abhängig von ihrem Helferverhalten und damit von der hilfsbedürftigen Eßsüchtigen und kommen in Not, wenn diese gesund wird, da dann ihr Hilfsimpuls ins Leere geht und sie auf sich selbst zurückgeworfen werden. Wer nicht gelernt hat, für sich zu sorgen und sein Leben mit Sinn und Freude zu füllen, der braucht jemanden, für den er sorgen kann. Wenn dieser Mensch gesund wird, werden sie selbst krank. Viele Co-Abhängige entwickeln dann psychosomatische Symptome oder leiden unter Depressionen und Versagenszuständen. Auf das süchtige Helfen zu verzichten kann ebenso schwer sein wie vom Hungern, Überessen und Erbrechen abstinent zu werden.

Die falsch verstandene Hilfe

Wenn ich Eltern oder Partner auf ihre Co-Abhängigkeit hin anspreche, ernte ich in der Regel Kritik oder Ablehnung. Denn sie begründen ihr aufopferndes Verhalten mit ihrer Verantwortung für die Kranke und ihrer Pflicht, für sie zu sorgen. Sie sind teilweise ungehalten, wenn ich betone, daß in eßgestörten Familien jeder für den anderen Verantwortung übernimmt, aber keiner für sich selbst. Eine Mutter meinte:

Wenn ich für mich Verantwortung übernehme und für mich sorge, dann lasse ich doch meine Tochter im Stich. Und das darf nicht sein.

In ihrem Verständnis von Verantwortung und Sorge, das sie mit vielen Angehörigen teilt, scheint es nur ein Entweder-Oder zu geben: ›Entweder ich sorge für mich, dann vernachlässige ich die anderen oder ich bin für die anderen da, aber dann denke ich nicht mehr an mich.‹

Diese Haltung wird durch ein bestimmtes Ideal im christlichen Denken unterstützt. Je mehr ein Mensch gibt, um so edler erscheint er uns und je mehr er nimmt, um so egoistischer nennen wir ihn. Diese Ansicht kann jedoch in sich nicht stimmig sein, wenn wir erleben, wie unglücklich Co-Abhängige sind und wie wenig ihre opfervolle Hingabe der Genesung der Bulimikerin oder Magersüchtigen dient.

Anhand der Geschichte des heiligen Samariters, die sozusagen einen Prototyp der guten Tat verkörpert, möchte ich versuchen, Ihnen die falschverstandene Hilfeleistung zu erläutern, wie sie uns durch Jahrtausende vermittelt wurde. Ich stütze mich dabei auf Ausführungen von Fischedick: Des leichteren Verständnisses halber habe ich den Originalbibeltext Lukas 10, 29-37 teilweise etwas vereinfacht, ohne jedoch seinen Sinn zu verändern.

Ein Gesetzeslehrer fragt Jesus, was er tun müsse, um unendliches Leben zu erhalten. Jesus fragt ihn zurück, was denn seine Gesetze lehren würden. Er antwortet: Das Gebot der Doppelliebe: Du wirst den Herren deinen Gott lieben, … und deinen Nächsten wie dich selbst. Jesus bestätigt ihm dies als richtige Antwort. Er aber fragt weiter: Und wer ist mein Nächster? Jesus entgegnet ihm als Antwort folgendes: Ein Mensch stieg von Jerusalem hinab in Richtung auf Jericho und fiel in die Hände von Banditen. Die zogen ihn aus, schlugen ihn wund, machten sich davon und ließen ihn halbtot zurück. Gemäß einer allgemein geltenden Ordnung stieg ein Priester jenen Weg hinab und als er den Überfallenen sah, ging er vorbei. Ebenso ging auch ein Levit, der an die Stelle kam und ihn sah, vorbei. Aber ein Samariter, der unterwegs war, kam an jenen Ort und als er ihn sah, ging es ihm innerlich nahe. Er trat zu ihm, verband seine Wunden

und goß Öl und Wein darauf. Er ließ ihn auf sein Reittier aufsteigen, brachte ihn in eine Herberge und war fürsorglich zu ihm. Am anderen Morgen nahm er zwei Denare aus dem Beutel, gab sie dem Beherberger und sagte zu ihm: Sorge dich um ihn und was du zusätzlich aufwendest, werde ich dir geben, wenn ich wiederkomme.
Jesus fragte: Wer von diesen Dreien scheint dir der Nächste des Überfallenen geworden zu sein? Der Gesetzeslehrer sagte: Der, der aus Erbarmen Gutes getan hat. Jesus sagte zu ihm: Gehe und tue dir zugunsten gleicherweise.

Der Samariter reagiert nicht aus Pflichtgefühl heraus, weil ›man helfen muß‹, sondern weil er angerührt ist vom Leid des anderen, ihm das Schicksal des anderen ›innerlich nahe‹ geht, wie es im Text heißt. Aus diesem Gefühl heraus greift er kurzfristig in das Leben des anderen ein, hilft mit praktischem Beistand, verliert aber nicht sein eigenes Ziel aus den Augen. Er bringt den Verwundeten in eine Herberge, die auf seinem Weg liegt. Dort übergibt er ihn in andere Hände, sichert die Situation für den Überfallenen finanziell ab und geht ohne Abschied seiner Wege. Er tat, was in seinen Möglichkeiten stand und übernahm Ver-Antwortung: Er hat auf die Anforderungen der Gegenwart mit seiner Person geantwortet, aber sich selbst dabei nicht vergessen. Denn das Leid des anderen hält ihn nicht ab, seinen Weg zu verfolgen und seinen Geschäften nachzugehen.
Auch erwartet er keinen Dank oder muß sich sicher sein, daß seine Hilfe in entsprechender Weise wirkt. Er braucht den Hilfsbedürftigen nicht, sondern läßt ihn frei und gibt die Verantwortung, die er vorübergehend für ihn übernommen hat, wieder zurück. Er hat in seiner guten Tat den Teil von sich gegeben, den er unter den bestehenden Bedingungen geben konnte. Diese Hilfe beinhaltet keine Selbstverleugnung, »denn in seinem Tun lebt er sich selbst aus und nicht irgendwelche Pflichten oder Sehnsüchte, um derentwillen er sich vergessen müßte.« (Fischedick, S. 211) Sein Opfer ist für ihn kein Verlust, sondern Ausdruck seiner Kraft, die er fähig war, an jemanden weiterzugeben. Er ist nicht ausgelaugt oder über-

fordert, weil er nur so viel gibt, wie seine Möglichkeiten ihm erlauben, und er von dem gibt, was genügend vorhanden ist. Seine Art der Hilfe ermöglicht dem Überfallenen darüber hinaus die Verantwortung wieder für sich zu übernehmen und auch bei anderen Menschen Unterstützung zu finden.

Anders stellt sich das Helfen der Co-Abhängigen dar, die ihr Leben und ihre Perspektive der Aufopferung für die Eßsüchtige unterordnen und eigene Interessen und Wünsche vernachlässigen. Sie erschöpfen sich in ihrer Sorge, weil sie sich selbst dabei verlieren und im wahrsten Sinn des Wortes selbst-los werden. Sie brauchen die Unterlegenheit der Hilfsbedürftigen und das gelungene Resultat ihrer Hilfe, um aus dieser Überlegenheit Stärke und Anerkennung zu ziehen. Sie befürchten, Rabeneltern oder schlechte Partner zu sein, wenn sie ihre eigenen Interessen vertreten und der Betroffenen ihre eigene Verantwortung zurückgeben. Doch ist diese Form der Hilfe wirklich menschlicher als die des Samariters?

Ich denke nicht, denn seine Form der Liebe beinhaltet nicht, ein Leben lang dankbar sein zu müssen oder sofort wieder etwas zurückgeben zu müssen, wenn man etwas erhalten hat, wie es die Überzeugung vieler Eßgestörter und deren Angehörigen ist, sondern es dankend anzunehmen. Damit haben die meisten Menschen große Probleme. ›Ich bin das nicht wert‹, ist die zugrundeliegende Einstellung. Damit wird aber ein Geschenk unmöglich gemacht, denn es lebt davon, angenommen zu werden.

Der Nebensatz aus dem Lukastext, ›wie dich selbst‹, heißt im wesentlichen, daß wir andere nur so lieben können, wie wir uns selbst lieben. Die Selbstliebe aber ist ein Stiefkind bei den meisten Menschen. Sie ist häufig verdrängt von Selbstkritik, Selbstverachtung oder sogar Selbsthaß. Selbstliebe ist die grundlegende Zuneigung zu sich selbst, ohne Bedingungen zu stellen oder Erwartungen zu erfüllen. Wer als Kind so nie geliebt wurde, wird es als erwachsener Mensch erst mühsam lernen müssen.

In dem Maße, in dem sich die Angehörigen wieder mehr auf sich und ihr Leben besinnen und sie mehr Freude und Spaß am Leben bekommen, werden sie auch liebevoller zu sich werden. Indem sie das tun, geben sie ihrer Tochter oder Partnerin im Grunde mehr, als mit ihrer Aufopferung. Das Argument der Mutter, ihre Tochter im Stich zu lassen, wenn sie sich um sich selbst kümmert, sehe ich nicht bestätigt, sondern im Gegenteil, entkräftet.

Das Symptom schweißt die Eltern zusammen

»Das Problem mit der Tochter schweißt die Eltern zusammen, denn wir müssen es zusammen angehen. Die Probleme, die wir als Eltern miteinander haben, werden dagegen ganz klein.« So sieht es der Vater einer magersüchtigen Tochter.

In vielen Familien, in denen die Tochter eine Magersucht oder Bulimie entwickelt, ist die Beziehung der Eltern krisenhaft oder sogar von Trennung bedroht. Die Tochter kann mit ihrer Krankheit, die sie an daheim bindet, ein Bindeglied zwischen ihnen bilden. Dadurch sind die Eltern weniger gezwungen, sich aufeinander zu beziehen, weil die Tochter zwischen ihnen steht und alle Aufmerksamkeit auf sich zieht.

Die Tochter bekommt auf diese Weise die Funktion, die Familie zusammenzuhalten und zu vermeiden, daß die Eltern sich trennen. In der gemeinsamen Sorge um sie verbünden sie sich, und die Tochter hat ihr Ziel erreicht.

Hellinger beschrieb die systemische Funktion der Magersucht mit dem Satz: ›Lieber gehe ich als du, Mama oder Papa.‹ Das Hungern hat in diesem Fall die Bedeutung, sich dünne zu machen, zu verschwinden, und drückt stellvertretend den Wunsch desjenigen Elternteils aus, der sich trennen möchte, ›der gerne verschwinden würde‹. Es ist, als würde sich die Tochter für diesen Elternteil aufopfern und ihm das Weggehen abnehmen.

Wenn wir uns Magersuchtsfamilien daraufhin ansehen, so strebt in der Regel ein Elternteil aus der Familie. Sehr häufig sind es die

Mütter, die sich im wesentlichen deshalb nicht trennen, weil sie die Sorge um die Kinder hält. In den Gesprächen mit ihnen wird deutlich, wie schwer es ihnen fällt, sich diesen Wunsch nach Trennung einzugestehen. Entweder, weil sie so einen Schritt für unmöglich durchführbar halten, oder weil sie sich mit ihrer Lage wohl oder übel abgefunden haben. Auch sind sie per gesellschaftlicher und individueller Definition diejenigen, die die Sorge für die Familie und die Kinder tragen und die Familie zusammenhalten. Die Vorstellung, die Familie zu verlassen, ist auch aus Liebe zu den Kindern meist keine Alternative. Und oftmals geht es auch gar nicht darum, der Familie für immer den Rücken zu kehren, sondern einen eigenen Raum für sich zu deklarieren.

Frauen, die Probleme haben, sich abzugrenzen und ihre Interessen auch gegen ihre Ehemänner durchzusetzen, glauben, keine andere Möglichkeit zu haben, ihr eigenes Leben zu leben, als sich von der Familie zu trennen. Sie folgen einem Alles-oder- nichts-Muster, bei dem Abgrenzung Trennung bedeutet und Zusammenleben Aufopferung.

Die Väter, die aus der Familie streben, geben diesen Wunsch meist ebensowenig zu. Zum Teil entziehen sie sich über die Arbeit und begründen ihre Abwesenheit durch Überlastung. Die Motive dafür, daß einer der beiden Ehepartner aus der Beziehung strebt, sind sehr vielfältig, aber für die Dynamik der Magersucht meist unerheblich. Wesentlicher ist die Tatsache, daß sich die elterliche Beziehung in einer Krise befindet.

Daher wäre es vonnöten, daß das Ehepaar eine ehrliche Bestandsaufnahme ihrer Beziehung beginnt und sie sich das Gute wie das Hinderliche an ihrem Kontakt eingestehen. Eine therapeutische Begleitung kann in vielen Fällen unterstützend sein. Das Ziel ist, daß die Eheleute die Verantwortung für ihre Beziehung übernehmen und die Tochter aus der unbewußt an sie delegierten Rolle der Retterin entlassen.

Die Pubertät, in der die meisten Eßstörungen ausbrechen, ist ein Zeitpunkt, an dem die Kinder erwachsen werden und die Familie sich auf die Trennung von der Tochter vorbereiten muß. Das erfordert von den Eltern zugleich eine neue Hinwendung zum Partner oder zur Partnerin. In diesem Moment werden oft erst die Beziehungsprobleme zwischen ihnen deutlich, die bisher durch die Erziehung der Tochter beziehungsweise der Kinder nicht wahrgenommen oder verdrängt wurden. Die Eßstörung verlängert die elterliche Fürsorgepflicht und entlastet die Eltern von der Notwendigkeit, sich neu aufeinander zu beziehen. Es bleibt alles so, wie es bisher war.

Auch wird bei der Ablösung von der Tochter deutlich, wie stark sie in die elterliche Beziehung bisher schon verstrickt wurde. Oft übernimmt sie unterstützende Funktion für die Mutter oder verbündet sich in bestimmten Situationen mit dem Vater. Auf jeden Fall ist sie nicht durchgehend Kind der Eltern, sondern Bündnispartnerin für einen oder beide Elternteile. Mit der allmählichen Ablösung der Tochter von daheim würde sie auch diese Rolle aufgeben oder einschränken müssen.

»Ein für das Verständnis der Familiendynamik hochwichtiger Mechanismus ist: Die Sündenbockrolle eines Kindes, dessen ›Problem‹ (Versagen in der Schule, Neurose, Psychose, Kriminalität, Eßstörung; Anm. d. Autorin) der Beziehung der Eltern durch die Notwendigkeit gemeinsamer Entscheidungen und dauernden gemeinsamen Eingreifens eine Pseudofestigkeit verleiht, die sie keineswegs hat. Fast mit mathematischer Sicherheit läßt sich voraussagen, daß auf eine Besserung des Patienten eine Ehekrise der Eltern folgt, die den Patienten dann sehr oft wieder in seine Pathologie zurückfallen läßt.« (Watzlawick 1974, S. 81)

Aus familiendynamischer Sicht kann also die Hartnäckigkeit der Eßstörung auf die Stärke der Bedrohung der elterlichen Beziehung hinweisen. Die Tochter ist in einem solchen Fall in einem unbewußten Dilemma, entweder krank zu bleiben oder den Zusammenhalt der Familie zu gefährden. Meist entscheidet sie sich für den

Erhalt der Familie auf Kosten ihrer Gesundheit, aus Loyalität zum System und zu den Eltern, auch wenn sie selbst unter den Eheproblemen leidet.

Die Mutter einer magersüchtigen Tochter berichtet von ihrer verfahrenen Ehesituation und welche Rolle ihre Tochter dabei einnimmt:

Ich weiß, ich müßte in meinem familiären Bereich etwas ändern. Eigentlich müßte ich mich von meinem Mann trennen. Wir hatten das schon einmal vor, aber dann sind wir doch zusammengeblieben, hauptsächlich wegen der Tochter. Ich wollte ihr den Vater nicht wegnehmen, und dann ist es doch auch besser, wenn man Entscheidungen zusammen fällen kann und nicht die ganze Verantwortung für die Erziehung alleine tragen muß. Und alleine leben, davor habe ich Angst. Aber heute sehe ich, daß es ein Fehler war zusammenzubleiben, weil wir uns beide nicht verändert haben und dieselben Probleme meistern müssen wie früher.
Wir haben sehr wenig gemeinsam, weil wir vollkommen unterschiedlich sind. Mein Mann entzieht sich, wo er kann, versteckt sich hinter seiner Arbeit und ist dann am Abend müde und kümmert sich nicht mehr um die Familie. Im Grunde muß ich schon jetzt alles allein machen. Und unsere Tochter ist dem Ganzen ausgesetzt, weil sie das schwächste Glied ist. Das ist der Grund für ihre Magersucht, glaube ich.
Ich müßte mich trennen, aber ich bin so schwach, daß ich das jetzt nicht kann. Und dann weiß ich nicht, ob es für meine Tochter gut wäre, wenn sie mit mir die ganze Zeit alleine wäre. Sie hängt sowieso in übertriebener Weise an mir, wie eine Klette. Auf der anderen Seite leidet sie mit mir, weil sie ja sieht, daß ich nicht glücklich bin. Ich habe aber Angst vor der Trennung und vor der Reaktion meines Mannes, wenn er erfahren würde, daß ich weggehen will. Er ist nämlich wahnsinnig eifersüchtig und eigensinnig und läßt sich nicht so einfach etwas wegnehmen. Da würde es Querelen und Streitereien um Materielles geben, und er würde nichts herausgeben wollen. Ich hab auch Angst, daß er gewalttätig wird, denn wenn er wütend ist, schlägt er zu. Er hat meine Tochter schon geschlagen und mich auch, wobei sie zusehen mußte. Sie bricht dann immer in Tränen aus und bekommt große Angst vor ihrem Vater.
Er ist Alkoholiker und daher sehr unberechenbar. Er hat zwei Gesichter, er kann freundlich und nett sein, aber auf der anderen Seite ist er sehr jähzornig, und wenn er zuviel getrunken hat oder wütend ist, explodiert

er, und das ist schrecklich. Wenn er nicht da ist, fühlen wir uns viel wohler und sind lockerer.
Und dann tut er mir auch wieder leid, weil er ja auch mit sich selbst nicht zurechtkommt. Er kann wohl gar nicht anders sein, und wahrscheinlich leidet er selber. Er hat viele Sorgen und große Angst zu versagen und will sich nicht eingestehen, wenn es ihm einmal schlecht geht. Er kann darüber nicht reden, hat aber auch das Interesse an mir und unserer Tochter allmählich verloren.

Dieses Zitat zeigt eindrucksvoll, daß die Tochter ein wesentliches Bindeglied zwischen den Eltern ist. Sie verhindert, daß es zu der unausweichlich erscheinenden Konfrontation zwischen den Eltern kommt. Die Tochter leidet mit der Mutter und erlebt sie als die, die beschützt werden muß. Das kann sie jedoch nicht. In diesem Fall ist es die Verantwortung der Mutter, eine geschützte Situation, also die Trennung vom Ehemann, herzustellen, damit ihre Tochter nicht mehr auf sie aufpassen muß. Denn diese scheint sehr in Sorge zu sein um sich selbst, aber vielleicht noch mehr um die Mutter.

Oft kann aber eine Eßstörung auch nach einer Trennung oder Scheidung der Eltern auftreten, wenn sich dadurch das Gefüge der Familie so verändert, daß die Tochter sich verunsichert und überfordert fühlt. Hat sie die Funktion, die Mutter zu stützen, so wird ihr diese Rolle nun noch mehr Verantwortung abverlangen, was sie dadurch vermeiden kann, daß sie selbst hilfsbedürftig wird. Mädchen, die eine starke Bindung an die Mutter haben und noch relativ unselbständig sind, können durch den Verlust des bisherigen Familienverbandes ihre Versorgung durch die Mutter in Gefahr sehen oder sogar zum Teil auf sie verzichten müssen, wenn diese arbeiten geht und weniger zu Hause ist. Die Angst der Tochter, es allein nicht zu schaffen, oder die Überforderung durch die plötzliche Eigenverantwortung kann den Ausbruch einer Eßstörung unterstützen.

Scheidung oder Trennung sind als Gründe für eine Eßstörung allein natürlich nicht ausreichend, führen jedoch in der Regel zu einer tiefen Verunsicherung des Mädchens. Trennungen von einem Elternteil können für die Tochter als Verlassenheit erlebt werden und mit einer tiefen Kränkung und dem Gefühl, abgelehnt und nicht geliebt zu werden, verbunden sein. Ein bereits angeschlagenes Selbstwertgefühl wird dadurch noch mehr untergraben und kann zu der Annahme führen, daß sie den Liebesentzug durch äußere Attraktivität wettmachen muß.

»Mit magischem Denken glauben sie, den Schmerz dadurch heilen zu können, daß sie ihre Körperformen verändern.« (Valette 1991, S. 49)

Die willentliche Kontrolle des Körpergewichts verleiht ihnen ein Stück Macht, das sie ansonsten in ihren sozialen Beziehungen nicht erleben. Nicht nur bei Trennungen und Scheidungen, sondern auch in noch bestehenden Familienverbänden sind die Beziehungen zwischen Vater, Mutter und Tochter von Verstrickungen geprägt, die einem Ausweichen auf Abmagern oder Sich-Vollstopfen bis zum Erbrechen Vorschub leisten.

Koalitionen: Wer hält zu wem?

Eßgestörte Familien zeichnen sich dadurch aus, daß die Positionen der einzelnen Personen nicht eindeutig definiert sind. Das ist beispielsweise der Fall, wenn die Tochter die Ehe der Eltern zu retten versucht oder wenn sie sogar Ratgeber-Funktionen für die Mutter oder den Vater übernimmt.

Jede Familie besteht aus zwei Untersystemen, sogenannten Subsystemen: dem Elternsubsystem und dem Kindersubsystem. Diese stehen sich im Idealfall gegenüber und haben voneinander abgegrenzte Funktionen. Die einzelnen Personen dieser Subsysteme fühlen sich untereinander verbunden und bilden eine gemeinsame Achse im Sinne eines tragenden Identitätsgefühls als Geschwister oder als Eltern- und Ehepaar. In dysfunktionalen Familien sind diese Abgrenzungen nicht eindeutig gezogen. Hier stehen die Kinder mit im Elternsubsystem oder sogar zwischen Vater und Mutter, eine Position, die vor allem für magersüchtige Mädchen charakteristisch ist. Es gibt weder ein eindeutiges Kindersubsystem noch ein Elternsubsystem.

Bei einem fehlenden Elternsubsystem fühlen sich die Eltern entweder nicht als zusammengehörige Partner oder es mangelt ihnen an einer elterlichen Identität. Meist dient dann ein Kind einem der Elternteile als Partnerersatz (Richter).

Fehlt das Kindersubsystem, dann fehlt auch die jedem Kind zugeordnete Position in der Geschwisterreihe als erstes, zweites oder soundso vieltes. Die entsprechende Position in der Geschwisterreihe verleiht Sicherheit und Orientierung. Eine Zweitgeborene fühlt sich demnach am wohlsten, wenn sie zwischen dem ersten und dritten Geschwister steht, denn hier gehört sie hin.

In der Therapie bat ich eine 35jährige bulimische Patientin, ihre Familie aufzumalen. Es entstand folgendes Bild:

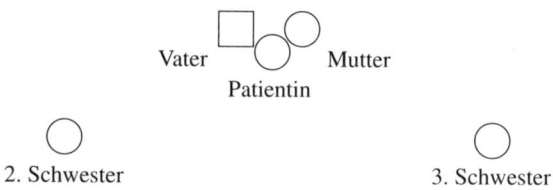

Hier steht die Patientin auf der Seite der Eltern und noch dazu zwischen ihnen. In dieser Position litt sie sehr, fühlte sich wie im Gefängnis und hatte keinen Bezug zu den Schwestern, aber auch nicht zu den Eltern, weil sie ihnen zu nah war, sie zu wenig Eigenraum hatte und daher keinen wirklichen Kontakt zu ihnen. Sie wurde von ihnen quasi ›einverleibt‹ und spielte gewissermaßen die Rolle eines zusätzlichen Elternteils. Im Alltag hatte sie die Rolle der wichtigsten Tochter inne, deren Leben vor der ganzen Familie ausgebreitet wurde. Die Eltern kümmerten sich um alles, was sie tat, dachte, fühlte und wollte. Für Individualität war kein Raum. Die Ehe der Eltern war sehr problematisch und sowohl Vater als auch Mutter hielten mit ihren Krankheiten die Familie in Atem. Nicht nur einmal mußten die Kinder befürchten, einer von beiden würde bald sterben oder sogar alle beide. Sie bemühten sich dann um so mehr um die Eltern, da sie ja glaubten, der Grund für deren Leid zu sein, wie immer wieder beteuert wurde. Die Furcht, einer oder beide würden ›gehen‹, kettete die Tochter um so mehr an sie. Auf meine Frage, an welchem Platz sie denn lieber stehen würde, malte sie folgende Konstellation:

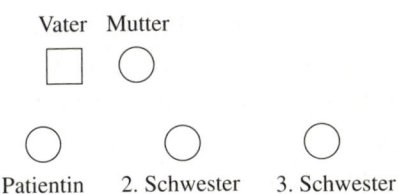

Sie rückte Vater und Mutter dichter zusammen, die sich erstaunlicherweise jetzt auch ohne die Tochter wohl fühlten. Sie selbst wollte unbedingt auf die Seite der Schwestern und vor allem keine Sonderstellung mehr einnehmen. Als sie dann noch den Platz mit der zweiten Schwester (dritte Tochter) tauschte, ging es allen gut.

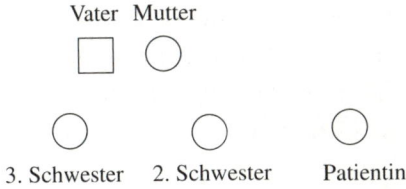

Diese Form der Aufstellung entspricht in vielen Fällen einer sogenannten ›Idealstellung‹, bei der die Kinder den Eltern gegenüberstehen und sie selbst in der richtigen Reihenfolge. Nicht immer muß das die beste Lösung in einem System sein, sie ist es jedoch in vielen Fällen.

Wenn die Grenzen der Subsysteme durchlässig oder nicht klar definiert sind, dann entsteht Raum für Allianzen und Koalitionen.

Unter Allianzen verstehen wir eine Verbindung zwischen zwei oder mehreren Personen innerhalb der Familie. Bei Koalitionen besteht ebenso eine Verbindung zwischen zwei oder mehreren, die jedoch immer gegen jemand anderen gerichtet ist.

Gehen Mutter und Tochter eine Allianz ein, so haben sie vielleicht ein gemeinsames Interesse, zum Beispiel Tennisspielen, das sie verbindet.

Eine Koalition zwischen Mutter und Kind gegen den Vater besteht zum Beispiel darin, daß die Mutter etwas erlaubt, was der Vater verbietet. Diese Konstellation finden wir in eßgestörten Familien sehr häufig: Einer der Elternteile will eine Maßnahme ergreifen, der andere boykottiert sie. Der Vater fordert mehr Strenge im Umgang mit der Tochter, die Mutter gewährt mehr Freiheit, oftmals heimlich, ›hinter seinem Rücken‹.

Bitte überlegen Sie sich jetzt einmal, in welchen Bereichen der Erziehung oder des Umgangs mit Ihrer eßgestörten Tochter, Sie mit Ihrem Ehepartner sozusagen ›an einem Strang ziehen‹ und in welchen Bereichen der eine den anderen boykottiert oder das, was er vorschlägt, unterläuft.

Entscheiden Sie dann, ob sich einer von Ihnen häufiger durchsetzt und wenn ja, in welchen Bereichen?

Beantworten Sie als Elternteile diese Fragen getrennt voneinander und vergleichen Sie hinterher, in welchen Bereichen Sie übereinstimmen und in welchen nicht.

Der Zweck dieser Übung liegt darin, zuerst einmal festzustellen, welche Personen sich in Ihrer Familie gegen andere verbünden. Daß es zu Koalitionen kommt, ist an sich nicht schlimm. Auch die Personen, die sie eingehen, sind deshalb nicht böse oder schlecht. Dennoch behindern Koalitionen den Umgang miteinander und sollten daher aufgelöst werden. Dazu müssen sie jedoch erst einmal erkannt werden.

Der zweite Schritt wäre, mit der Person, gegen die sich die anderen verbündet haben, einen Konsens darüber anzustreben, wie sie sich in Zukunft verhalten wollen. Damit nicht der eine den anderen boykottiert, versuchen Sie, sich auf eine Strategie zu einigen, hinter der alle stehen können.

In bezug auf das obige Beispiel, in dem der Vater Strenge fordert und die Mutter Freiheit gewährt, könnten Vater und Mutter einen Kompromiß schließen, damit die Freiräume für die Tochter nicht heimlich erschlichen werden müssen und der Vater hintergangen wird. Sollten sie keine Einigung erzielen, könnte der Streit um die erzieherischen Maßnahmen vielleicht ein Hinweis auf ein Beziehungsproblem zwischen den Eheleuten sein, das auf dem Rücken der Tochter ausgetragen wird.

Koalitionen können dazu führen, daß die Tochter die Eltern gegeneinander ausspielt, und sich am Ende mit dem verbündet, von dem sie mehr erwarten kann. Das wird in der Regel die Person sein, die sie weniger mit ihrem auffälligen Eßverhalten konfrontiert und die ›mehr durchgehen läßt‹. Eltern kommen dann leicht in die Gefahr, sich zu vergleichen, wer der bessere Elternteil ist. Das schafft eine ungute Konkurrenz und führt zu gegenseitiger Abwertung statt zu Solidarität.

Dieselbe Form der Spaltung zwischen Personen versuchen die Töchter auch zwischen den Behandlern zu erreichen. Die Mutter einer Magersüchtigen berichtet:

Unsere Tochter wollte nicht zur behandelnden Ärztin gehen, die mit der Psychotherapeutin zusammenarbeitete, sondern zu unserem Hausarzt. Sie befürchtete, daß die beiden sonst miteinander kommunizieren. Wenn ihr jemand deutlich die Meinung sagt, zweifelt sie, ob es der richtige Partner ist. Sie geht dann lieber zu jemandem, der sie mit Samthandschuhen anfaßt.

Kehren wir zur Familie zurück. Die Bündnisse, die Vater, Mutter und Tochter untereinander eingehen, sind oft nicht sehr stabil, sondern ändern sich je nach der Situation. Mal hält die Tochter zum Vater, mal zur Mutter, mal halten die Eltern zusammen. Die Mütter erleben sich dabei in zwei verschiedenen Rollen. Einmal als die, gegen die sich Vater und Tochter verbünden, einmal als die, die zwischen Vater und Tochter vermittelt. Eine Mutter beschreibt diese Situation folgendermaßen:

Wenn der Vater kam, war die Tochter wie ausgewechselt. Vorher ging es ihr schlecht, jetzt war sie offen, freundlich und gut gelaunt. Dann verbündete sie sich mit ihm gegen mich. Kaum war er weg, kam sie wieder zu mir und beklagte sich über ihn. Ich hätte sie erschlagen können.

In diesem Fall schien es so, als käme die Tochter in einen Loyalitätskonflikt, wem von beiden sie Zuneigung schenken darf, als wenn sie nicht beide gleichzeitig lieben dürfte. Das erklärte sich zum Teil daraus, daß die Eltern sich getrennt hatten und der Vater nicht mehr bei ihnen lebte. In Loyalität zur Mutter, von der sie glaubte, daß sie durch den Vater leiden mußte, schlug sie sich auf ihre Seite. Auf der anderen Seite herrschte in dieser Familie eine große Rivalität unter den Frauen um den Vater. Schwestern und Mutter versuchten, seine Aufmerksamkeit zu erringen und ihn für sich zu gewinnen. Indem die Tochter sich auf die Seite des Vaters schlug, grenzte sie sich von der Mutter ab und versuchte ›die andere Frau‹, die Bessere zu werden, die die Liebe des Vaters wert war. Andererseits war sie aber auch auf die Mutter angewiesen, weil sie mit ihr und nicht mit dem Vater zusammenlebte. Deshalb versuchte sie, sie in ihrer Eifersucht auf sich milde zu stimmen. Die Mutter ihrerseits fühlte sich von der Tochter verraten und in ihrer Verlassenheit alleingelassen. Gegen diesen abwesenden, idealisierten Vater kam sie nicht an.

Den zweiten Fall, in dem die Mutter Vermittlerfunktion zwischen Tochter und Vater übernimmt, beschreibt eine andere Mutter so:

Ich muß meine Tochter schützen, wenn mein Mann etwas Frauenfeindliches sagt. Ich will der Tochter das Gefühl geben, daß der Vater sie genauso liebt wie den Sohn. Mein Mann ist leicht mit Kritik dabei, aber er tut sich sehr hart, etwas Nettes zu sagen. Er sagt es dann mir, und ich sage es dann unserer Tochter. Warum sagt er es ihr nicht direkt?

Nicht nur Nettes, auch Kritik an der Tochter bekommt die Mutter ab, wenn der Vater sie ihr nicht direkt sagt. So wird sie zum Prellbock und Sprachrohr zwischen beiden, nützt damit jedoch keinem.

Gerade in bulimischen Familien finden wir häufig eine Konstellation in den Familien, die es nicht zuläßt, daß die Tochter direkten Kontakt zum Vater hat, weil die Mutter den Zugang zu ihm versperrt. Sie steht zwischen Tochter und Vater, indem sie vermittelt oder Botschaften überbringt. In ihrer Vermittlerposition will sie die Tochter vor Angriffen oder Verletzungen durch den Vater schützen und Streitereien vermeiden, bewirkt aber das Gegenteil.

Die These von Hellinger, wonach bulimische Töchter nicht zum Vater kommen, weil die Mutter dazwischensteht und sie daher nicht gelernt haben, von ihm Liebe und Zuneigung anzunehmen, hat sich immer wieder bestätigt. Ein Teil der Genesung besteht daher darin, den Kontakt zwischen Vater und Tochter wiederherzustellen. Eine Mutter beschreibt ihre Erfahrung dazu:

Ich habe immer die Position eingenommen, zwischen Vater und Tochter zu vermitteln und auszugleichen. Erst als ich damit aufgehört und akzeptiert habe, daß sie nicht miteinander können, ging sie auf ihn zu. Er sagte etwas Heilsames: »Ich bin so wie ich bin und ich kann manche Dinge nicht.« Das hat ihr sehr gut getan. Sie haben ihren eigenen Weg gefunden. Sie war sehr traurig, daß ihr Vater nicht so ist, wie sie ihn sich wünschte, aber es entstand etwas Neues zwischen ihnen, ein direkter Kontakt.

Die Situation von Vater und Mutter

Ergebnisse einer neuen Studie von Selvini Palazzoli (1994) – meine folgenden Ausführungen stützen sich im wesentlichen darauf – beschreiben den Vater von Magersüchtigen und Bulimikerinnen als ein ›Produkt der traditionellen patriarchalen Geisteshaltung‹. Er heiratet eine Frau, die eine Mutterfigur repräsentiert und familiäre

Interessen vor ihre persönlichen stellt. Die meisten der Väter haben in ihrer eigenen Geschichte starke emotionale Entbehrungen und Zurückweisungen erlebt, die sie damit kompensierten, daß sie sehr früh versuchten, autonom, unabhängig und leistungsorientiert zu werden. 46 Prozent von ihnen wurden ohne ersichtlichen Grund ins Internat geschickt und litten unter der Trennung von der Familie, vor allem von der Mutter. In der Untersuchung wurde ein positiver Zusammenhang gefunden zwischen der Stärke der seelischen Störung der eßgestörten Tochter und dem Leiden der Väter durch die Entbehrung der mütterlichen Liebe. Je mehr sie litten und je größer ihr emotionales Defizit ist, um so stärker sind die Töchter beeinträchtigt. In der mütterlichen Ehefrau suchen die Väter eine Ersatzmutterfigur, von der sie verlangen, daß sie immer dasein soll, wenn er heimkommt und die den Haushalt perfekt führt.

Diese Männer sind in der Regel sehr fleißig, teilweise sogar arbeitssüchtig und ihre Arbeit ist ihnen heilig. Sie beanspruchen aber auch ihren Raum in der Freizeit, in der die Frau keinen Platz hat. Diese Männer haben eine Schutz-Männlichkeit entwickelt, hinter der sie ihre Suche nach selbstwertschwachen Frauen verbergen, getragen von der unbewußten Hoffnung, von ihnen mütterliche Aufmerksamkeit und Zärtlichkeit zu erhalten.

Ihre primäre Aufgabe besteht in der finanziellen Versorgung der Familie, die sie versuchen, mit aller Kraft bestmöglich zu erfüllen. So investieren sie mehr Energie und Zeit in ihre Arbeit als in ihre emotionalen Beziehungen zur Familie.

Das Gegenstück des obenbeschriebenen Vaters ist eine Ehefrau, die in ihrer Herkunftsfamilie entwertet wurde und keine ausreichende Anerkennung fand, speziell vom Vater. Trotzdem bleibt sie immer eng an ihre Eltern gebunden. Sie wurde abgelehnt und schlechtgemacht, sexuell mißbraucht oder emotional verlassen. Selvini Palazzoli nennt sie ›swallower of humiliations‹, also eine Frau, die Erniedrigungen schluckt, ohne sich dagegen zu wehren. Statt dessen unterwirft sie sich und lernt, das Unakzeptierbare zu akzeptieren. Ihre Traumata verbirgt sie hinter einer Fassade aus Tüchtigkeit, Organisationstalent, guter Haushaltsführung und Engagement für den Beruf. Auch wenn sie noch so erfolgreich und leistungsfähig ist, ändert sich nichts an ihrer negativen oder geringen Selbsteinschätzung.

In ihrer Gegenwartsfamilie nimmt sie in bezug auf den Ehemann und die Kinder eine ähnliche Rolle ein wie in ihrer Herkunftsfamilie: Sie läßt sich erniedrigen und angreifen, opfert sich für die anderen auf, ist unfähig, sich etwas Gutes zu tun oder um Hilfe zu bitten, wenn ihr alles zuviel wird. Sie fühlt sich unwert und versucht, durch Selbstaufopferung Anerkennung zu erhalten. Heimlich ersehnt sie sich die Achtung des Partners, die sie jedoch nie erhält. Auf Mißfallen oder Mißachtung des Ehemanns reagiert sie schnell vorwurfsvoll, aber im Grunde mit Zurücknahme ihrer Zuneigung und Wärme. Der Mann zieht sich seinerseits immer mehr von jeder Möglichkeit des Dialogs zurück und unterwirft sich ihren Vorwürfen zum Wohl der Familie, quasi als ihr Opfer, oder er reagiert mit wütenden Ausbrüchen.

Die klassische Situation in einer eßgestörten Familie ist die enge Bindung der Mutter an ihre Mutter und ihre beharrliche Zuneigung zur Tochter, die ihr bestätigen soll, daß sie eine gute Mutter ist. Dadurch steigert sie unbewußt den heimlichen Wunsch des Vaters nach Zuneigung und Wärme und seine feindlichen Gefühle gegenüber der Tochter.

Eltern, denen selbst früher nicht genug Akzeptanz ihrer Person, Gefühle und Empfindungen entgegengebracht wurden, bleiben selber narzißtisch bedürftig[5], das heißt »sie suchen ihr ganzes Leben, was ihnen ihre Eltern zur rechten Zeit nicht geben konnten: Ein Wesen, das ganz auf sie eingeht, sie ganz versteht und ernst nimmt, das sie bewundert und ihnen folgt.« (Miller 1979, S. 22) Solchermaßen emotional verunsichert, suchen Mutter und Vater in ihrem Kind nun diese Person, was bedeutet, daß das Kind sich nach einem ganz bestimmten Muster entwickeln muß, damit es so wird, wie es die Eltern für ihr eigenes narzißtisches Gleichgewicht brauchen.

Denn sie versuchen, die Bestätigung ihrer Person über die Tochter zu bekommen. Soll ein Kind die unbefriedigten Bedürfnisse der Eltern stillen, muß es so werden, wie sie es haben wollen, was in der Regel auf Kosten der Individualität des Kindes geht. Es wundert nicht, daß die meisten Frauen mit Eßstörungen eine narzißtische Persönlichkeit entwickeln.

Die Eltern sehen sich einer patriarchal orientierten Werthierarchie gegenüber, die schon für ihre Entwicklung richtungsweisend war. Viele sind durch ihre Erziehung von einem strengen, düsteren und sinnenfeindlichen Christentum geprägt (Asper 1987, S. 128). Darin werden Anpassung und Altruismus vor Spontaneität und Autonomie gesetzt, Eigenliebe als sündhaft und egoistisch betitelt und der Natur des Menschen so weit mißtraut, daß der Erziehung die Aufgabe zukommt, sie ›zurechtzubiegen‹. Unterordnung und Selbstaufopferung sind daher dem Menschen, vor allem der Frau, vorgeschriebene Verhaltensmuster.

Wie wir sehen, werden die Persönlichkeistsmuster also nicht nur durch bestimmte familiäre Konstellationen geprägt, sondern auch wesentlich durch gesellschaftlich-kulturelle Strukturen, die verinnerlicht werden und das individuelle Verhalten bestimmen.

Der idealisierte Vater

Die Tochter entwickelt häufig eine idealisierte Beziehung zu ihrem Vater, die jedoch in vielen Fällen nicht deutlich gelebt und über die auch nicht gesprochen wird. Die Gründe für die Idealisierung liegen teilweise in dem vorwiegend indirekten Kontakt zum Vater, zum Teil in seiner realen und/oder emotionalen Abwesenheit oder darin, daß er der ›begehrte andere‹ ist.

In der Literatur werden zwei Formen der Vater-Tochter-Beziehung in eßgestörten Familien unterschieden (Selvini Palazzoli 1994):

1. Die Tochter ist in eine Mutterbeziehung verwoben, in der sie die Bedürfnisse der Mutter erfüllen soll, während sie vom Vater zurückgewiesen wird. Die Tochter verbündet sich mit dem Leid der Mutter und unterstützt sie, oft als einzige. Der Vater wird als distanziert erlebt, ohne Aufmerksamkeit für das Sehnen der Tochter.

In der Fachliteratur spricht man von ›Mutter-Tochter‹, da die Tochter hauptsächlich auf sie bezogen ist und sich mit ihr und dem sie verbindenden Weiblichen und dessen Entwertung identifiziert.

2. Die Tochter dient dem Vater als ›kompensatorisches Objekt‹, was bedeutet, daß sie eine Ersatzfunktion erfüllt. Da, wo der Vater in seiner eigenen Herkunftsfamilie zu kurz kam oder in seiner Ehebeziehung unbefriedigt ist, dient die Tochter als emotionaler Ersatz, nicht selten verbunden mit Verführung oder Inzest. Die Tochter wird seine kleine Prinzessin, und zur Mutter entwickelt sich eine Konkurrenzbeziehung, oft verbunden mit der Ablehnung, ihr zu helfen.

Mit der sexuellen Reife der Tochter wird der Vater oft unsicher, vermeidet Körperkontakt und wendet sich nicht selten ganz von der Tochter ab. »Vorher war sie seine Prinzessin, ab der Pubertät zog sich der Vater zurück«, beobachtete eine Mutter.

Hier sprechen wir von ›Vater-Tochter‹, die sich mehr mit dem Männlichen identifiziert. Sie steht mit ihrer Mutter in einer weiblichen Rivalität und stellt sich nicht auf die Seite der Frauen.

Die ›Mutter-Tochter‹, die ihr Äußerstes für ihre Mutter getan hat, spürt in der Pubertät, daß sie für sich eigentlich nichts erreicht hat. Sie fühlt sich von ihrer Mutter ausgebeutet und hofft nun, einen Zugang zum Vater zu finden. Dieser Versuch mißlingt ihr jedoch, da der Vater unzugänglich ist. Häufig resultiert seine Ablehnung aus der eigenen emotionalen Verlassenheit, die er als Kind erfahren hat. Oder er kann der Tochter nichts geben, weil er sich immer aus der Mutter-Tochter-Beziehung ausgeschlossen fühlte. Vielleicht reagiert er auch aufgrund seiner Enttäuschung über seine eigene

Mutter mit Ablehnung gegenüber der Tochter. Wie auch immer, er ist nicht bereit, die Tochter zu unterstützen. Sie sucht nun Ersatz in Freundschaften, die ihr aber mißlingen, da sie von falschen Vorstellungen ausgeht und deshalb Enttäuschung erntet. Bei der ›Vater-Tochter‹ läuft der Prozeß umgekehrt. Das Gefühl, vom Vater ausgebeutet und gegen die Mutter aufgehetzt worden zu sein, läßt sie sich ihrer Mutter annähern, aber eine gute Beziehung finden sie nicht zueinander. Entweder, weil sie immer Rivalinnen waren oder sich zu fern voneinander fühlen. Auch hier scheitern häufig die Versuche, Ersatz in der Beziehung zu einem Jungen zu finden.

In der Pubertät, in der die Mädchen den emotionalen Verlust, ihre Einsamkeit und ihr Versagen wahrnehmen, beginnen sie zu hungern. Sie entwickeln eine Eßstörung, ohne bewußt wahrnehmen zu können, daß dahinter emotionale Defizite liegen, die in der versagenden Beziehung zu den Eltern entstanden.

Trotz oder vielleicht wegen der Zurückweisung durch den Vater und seiner Unerreichbarkeit, idealisieren ihn viele Töchter und versuchen mit allen Mitteln, ihm zu gefallen. Die ›Vater-Töchter‹ bemühen sich, über Leistung und intellektuelle Fähigkeiten Anerkennung und Zuwendung von ihm zu erhalten, laufen dabei aber Gefahr, den Bezug zur weiblichen Identität zu verlieren, wenn sie sich mehr mit den männlichen Idealen identifizieren. Eine weitere Möglichkeit, Eindruck beim Vater zu hinterlassen, ist ihre weibliche Attraktivität. Häufig wehren die Väter diese Form der Aufmerksamkeitssuche jedoch ab, vielleicht, weil es ihnen peinlich ist oder sie wirklich nicht wissen, wie sie darauf reagieren sollen, so wie diese Väter:

Ich kann nichts damit anfangen, wenn sie mich fragt, ob sie hübsch ist oder mit ihrer Modezeitschrift daherkommt. Bei meinem Sohn fällt mir das viel leichter, mit dem kann ich über alles mögliche reden. Bei ihr weiß ich nichts zu sagen.

Ständig fragt sie mich, ob sie dünn ist, wieviel sie meiner Meinung nach wiegen müßte und ob sie auch noch schlank und hübsch wäre, wenn sie mehr wiegen würde.

Gestern hat sie mir vorgeworfen, ich würde mich nicht für ihre neuen Ohrringe interessieren.

Durch meine Frage, was sie wohl glauben, was die Töchter mit ihren Fragen erreichen wollen, wurde deutlich, daß sie Bestätigung suchen. Aber bekommen sie sie auch genügend? Die Mütter meinen nein und werfen das ihren Männern vor. Sie befürchten, daß sich in der Ablehnung der Tochter ihr eigenes Schicksal wiederholt.

Unsere eine Tochter bekam nie genug Anerkennung vom Vater. Sie ähnele mir so, sagte er, und deshalb lehnte er sie ab.

Die Väter stehlen sich gerne aus der Verantwortung, aber gerade bei den Töchtern ist es unheimlich wichtig, wie der Vater reagiert. Sie buhlen um die Anerkennung des Vaters, aber die bekommen sie halt nicht immer.

Ich habe meine Tochter immer unterstützt, aber mein Exmann hat sehr hohe Ansprüche an sie gestellt. Sie mußte immer die Beste sein. Sie dachte deshalb, sie sei nicht gut genug. Das hat ihr Selbstbewußtsein stark angeschlagen.

Die Bestätigung als Frau durch den Vater ist wichtig, weil er der ›erste Mann‹ ist. Statt dessen bekommt sie nur Kritik für ihr Aussehen und fühlt sich abgewertet. Dabei wäre die Anerkennung durch den Vater wichtig.

In diesen Fällen verbünden sich die Mütter mit ihren Töchtern gegen den Vater, zum einen aus Frustration über eigene mangelnde Anerkennung durch den Mann, zum anderen aufgrund ihrer eigenen Geschichte, früher von ihren Vätern nicht angenommen worden zu sein. Sie wollen ihrer Tochter dasselbe Schicksal ersparen.
Es scheint, als würde das Gefühl, nicht zu genügen und die Angst, nicht attraktiv zu sein, mehr ein Thema zwischen Tochter und Vater als zwischen Mutter und Tochter sein. Spüren die Töchter den

Rückzug des Vaters, dann bemühen sie sich um so mehr um seine Gunst. Dieses Beziehungsmuster zum Vater bildet vermutlich die Grundlage für das lebenslange Suchen der Frau nach Bestätigung durch einen Mann. Auch mangelndes Selbstbewußtsein und Unzulänglichkeitsgefühle rühren zum großen Teil von der Zurückweisung durch den Vater her.

Schwieriger stellt sich die Situation in Inzestfamilien dar. Aber auch hier ist die Tochter trotz allem in Liebe an den Vater gebunden. Erst später, oft erst in der Therapie, wenn sie entdeckt, daß sie von ihm mißbraucht wurde, kommt sie mit ihrer Wut und Verzweiflung in Kontakt. Für manche Frauen ist es dann nicht mehr möglich, eine normale Beziehung zu ihrem Vater aufrechtzuerhalten. Es gibt jedoch auch viele Familien, in denen kein Inzest geschieht und die Tochter trotzdem eine Eßstörung entwickelt. Für diese Familien gelten häufig die in diesem Buch beschriebenen Familienmuster.

Sollten Sie sich näher über Mißbrauch und die Rolle der Angehörigen informieren wollen, sind die im Anhang angegebenen Bücher empfehlenswert[6].

Mutter und Tochter: hingezogen und abgestoßen

Die Mutter-Tochter-Beziehung stellt sich in der Regel als ambivalent dar. Das bedeutet, daß sich Mutter und Tochter gegenseitig angezogen und gleichzeitig abgestoßen fühlen. Im Mittelpunkt steht dabei die geringe Wertschätzung der Tochter als weiblich und eine damit verbundene ›Idealisierung des Männlichen‹ (Krebs 1992). Häufig fühlen sich eßgestörte Mädchen benachteiligt, da sie glauben oder sogar wissen, daß sie lieber ein Junge hätten werden sollen, wie ich es auch für weiblich narzißtische Frauen beschrieben habe. Wenn die Eltern sich einen Sohn gewünscht hatten, sind sie zum Teil nachhaltig enttäuscht, daß es ›nur‹ eine Tochter ist. Denn immer noch werden in vielen Familien die Männer, also Väter und Brüder, bevorzugt behandelt. Was sie tun, gilt mehr, und es herrscht eine verdeckte oder offene Abwertung der Frauen und des Weiblichen vor. Diese ist durch die Jahrhunderte Teil des Weiblichkeitsklischees geworden. Mit der Rolle der Frau werden auch heute noch Vorstellungen von Bescheidenheit, Passivität, Unterdrückung von Aggression und Machtstreben verbunden. Von Frauen wird erwartet, daß sie immer für andere da sind und eine auf andere bezogene affektive, soziale und freundliche Haltung zeigen (Gottschalch, zit. nach Horstkotte-Höcker 1987, S. 43).

Auch wenn viele Frauen heute ihre ›Frau stehen‹, so wird dadurch dennoch nicht die unterschiedliche Wertigkeit männlicher und weiblicher Beschäftigung verändert. Denn nach wie vor wird der männlichen Außer-Haus-Arbeit mehr Macht und soziales Prestige zugeordnet als der Stellung der Frau als ›Nur-Hausfrau‹ und Mutter. Die Abwertung des Weiblichen wird auf die Tochter weitergegeben, was die Attraktivität des Männlichen noch mehr erhöht. Die Tochter ist versucht, sich mit männlichen Werten zu identifizieren, indem sie beispielsweise in der Schule gute Zensuren schreibt oder im Sport besondere Leistungen erbringt. Auf keinen Fall will sie so werden wie die Mutter, die ja als Repräsentantin der weiblichen Rolle fungiert. Bei all dem ist jedoch auch eine tiefe Sehnsucht nach dem Weiblichen zu spüren, nach der Frau und der Mutter.

»Die Idealisierung des Männlichen ist meistens begleitet von einer tiefen Sehnsucht nach dem Weiblichen, von der tiefen Sehnsucht nach Frau. Die komplizierte Gratwanderung zwischen männlich und weiblich wird häufig mit ausgeprägten Eßstörungen beantwortet.« (Krebs, S. 27)

Denn mit der Identifizierung mit dem Männlichen müssen weibliche Eigenschaften abgespalten werden, sie behindern die Entwicklung einer erfüllten Weiblichkeit. Am Körper wird die Ablehnung des Weiblichen besonders deutlich sichtbar.

Die Ablehnung des Weiblichen richten die eßgestörten Mädchen und Frauen jedoch nicht nur gegen sich selbst, sondern häufig auch gegen die Mutter, die nie so ist, wie sie sie gerne hätten. Entweder beklagen die Töchter, daß die Mutter zuviel daheim ist und sich zuviel um die Familie kümmert, oder sie werfen ihr vor, die Familie zu vernachlässigen, seitdem sie eine Arbeit außer Haus angenommen hat. Die Mutter wird so zum ›Prügelknaben‹ einer Tochter, die Probleme hat, selbst Frau zu werden. Die Mutter einer Bulimikerin berichtet:

Meine Tochter ist jetzt siebzehn Jahre alt und grenzt sich stark von mir ab. Sie sagt, sie will nicht so sein wie ich, will nicht das essen, was ich esse, und kocht seit ihrem vierzehnten Lebensjahr für sich selbst. Ihre Krankheit hat viel mit Macht zu tun, ich fühle mich teilweise völlig ohnmächtig. Ich lasse mich so verstricken und hineinreißen, daß ich selbst nicht mehr weiß, was ich weiß und wer ich bin. Sie will, daß ich tue, was sie will, wenn nicht, geht sie zum Vater.

Neben der Ablehnung der Mutter finden wir auch die entgegengesetzte Haltung: Die Tochter beschützt die Mutter, verteidigt sie und leidet mit ihr, wenn es ihr schlechtgeht. In der Psychologie nennen wir dies eine Parentifizierung der Tochter. Das bedeutet, daß sie elterliche Funktionen für die Mutter übernimmt, wo diese keine Verantwortung für sich trägt und sich auf die Unterstützung der Tochter verläßt. Die Sorge um die Mutter kann sich darauf beziehen, ihr zu helfen, sich gegen den Vater abzugrenzen, sie vor einem gewalttätigen Ehemann zu schützen, sie zu versorgen und am Leben zu erhalten, wenn sie wegen Depressionen oder Rauschzuständen nicht mehr für die alltäglichen Dinge sorgen kann oder sogar droht, sich umzubringen. Besonders, wenn die Mutter unter Alkohol-, Medikamenten- oder Drogenabhängigkeit leidet, übernimmt die Tochter für sie Verantwortung und teilweise auch therapeutische Funktionen. Je früher und je intensiver die Tochter beginnt, für die Mutter zu sorgen, um so größer ist der emotionale Mangel, den sie erleidet und damit verbundene Gefühle von Unsicherheit und Bedrohung.
Eine bulimische Patientin, heute Mitte dreißig, übernahm schon als kleines Kind die häuslichen Pflichten für ihre Mutter, um sie zu entlasten und Zuwendung von ihr zu bekommen. Doch je mehr sie arbeitete, um so weniger bekam sie. Sie berichtet:

Meine Mutter war nie für uns da. Ich bin die Älteste von sieben Kindern, außer mir alles Brüder. Um die habe ich mich natürlich von klein auf gekümmert, sie gewickelt und gefüttert, weil meine Mutter so wenig Zeit hatte und viel weg war. Um ihr zu gefallen, habe ich schon mit fünf Jahren die Wohnung sauber gemacht und Wäsche gewaschen. Ich wollte alles für sie tun, damit sie mich mag, aber sie hat mich immer übersehen. Ich war auch so brav und habe alles gemacht, da dachte sie wohl, ich käme schon zurecht und bräuchte nichts von ihr. Und wenn sie abends mal eine Geschichte vorgelesen hat, dann lagen immer die Kleinen dicht bei ihr und ich mußte mich an den Rand setzen, weil ich ja die Große war. Es tat mir so weh, aber ich habe nichts gesagt und alles hingenommen, weil ich ihr gefallen wollte.

Diese Frau hat aufgrund ihrer Geschichte kein positives Mutterbild verinnerlicht und immer das Gefühl gehabt, daß sie alles für andere tun muß, ihr selber aber nichts zusteht. Sie hatte dementsprechend große Probleme, etwas anzunehmen und sich emotional zu sättigen. Die innere Leere und der Hunger nach der ›guten Mutter‹ versuchte sie mit dem Essen auszugleichen. Zugleich entlud sich ihr Haß und Groll auf die seelische Vernachlässigung im Erbrechen. Die Sehnsucht nach dem Teil der Mutter, der nährend und beschützend ist, blieb. In der Therapie spürte sie das erste Mal in ihrem Leben die Sehnsucht nach der mütterlichen Liebe und den Schmerz darüber, sie nicht ausreichend erhalten zu haben. Danach konnte sie beginnen, sich mit ihrer Mutter auszusöhnen und in der Folge ein besseres inneres Mutterbild aufzubauen. In dem Moment, als sie mit ihren wirklichen Gefühlen und Bedürfnissen in Kontakt kam, mußte sie sich nicht mehr überessen.

Die Kehrseite der emotionalen Vernachlässigung durch die Mutter ist die Überfürsorglichkeit, die die Tochter in ihrer Entwicklung erstickt und ihr die Loslösung erschwert, wenn nicht sogar unmöglich macht. Das Eßsymptom ist dann der Versuch, sich abzugrenzen und Eigenständigkeit zu erwerben. In beiden Fällen, der Vernachlässigung und der Überbehütung, wird die Individualität der Tochter zum großen Teil mißachtet und die Entwicklung einer autonomen Persönlichkeit erschwert.

Für viele Mütter ist der Umgang mit einer eßgestörten Tochter eine Gratwanderung zwischen Geklammertwerden und Weggestoßenwerden, wie es eine Mutter ausdrückt:

Auf der einen Seite will sie, daß ich mich nicht um sie kümmere und sie in Ruhe lasse, auf der anderen Seite will sie, daß ich mich kümmere.

Sicherlich ist das ein Wechselbad der Gefühle, aber es entspricht der inneren Situation der Tochter. Sie will sich ablösen, sucht aber immer auch noch die Versorgung. Oft ist der chronische Punkt ja gerade der, daß die Tochter nicht aus der Verstrickung mit der Familie und speziell der Mutter herauskommt und immer noch kindlich gebunden bleibt. Mutter und Tochter müssen sich gegenseitig loslassen, um eine neue Beziehung zueinander zu finden. Auch die Beziehung zum Vater bedarf der Veränderung, aber dazu muß sich die Tochter zuerst einmal ablösen und eigenständig werden. Zu diesem Schritt braucht die Tochter oft Hilfe durch eine Therapie, aber auch die Eltern sollten sich Unterstützung holen, wenn das Loslassen nicht gelingt.

Eßstörungen bei Jungen und Männern

Obwohl ich dieses Buch vorwiegend für Angehörige von magersüchtigen und bulimischen Mädchen und Frauen geschrieben habe, möchte ich doch kurz auf die Situation eßgestörter Jungen und Männer eingehen, da diese immer häufiger betroffen sind. Da ich selbst nur sehr wenig Erfahrungen mit männlichen Magersüchtigen und Bulimikern habe, stütze ich mich bei meinen folgenden Ausführungen auf die gängige Literatur, die leider nur sehr dünn gesät ist[7]. Ein Grund für unser geringes Wissen über männliche Eßstörungen resultiert sicherlich daraus, daß Eßstörungen als ›Frauenkrankheit‹ deklariert wurden und nach wie vor werden. Die Angst der Männer, sich zu einer ›weiblichen Krankheit‹ zu bekennen,

146

leuchtet ein, wenn damit der Verlust an Männlichkeit befürchtet wird, der bis zur Vorstellung, als homosexuell eingestuft zu werden, reichen kann (Vogelbach-Woerner). Aus diesem Grunde bleiben viele Männer mit Eßstörungen unentdeckt.

In der Literatur werden eine Reihe von Gründen genannt, die die geringere Betroffenheit von Jungen und Männern erklären könnten.

• Die geschlechtliche Entwicklung zum Mann setzt zu einem altersmäßig späteren Zeitpunkt ein als die zur Frau. Jungen sind daher seelisch oft reifer, wenn sie diesen Schritt machen. Ihre größere Autonomie und Ich-Stärke bewahrt sie vor einer Eßstörung (Fichter, Reich).

• Die pubertären Veränderungen des Körpers werden von Jungen und Mädchen unterschiedlich erlebt. Es wird vermutet, daß Mädchen auf die sexuelle Reife mit stärkerer Angst reagieren, da sie bei ihnen »zu weitaus drastischeren und potentiell weitaus traumatischeren Veränderungen als bei Jungen« (Selvini Palazzoli, S. 88) führen. Ich denke, daß die körperlichen Veränderungen für die Jungen mit ebenso starken emotionalen Reaktionen verbunden sein können, daß Sexualität für sie innerseelisch jedoch mehr mit Potenz und Aktivität verknüpft ist, bei Frauen mehr mit Passivität und Penetriert-Werden. Auch geht bei Mädchen die Entwicklung der primären Geschlechtsmerkmale mit einer radikaleren Veränderung der sekundären Geschlechtsmerkmale einher. Beides zusammen kann zu dem Wunsch führen, diese Entwicklung durch Abmagerung aufzuhalten. Bei Jungen scheint der Druck der willentlichen Manipulation des Körpers nicht in demselben Maße notwendig oder ausgeprägt zu sein (Fichter).

• Die weibliche Sozialisation ist stärker orientiert an Folgsamkeit, Anpassung und Erfüllung elterlicher Erwartungen, wogegen Jungen in der Regel mehr Aggression, Abgrenzung und Eigenständigkeit zuerkannt wird. So fühlen sie sich möglicherweise seltener gezwungen, sich ›heimlich‹ über eine Eßstörung abzugrenzen oder ihren Ärger ausdrücken zu müssen, als die Frauen.

• Abweichungen des Gewichts bei Jungen und Männern nach oben oder unten werden gesellschaftlich stärker toleriert als bei Mädchen und Frauen. Bei Frauen wird auch schneller eine Eßstörung diagnostiziert als bei Männern. Das hat sicherlich mit der Rolle der Frau als angeschautes oder ›angestarrtes Geschlecht‹ (Lawrence 1987) zu tun, bei dem die perfekte Äußerlichkeit immer noch ein größeres Gewicht hat als beim Mann. Vor allem scheint das weibliche Selbstbewußtsein und Selbstwertgefühl stärker von der äußerlichen Attraktivität abzuhängen als bei Männern. Diese Tatsache beginnt sich jedoch unübersehbar zu verändern. Männerkörper werden in der Werbung ebenso eingesetzt wie Frauenkörper und müssen einem bestimmten Standard entsprechen, um als schön zu gelten. Die äußere Attraktivität gesellt sich neben die traditionellen männlichen Werte wie Stärke und Kraft. Die Maßnahmen, die Männer anwenden, um ihren Körper zu stählen und Muskeln am richtigen Ort zu definieren, sind drastisch und beziehen oft auch ein verändertes Eßverhalten mit ein. Eine Umfrage im Jahr 1989 ergab, daß bereits jeder vierte Mann eine Schlankheitsdiät unternommen hatte.

Die psychologischen Zusammenhänge und Konflikte, die den Hintergrund von Eßstörungen bilden, sind bei Männern ebenso vielfältig wie bei Frauen und ähneln sich in vielem. Auch hier hat ein Wechsel der Definition der männlichen Rolle begonnen, der mit einem Mangel an Vorbildern und persönlicher Unsicherheit verbunden ist. »Wir sehen, daß die Eindeutigkeit der Männerrolle heute immer mehr auseinanderfällt und damit psychische Erkrankungen – auch Eßstörungen – bei jungen Männern tendenziell zunehmen.« (Stahr et al., S. 49)
Verunsicherung des männlichen Selbstbewußtseins, immer höherer Leistungsdruck und Versagensängste bereiten den Boden für Eßstörungen beim Mann.
Auch die Beziehung zu Vater und Mutter spielt eine ähnliche Rolle wie bei den Mädchen, wobei hier der Vater als Identifikationsfigur für den Jungen eine besondere Bedeutung erhält. Ist er nicht ver-

fügbar, so gelingt dem Sohn das Hineinwachsen in die Männerrolle nur erschwert, was durch eine überfürsorgliche Mutter oft noch unterstützt wird. Aber auch strenge, autoritäre ›Über-Väter‹, die in der Regel emotional versagend sind, können dazu beitragen, daß ein Junge dem Leistungsdruck nicht standhalten kann und in eine Eßstörung flüchtet. Mit dieser trifft er vor allem den Vater, der sich durch die ›Frauenkrankheit‹ in seinem Stolz gekränkt fühlt und dem Jungen dann statt vermehrter Zuwendung und Verständnis noch mehr Ablehnung entgegenbringt. Insgesamt scheint es so zu sein, daß die meisten Männer mit einer Eßstörung sich vom Vater nicht geliebt oder ausreichend anerkannt fühlen.

Über die Strukturen der Familien mit einem eßgestörten Jungen ist, soweit ich weiß, bisher nicht geforscht worden. Ich vermute jedoch, daß die Problematik ähnlich gelagert ist wie in Familien, in denen die Tochter eine Magersucht oder Bulimie entwickelt hat.

Auf dem Hintergrund zunehmender Gewalterfahrungen auch bei Jungen könnte dasselbe gelten wie für die Mädchen: »… daß es sich bei Eßstörungen im wesentlichen um die Auseinandersetzung mit einverleibter Gewalterfahrung, erlittenen Grenzüberschreitungen und dem Streben nach Autonomie, Selbständigkeit und Vitalität handelt.« (Stroot 1990, zit. nach Stahr et al., S. 72)

Welchen Einfluß haben Geschwister?

Wenn wir über eßgestörte Familien reden, dann dürfen wir nicht die Rolle der Geschwister vergessen. Leider werden sie immer noch in ihrer Bedeutung für die Persönlichkeitsentwicklung der Kinder vernachlässigt, was sich unter anderem daran zeigt, daß es kaum empirische Untersuchungen über die Art der Interaktion mit der bulimischen oder magersüchtigen Schwester gibt.

Für die Eltern scheint die Beziehung zwischen den Geschwistern kein erklärtes Problem zu sein. Im Gegenteil stellt es sich oft so dar, daß die nicht-eßsüchtigen Geschwister diejenigen sind, die mit ihrer Schwester klar und offen reden. Sie reagieren genervt auf das ›Rumgetue‹ mit dem Essen, haben nur wenig Verständnis für ihre Eskapaden und wollen mit der Magersucht oder Bulimie in der Regel nichts zu tun haben. Manchmal sind sie es sogar, die die Eßerkrankung aufdecken, indem sie den Geruch von Erbrochenem oder das Untergewicht registrieren und ansprechen. Für die Eltern ist dieses Verhalten entlastend, da diese Geschwister die einzigen zu sein scheinen, die sich nicht in die Abhängigkeit von der Eßstörung hineinziehen lassen und Grenzen setzen, wie sie es selbst nicht wagen. Die Geschwister besitzen mehr Freiheit, Kritik auszusprechen, ohne befürchten zu müssen, daß etwas Schlimmes passiert. Denn in ihren Augen sind es unzweifelhaft die Eltern, die für die Schwester und ihre Eßstörung ›zuständig‹ sind.

Die nicht eßsüchtigen Geschwister sind oft losgelöster von der Familie, suchen sich Freunde und leben scheinbar den Teil, den die eßgestörte Schwester immer mehr vernachlässigt: Sie sind Teil einer Freundesclique, haben Kontakte zu Mädchen und Jungens und eine unkompliziertere Lebenseinstellung. Dafür werden sie nicht selten von ihren Schwestern bewundert und beneidet. Vor allem die älteren Brüder zeichnen sich durch mehr Unabhängigkeit von der Familie und Eigenständigkeit in ihren Belangen aus.

Da die eßgestörte Tochter durch ihr Symptom die volle Aufmerksamkeit der Familie erntet, kommt es nicht selten zu Geschwisterrivalitäten. Die nicht eßgestörten Geschwister sehen sich häufig mit der Botschaft konfrontiert: »Du bist längst nicht so wichtig wie das suchtkranke Kind. Deine Probleme sind keine Probleme.« (Rennert) Je jünger die Geschwister sind, um so stärker werden sie auf die Konkurrenz der eßgestörten Schwester reagieren. Sind sie älter, können oder müssen sie sich die für sie nötige Zuwendung auf andere Weise oder von anderen Menschen holen.

Es kann aber auch sein, daß ein Mädchen aus Rivalität zur Schwester oder zum Bruder eine Eßstörung entwickelt, um auf sich aufmerksam zu machen.

Die Mutter einer heute magersüchtigen Tochter erinnert sich an ihre eigene anorektische Episode mit fünfzehn Jahren:

Bei uns zu Hause war ich immer die, die gesund und rotbackig war. Alle meine Geschwister hatten Probleme. Der Bruder war das Sorgenkind, die Schwester starb am Herzfehler, die andere hatte Probleme mit der Nahrungsaufnahme und war spindeldürr, und der letzte Bruder hatte seit seiner Geburt motorische Störungen. Vielleicht wollte ich durch meine starke Gewichtsabnahme Aufmerksamkeit erringen, die ja sonst immer den Geschwistern galt. Am Anfang war das auch ganz schön, sie zu kriegen, aber dann wurde es lästig, immer auf das Eßproblem hin angesprochen zu werden.

In eßgestörten Familien fällt auf, daß, zumindest seit Ausbruch der Erkrankung, die Beziehung unter den Geschwistern oft nicht sehr gut ist. Sie kämpfen darum, wer der oder die bessere ist, wer mehr Zuwendung bekommt oder wer wem was zu sagen hat. Manchmal wird die Beziehung durch die Magersucht oder Bulimie schlechter, manchmal war sie nie gut.

Zu meinem kleinen Bruder habe ich immer ein starkes Konkurrenzverhältnis gehabt. Das war sicher auch der Grund für meinen Perfektionismus, weil ich alles besser und richtiger machen wollte als er. Eine Zeitlang wurde unsere Beziehung etwas besser, da haben wir auch mehr zusammen gemacht, aber das hielt nur kurzfristig an. Dann ist es wieder auseinandergegangen, vielleicht auch wegen meiner Bulimie oder weil ich von daheim auszog. Ich hätte gerne mit ihm über meine Therapie geredet, aber er hat es nicht verstanden, war hilflos und hat gar nicht reagiert. Manchmal hat er Nebenbemerkungen über meine Bulimie fallen lassen wie: »Du frißt wohl nur noch?«, aber mehr hat er nicht dazu gesagt. Jetzt reden wir über unser Studium und wie es uns so geht, aber nicht mehr über meine Probleme. Er will nichts mit meiner Krankheit zu tun haben.

Die mangelnde Solidarität unter den Geschwistern kann mit der Rolle der Magersüchtigen oder Bulimikerin zu tun haben, wenn sie zu sehr in die Beziehung der Eltern verstrickt ist und zu wenig auf der Seite der Geschwister steht. Dann entwickelt sich nur selten ein gemeinsames Gefühl, getragen von dem Bewußtsein, Teil der Geschwisterreihe zu sein. Die eßgestörte Schwester gehört dann nicht richtig dazu, sie steht dazwischen, zwischen Eltern und Geschwistern. Eine Verbesserung der geschwisterlichen Beziehungen, die auch der Genesung dienlich ist, wird erreicht, indem die eßgestörte Tochter aus ihrer Rolle als Vermittlerin oder Bindeglied zwischen den Eltern entlassen wird und Schwester unter Geschwistern sein kann. Das bedeutet zugleich, daß die Eltern ihre Aufmerksamkeit und Sorge nicht nur der ›Kranken‹ zukommen lassen, sondern die anderen Geschwister ebenfalls beachten und sich um sie kümmern. Denn wenn sich alle nur noch um die Eßstörung der einen Tochter drehen, geraten die anderen Kinder leicht in Vergessenheit und leiden darunter.

Häufig sind die Beziehungen unter den einzelnen Geschwistern auch recht unterschiedlich, wie es eine Magersüchtige beschreibt:

Die große Schwester hat viel mit mir ums Essen gestritten und war nicht unterstützend. Sie ist mehr ein Hausmütterchen, wie meine Mutter. Aber die andere hat mir schon ziemlich geholfen. Sie sagt:»Das mit dem Essen ist deine Sache, das mußt du so machen, wie du das willst. Aber in anderen Sachen kannst du mit mir reden. Deinen Weg mußt du aber selbst finden.« Unsere Gespräche sind nicht mit dem Essen verbunden, sondern haben mehr mit mir zu tun. Wir sind auch schon zusammen weggefahren. Bei meiner großen Schwester geht immer alles nur ums Essen.

Bei ihrer großen Schwester scheint sie mehr das zu sein, was sie ißt, bei der anderen, das, was sie ist. Und diese Haltung erlebt sie als unterstützend und wohltuend, und sie dient auch ihrer Genesung. Es kommt immer wieder vor, daß mehrere Geschwister unter Eßstörungen leiden, die zu unterschiedlichen Zeiten und in verschiedenen Formen auftreten können. Für die Eltern bedeutet das oft eine doppelte Belastung. Die Mutter zweier betroffener Töchter berichtet:

Seit meiner Scheidung vor neun Jahren bin ich alleinerziehend und habe zwei eßgestörte Töchter von heute dreiundzwanzig und zwanzig. Früher gab es viel Aggression und Konkurrenz zwischen den Geschwistern. Als die eine abnahm, hungerte die andere noch mehr. Sie kämpften um die Anerkennung vom Vater. Die Magersüchtige war immer sehr angepaßt, die Bulimikerin nicht. Erstere bekam viel Anerkennung, die andere wurde mehr abgelehnt, weil sie mir ähnelte. Sie bekam auch keine Geschenke. Bei der Älteren begann die Magersucht mit vierzehn. Es war eine sehr schwere Zeit mit all den Problemen ums Essen und Gewicht. Sie pulte immer das Fett aus dem Essen und nahm mehr und mehr ab. Es kam dann auch vor, daß ich sie anschrie, weil ich mir nicht mehr zu helfen wußte. Ich mußte ja auch alles alleine durchkämpfen, weil ich von meinem Mann getrennt war und er im Ausland lebte. Es kam dann so weit, daß sie künstlich ernährt werden mußte. Nachdem sie mit der Todesgefahr konfrontiert wurde und mit anderen Magersüchtigen über deren Erfahrungen sprechen konnte, willigte sie in eine stationäre Behandlung ein, die ihr viel geholfen hat. Sie hungert auch heute noch in für sie schwierigen Situationen, aber sie ist nicht mehr lebensbedrohlich krank und unsere Beziehung hat sich sehr positiv entwickelt.

Seit einem Jahr hat die jüngere Tochter Bulimie, sie begann mit neunzehn. Zu Anfang leugnete meine Tochter ihre Bulimie, aber ihr Wesen veränderte sich mehr und mehr und sie zog sich immer häufiger zurück. Ich konnte dann den Gestank von dem Erbrochenen nicht mehr ertragen. Manchmal spritzte auch was gegen die Wand, aber sie putzte es nicht weg. Es war schrecklich. Mein Bruder sagte: »Dann pump dich doch mal voll Wasser und kotze vor ihr ins Wohnzimmer, das ändert oftmals was«, aber ich konnte es nicht.

Nach einem Jahr begann sie dann eine Therapie zu machen. Bis vor eineinhalb Jahren kannte ich meine Tochter gar nicht mehr. Jetzt wohnt sie nicht mehr bei mir, ist aber oft da und mittlerweile können wir gute Gespräche führen und haben ein herzliches Verhältnis. Sie umarmt mich auch manchmal. Es war wichtig, daß sie auszog, denn ich habe immer beobachtet, was sie ißt oder kontrolliert, was sie weggegessen hat. Heute erzählt sie auch viel von dem, was sie schon als Kind belastete, zum Beispiel, wie ihr Vater sie mit dem Gürtel schlug. Sie wird jetzt viel weicher und sentimentaler, früher war sie so hart und distanziert.

Ich merkte bei beiden sehr schnell, daß sie Eßstörungen hatten, was auch daran lag, daß ich mich damals mit dem Thema näher beschäftigte und viele Informationen darüber besaß. Ich sprach offen mit ihnen über ihre Eßstörungen und meine Schwierigkeiten damit. Wir hatten auch einige Stunden Familientherapie, die aber darunter litten, daß ihr Vater vom Ausland dazu kam, und danach sofort wieder wegfuhr. Auch hatte er oft das Gefühl, er würde angegriffen und er hörte dann bald auf. Wir machten noch zu dritt weiter, aber es fehlte eben jemand, der für die Lösung wichtig war.

Nach dem Auszug der Töchter ging es mir nicht so gut, da nun beide aus dem Haus waren und ich allein ohne Ehemann zurückblieb in dem Bewußtsein, daß sie jetzt groß sind und sich selbst gehören. Es kam aber auch eine Erleichterung dazu, weil ich nicht mehr sehen mußte, wie meine Tochter sich überißt und übergibt und nicht mehr so wütend wurde. Heute sage ich nichts mehr und lasse sie in Ruhe. Sie kann jetzt offener und mit weniger Anspannung über das Essen reden. Die Eßstörungen der Töchter hängen mit der Scheidung zusammen. Ich habe seitdem auch zugenommen und Probleme gehabt. Ich fing an, mich zu überessen und dachte auch ans Erbrechen. Aber das ist Gott sei Dank nur noch sehr selten.

Eine wesentliche Rolle unter den Geschwistern scheint Rivalität und Konkurrenz zu spielen, die auch die Neigung der magersüchtigen oder bulimischen Mädchen, sich über Leistung Aufmerksamkeit und Zuwendung zu holen, verstärken kann. Die Komplexität der Geschwisterbeziehungen untereinander ist jedoch so vielgestaltig, daß es sich lohnen würde, sie gesondert zu untersuchen. Für die Eltern ist es vielleicht von Nutzen zu erfahren, daß Geschwister eine wichtige Rolle im Leben der eßgestörten Tochter spielen können und sie daher manchmal bei der Überwindung der Eßstörung einflußreich sind.

Vom Mädchen zur Frau – Unterstützung und Eigenständigkeit

Der Zeitpunkt der Pubertät ist für das Thema Eßstörungen von besonderer Bedeutung, da viele Mädchen in diesem Alter beginnen, zu hungern oder zu erbrechen. Wie schon erwähnt, treten auch die bulimischen Eßstörungen immer früher in der Pubertät oder Adoleszenz (Jugendzeit) auf und nicht erst beim Auszug aus dem Elternhaus. Diese Entwicklungsphase umfaßt ein Alter von ungefähr zwölf bis neunzehn Jahren. Heute wird diese Zeit jedoch bis zu einem Alter von fünfundzwanzig ausgedehnt, was unter anderem mit der längeren Ausbildungszeit und damit verbundener verlängerter finanzieller Abhängigkeit vom Elternhaus zusammenhängt. Häufig ist die beginnende körperliche Entwicklung zur Frau der Auslöser für eine übertriebene Nahrungseinschränkung. Viele Mädchen reagieren auf ihre körperlichen Veränderungen mit Angst und Unsicherheit und versuchen, diese Entwicklung zu verzögern, indem sie ihre weiblichen Formen ›weghungern‹. Eine Bulimikerin berichtet:

Ich habe früh meine Tage bekommen und war sehr frühreif und ich kam und komme mit meinem Körper einfach nicht zurecht. Das Weibliche an mir kann ich nicht leiden. Ich finde, daß ich zuviel Busen habe, einen zu großen Hintern und überhaupt so weibliche Formen, die ich nicht will. Ich sah immer älter aus und alle haben mich als junge Frau bezeichnet, aber die bin ich überhaupt nicht. Ich bin noch ein Mädchen und das will ich auch noch sein. Ich kann mit dem Erwachsenwerden nicht umgehen. Es war so schön, Kind zu sein, da hatte ich weniger Verantwortung.

Dieses Zitat beschreibt die innere Situation vieler pubertierender Mädchen. Die Hypothese, Mädchen würden verhindern wollen, Frau zu werden, muß jedoch differenzierter betrachtet werden. Für viele ist das, was sie mit Frausein verbinden, häufig abschreckend, nicht das Frausein an sich. Das zeigt beispielsweise das Streben der Bulimikerinnen nach Schönheit und makelloser weiblicher Gestalt. Was eßgestörte Mädchen ablehnen, sind mehr die weiblichen Rundungen, die häufig mit einer Form des Frauseins assoziiert werden, die mit Mütterlichkeit, Gebären, Für-andere-Sorgen, Abhängigkeit, Machtlosigkeit und Passivität verbunden ist. Diese aufopfernde weibliche Rolle, die auch mit Hilflosigkeit und Minderbewertung zusammenhängt und die sie auch bei ihren Müttern bekämpfen, lehnen sie ab. Leicht wird dann mit Frauwerden eine Zementierung dieser Gefühle verbunden, die sie mit der Eßstörung beantworten.

Daß Frausein auch mit Stärke, Macht und Autonomie verbunden sein kann, müssen sie erst erfahren, wenn sie es bisher nicht gelernt haben.

In der Pubertät machen die Mädchen eine tiefe Wandlung durch und sind häufig sehr verwirrt. Wer sind sie eigentlich, Mädchen oder Frau oder von beiden etwas? Wirken sie körperlich schon weiterentwickelt, reagiert die Umwelt auf sie oft wie auf eine Erwachsene und stellt Erwartungen, die sie nicht erfüllen können. Denn innerlich fühlen sie sich noch nicht erwachsen. Die Seele ist noch nicht da, wo der Körper schon ist.

Obwohl sie auf der einen Seite nach immer mehr Unabhängigkeit und Autonomie streben, fühlen sie sich trotzdem oft noch als Kind und würden gerne umsorgt werden. Die Eßstörung kann dabei eine Möglichkeit sein, diese Sorge quasi zu erpressen und zu beweisen: ›Ich bin noch nicht so alt wie ich aussehe, ich brauche noch elterliche Zuwendung.‹ Dieser Wunsch widerspricht jedoch der sonst zur Schau gestellten Unabhängigkeit und dem Verlangen, nicht mehr wie ein Kind behandelt werden zu wollen. Verwirrung bei den Eltern ist die Folge. Die Mutter einer 15jährigen magersüchtigen Tochter berichtet:

Unsere Tochter, die sich immer gegen jede Einmischung sträubt und alles allein machen will, hat letztes Mal gesagt, sie möchte, daß ich ihr vor dem Einschlafen Hesse vorlese.

Sie kann es nicht glauben, daß ihre Tochter solche kindlichen Wünsche hat, und es fällt ihr auch schwer, sie zu erfüllen. Wie in einem früheren Kapitel schon erwähnt, fühlen sich eßgestörte Mädchen bei der Umsorgung durch die Mutter zu kurz gekommen und sie holen sie sich nun im Essen. Die Wünsche nach Umsorgtwerden bleiben aber weiter bestehen, oft bis ins Erwachsenenalter, wo dann der Partner oder Ehemann diese Funktion übernehmen soll.

Die Pubertät ist die Zeit, in der die Heranwachsenden ein Gefühl dafür entwickeln, wer sie sind und eine Zukunftsperspektive entwerfen. Die Mädchen sind in einem Alter, in dem sie lernen müssen, sich zu separieren und vorzubereiten auf ein Leben außerhalb der Familie. Für diesen Schritt ist ein gewisses Maß an Autonomie nötig, um ihn befriedigend zu vollziehen. Aber gerade diese fehlt Mädchen mit einer Eßstörung. Unter Autonomie verstehe ich eine positive Form der Eigenständigkeit, verbunden mit Selbstwertschätzung und der Fähigkeit, sich anderen gegenüber zu öffnen (Tress 1993). In einer neueren Untersuchung (Tscheulin/Dinsing 1991) wurde empirisch belegt, daß Bulimikerinnen demgegenüber in der Mehrzahl nur einen geringen Selbstwert besitzen, verbunden mit Gefühlen der Minderwertigkeit, Hilflosigkeit, Ineffektivität, Schuld, Selbstkritik und Selbstabwertung sowie Angst vor Ablehnung. Sie haben große Mühe, sich zu akzeptieren, für sich zu sorgen und sind sich selbst gegenüber in hohem Maße anklagend, verleugnend und verneinend. Es besteht zudem bei ihnen eine Neigung zu selbstdestruktivem Verhalten und hoher Selbstkontrolle. Diese Ergebnisse fand ich in meiner eigenen Erhebung im wesentlichen bestätigt.

In der Pubertät nun, in der sich die Mädchen ablösen müssen, sind sie in stärkerem Maße mit ihren Minderwertigkeitsgefühlen konfrontiert als im Schutz der Kindlichkeit. Müssen sie auf den äußeren Halt durch die Familie verzichten, dann fühlen sie sich einsam und verlassen. Sie besitzen kein stabiles Selbst, auf das sie zurückgreifen können und das ihnen Sicherheit gibt. Die Energie, die nötig ist, um sich abzulösen, wird in selbstzerstörerisches Verhalten kanalisiert in Form von Hungern, Überessen und Erbrechen oder sozialer Isolation. Die fehlende Autonomie und Selbstbestimmtheit kompensieren sie durch Anpassung und erlangen auf diese Weise Bestätigung und Anerkennung von außen. Diese stärkt zwar ihren Selbstwert, behindert jedoch gleichermaßen ihren Ablösungsprozeß.

Aufgrund ihres mangelnden Selbstwertgefühls und ihrer Angst vor Ablehnung trauen sie sich nicht viel zu und sind leicht zu verunsichern. Diese Unsicherheit wird noch unterstützt durch das Gefühl, daß die Eltern sowieso alles besser wissen und richtiger machen.

Oft wollen diese ihre Töchter nur vor negativen Erfahrungen schützen und schreiben ihnen daher vor, was sie tun und lassen sollen. Doch die Pubertät und Adoleszenz ist auch eine Zeit des Ausprobierens, Fehlermachens und Scheiterns. Das gehört zu jeder Entwicklung dazu und kann den Mädchen von keinen noch so rührenden Eltern abgenommen werden.

Meine Testbefragung von Eltern und magersüchtigen sowie bulimischen Töchtern – durchgeführt mit dem SASB, einem Test, der die Strukturen sozialer Beziehungen mißt und analysiert – gab Aufschluß darüber, daß es in eßgestörten Familien kaum Erlaubnis gibt, etwas falsch zu machen, etwas nicht zu wissen oder nicht richtig zu entscheiden. Alle stellen einen relativ hohen Perfektionsanspruch an sich, den sie erfüllen wollen. Und wenn sie ihn nicht erfüllen, werden sie von den anderen nicht unterstützt, sondern ernten hauptsächlich Kritik, Herabsetzung und Beschuldigungen. Bestätigung und Verstehen, liebevolle Annäherung und unterstützende Anleitung, die zu einem positiven Selbstwertgefühl und einer autonomen Persönlichkeit führen, rangieren in diesen Familien dagegen eher niedrig. Ich denke daher, daß es der Tochter helfen könnte, ihr Selbstwertgefühl aufzubauen, wenn sie spürt, daß sie nicht abgelehnt wird, wenn sie etwas falsch macht oder ›Mist gebaut‹ hat. Ein Familienklima, in dem die Tochter lernen und selbst entscheiden darf und die Eltern im Hintergrund verfügbar und zum Gespräch und zur Unterstützung bereit sind, wird dem Aufbau einer selbstbewußten Persönlichkeit förderlich sein. In diesem Sinne äußert sich auch eine betroffene Tochter:

Die Eltern sollten nicht so viel kontrollieren, sondern es mir überlassen, was ich tue und mich unterstützen, indem sie sich auf ein Gespräch einlassen, wenn ich sie bitte.

Na schön, werden Sie als Eltern jetzt vielleicht sagen, das möchten wir ja auch, aber wegen der Eßerkrankung können wir das nicht. Wie sollen wir es gutheißen, wenn die Tochter sich überißt, erbricht oder hungert?

Das sollen Sie gar nicht gutheißen. Bei der pubertären Entwicklung geht es um die allmähliche Übernahme von Verantwortung. Diese zu verhindern, nur weil die Tochter eine Eßstörung hat, würde bedeuten, das Symptom festzuschreiben und sie in der kindlichen Abhängigkeit zu halten. Auch eine magersüchtige oder bulimische Tochter hat die Aufgabe, Verantwortung für ihr Leben zu übernehmen und darüber hinaus auch für ihre Genesung. Auch wenn sie gerne noch Kind bliebe, so ist sie trotzdem auf dem Weg zur Erwachsenen. Das Kind in ihr braucht aber dennoch die wohlwollende Unterstützung der Eltern. Diese bezieht sich zum einen auf die Vermittlung von Wissen, wie sie bestimmte Probleme angehen und lösen kann, zum anderen auf die emotionale Zuwendung. Diese nimmt jedoch häufig ab, je älter sie wird, als sei sie hauptsächlich den Kindern vorbehalten. Viele Menschen verbinden mit dem Erwachsenwerden Eigenschaften wie Vernunft, Ernsthaftigkeit, Bedürfnislosigkeit, Mühen und Sorgen. Wünsche, Ausgelassenheit, Albernheit, Sorglosigkeit und emotionale Bedürftigkeit erlauben sich Erwachsene viel zu selten oder werden in dafür vorgesehene Räume verbannt wie Fasching, Urlaub, Feste und Freizeit. Im Alltag werden diese Sehnsüchte verdrängt und gegen einen ›grauen Alltag‹ eingetauscht.

Viele Eltern glauben möglicherweise auch, daß die heranwachsende Tochter ihre emotionale Zuwendung gar nicht mehr schätzt oder sie sogar ablehnt. Oder daß sie als Eltern die Bedürfnisse der Tochter nicht mehr erfüllen dürften, um sie nicht kindlich abhängig zu halten.

Wie wir in der therapeutischen Arbeit jedoch immer wieder erfahren, ist oft das Gegenteil der Fall. Eßstörungen sind, wie viele andere psychosomatische Krankheiten, unter anderem Ausdruck eines seelischen Hungers, der mit Essen oder noch mehr Hungern beantwortet wird. Die Magersüchtige hat gelernt, sich nichts mehr zu nehmen oder wenn, dann heimlich. Sie hat sozusagen ihren körperlichen Hunger besiegt und damit zugleich ihren seelischen Hunger ausgeschaltet. Die Bulimikerin versucht, ihre innere Leere mit Essen zu füllen und sich mangelnde emotionale Zuwendung über das Essen zu holen. Das wärmt sie von innen und gibt ihr das Gefühl, nicht allein zu sein.

Emotionale Zuwendung, die Erfüllung gefühlsmäßiger Bedürfnisse, Bestätigung und Verständnis füllen die Leere mit dem, was die Töchter emotional brauchen. Sie dienen darüber hinaus dem Aufbau von Autonomie und bereiten den Boden zur Aufgabe der Eßstörung.

So wäre es den Versuch wert, auf die kindlichen Bedürfnisse der Tochter einzugehen, wenn sie selbst darum bittet. Im obigen Beispiel würde das bedeuten, ihr vor dem Einschlafen etwas vorzulesen. So eine Situation schafft eine gefühlsmäßige Nähe, die nicht nur der Tochter, sondern auch Ihnen als Mutter oder Vater zugute kommen kann. Sie tun es zwar primär auf Wunsch der Tochter, aber vielleicht haben Sie selbst am Ende auch etwas davon. Zumindest wäre es eine Zeit, in der Sie weder miteinander kämpfen noch sich gegenseitig verletzen oder streiten. Wäre es diese Erfahrung nicht wert?

Vielleicht fällt diese Art der Zuwendung Eltern auch deshalb schwer, weil Mädchen in der Pubertät häufig mürrisch und unleidlich sind. Das hängt zum Teil damit zusammen, daß diese Entwicklungsperiode durch Widerstand und Auflehnung gegen die elterliche Autorität und ihr Wertesystem gekennzeichnet ist.

In einer Zeit, in der die Jugendlichen ihre eigene Identität suchen, müssen sie sich von den Eltern distanzieren. Je enger die emotionale Beziehung ist und je weniger die Tochter das Gefühl hat, selbstverantwortlich und eigenständig handeln zu können, um so massiver ist oft die Ablehnung der Eltern und um so intensiver fallen die Machtkämpfe aus. Wenn Macht unterdrückt oder zurückgedrängt wird, äußert sie sich in Machtkämpfen. Unter Macht versteht Sullivan »das expansive Streben des Kindes und Zustände, die durch das Gefühl des Könnens gekennzeichnet sind, das sich in einem sehr weiten Sinne auf alle Arten menschlicher Aktivität erstreckt.« (zit. nach Selvini Palazzoli, S. 91)

Statt ein Gefühl von Macht haben Magersüchtige und Bulimikerinnen den Eindruck, nichts richtig zu machen und nicht über ihr Leben bestimmen zu können. Sie spüren hauptsächlich die Angst vor Versagen, den Erwartungen anderer nicht zu entsprechen oder das Falsche zu sagen oder zu tun. Aus diesem Unzulänglichkeitsgefühl heraus kämpfen sie wie um ihr Leben. Eltern hält das auf Distanz, was die Töchter zum einen Teil auch bezwecken. Daß sich Eltern dann auch emotional zurückziehen und ihre Zuwendung zurückhalten, ist jedoch nicht beabsichtigt. Vielleicht ist der Wunsch der Töchter in diesem Satz zusammenzufassen:»Liebt mich, so wie ich bin, auch wenn ich mich von Euch ablöse, mich oft schrecklich aufführe und viele Fehler mache.«

Körperlich-sexuelle Entwicklung

Die Veränderung des kindlichen Körpers in der Adoleszenz ist ein wesentlicher Teil der Entwicklung zu einer weiblichen Identität. Hat ein Mädchen bereits eine weibliche Geschlechtsidentität ausgebildet, was schon zu Beginn des zweiten Lebensjahres beginnt, wird ihr das Hineinwachsen in die Frauenrolle leichter fallen, als wenn ein Mädchen sich entweder als Neutrum erlebt oder mehr als Junge definiert, wie es in vielen Fällen bei Eßgestörten, speziell Bulimikerinnen, der Fall ist.
»Mädchen beginnen sich als Mädchen zu beschreiben im Alter von 15 Monaten. Nun beginnt ein Identifikationsprozeß mit weiblichen Charakteristiken, wofür die Mutter als Model fungiert.« (Bell 1991) Mit Hungern oder Überessen und Erbrechen versuchen die Mädchen, ihre Körperformen willentlich zur Knabenhaftigkeit hin zu verändern. Wenn äußerlich nichts auf ihre Weiblichkeit hindeutet, müssen sie sich innerlich auch nicht als Frau oder werdende Frau definieren. Die Illusion ist, diesen Entwicklungsschritt auslassen oder hinauszögern zu können. Doch dadurch wird die Angst vor

dem Frauwerden immer größer und die Flucht in die Eßstörung immer wahrscheinlicher.

Die körperliche Entwicklung in der Pubertät ist mit viel Unsicherheit und Scham verbunden, so daß sie einer behutsamen Begleitung bedarf. Die Erfahrung der ersten Menstruation kann Mädchen unvorbereitet treffen und ihnen unnötig Angst bereiten. Ein unaufgeklärtes Mädchen wird Blutungen nicht einordnen können und vielleicht befürchten, krank zu sein. Sicherlich übernehmen heutzutage die Schule und die Medien einen Teil der Aufklärungsarbeit, so daß die Mädchen in den meisten Fällen die nötigen Informationen erhalten, auch wenn sie daheim nicht aufgeklärt werden. Doch oft ist der Lehrplan nicht identisch mit der Entwicklung des einzelnen Mädchens, und wenn es daheim kein Ohr und Verständnis findet, wird sie allein damit fertig werden müssen. Eine einfühlsame und angstreduzierende Aufklärung durch eine Vertrauensperson können weder die Schule noch die Medien ersetzen. Eine gute Beziehung zu einer weiblichen Person wie der Mutter, älteren Schwester, Tante oder dergleichen kann für Mädchen eine Orientierung bedeuten, ein Modell für das Frausein bieten und ihnen die ersten Schritte auf diesem Weg erleichtern.

»Eltern müssen mit ihren Töchtern darüber (über die körperlichen Veränderungen) sprechen, was mit ihnen vor sich geht, und sie müssen ihnen erklären, wozu das alles gut ist. Die Mädchen, die am besten informiert sind, haben die geringsten Probleme mit der Pubertät. Diejenigen, die am wenigsten vorbereitet wurden, fühlen sich am stärksten überrumpelt.« (Eagle/Colman 1995, S. 49)

Die körperliche Entwicklung geht mit der sexuellen einher. In der Pubertät beginnen die Jugendlichen, sich für das andere Geschlecht zu interessieren und gegengeschlechtliche Kontakte aufzunehmen. Damit ist auch die Scheu vor der Sexualität verbunden, gepaart mit Neugier und erstem Verliebtsein. Bald kann so etwas wie ein sozialer Druck entstehen, einen Freund oder eine Freundin haben zu ›müssen‹, um dazuzugehören. Mädchen, die noch Angst oder wenig Interesse verspüren, sich auf Jungen einzulassen, werden häufig in eine Außenseiterrolle gedrängt, die sie noch weiter von den anderen entfernt. Viele magersüchtige Mädchen berichteten mir, daß sie Angst vor dem Kontakt zu Jungen hätten und sich deshalb lieber ganz zurückziehen. Die Flucht in die Eßstörung ist auch eine Flucht vor der erwachenden Sexualität. Manche überspringen ihre Angst und gehen Beziehungen ein, nicht weil sie es wollen, sondern weil es an der Zeit sei. Solche Beziehungen sind aber nie von längerer Dauer, geschweige denn emotional befriedigend. Viele Mädchen fühlen sich dann vom Freund sexuell ausgebeutet oder fürchten sich so sehr davor, daß sie die Beziehung beenden.

Die körperlichen Veränderungen in dieser Zeit können jedoch auch »zur Quelle neuer Lusterfahrungen werden: Es wird möglich, den Körper auf eine neue Weise sinnlich zu erleben und als erotisch erregend zu erfahren, sexuelle Wünsche können auf eine neue Weise entdeckt werden.« (Flaake/John, S. 199) Leider eröffnet sich diese Möglichkeit nur sehr selten in eßgestörten Familien, in denen Sexualität häufig tabuisiert oder durch zu große Freizügigkeit schamhaft besetzt wird. Wenn Mütter ihren Töchtern gegenüber jedoch schon früh eine wohlwollende und wertschätzende Haltung bei der Selbsterforschung ihres Körpers einnehmen, können diese grundlegenden Erfahrungen die Basis für die positive Aneignung der eigenen Körperlichkeit in der Pubertät bilden.

Nach Flaake bietet die Adoleszenz die Möglichkeit einer ›zweiten Chance‹ für eine bisher nicht entwickelte körperliche Identität. Der Körper kann nun neu und als Ganzes erfahren und Teil der Person werden. Dazu brauchen die Mädchen jedoch einen geschützten Raum, in dem sie angstfrei ihre neue Körperlichkeit und sexuellen Impulse erleben können. Die Unterstützung der Mutter und einer weiblichen Vertrauensperson ist dabei nötig. Vertrauen und Offenheit können Angst und übermäßige Scham abbauen und Verständnis und ehrliche Antworten können dazu beitragen, daß zu der natürlichen Angst nicht noch die Furcht durch Unwissenheit hinzukommt, sondern die Möglichkeit zum lustvollen Erleben von Körperlichkeit entsteht. Der Körper dient als ›Arena‹ der weibli-

chen Entwicklung und ist gleichsam der Ort, der den neuen Entwicklungsschritt sichtbar macht. Er ist demnach auch derjenige, auf dem die damit zusammenhängenden Probleme ausgetragen werden.
»Der weibliche Körper wird für die Mädchen etwas sehr Widersprüchliches: Einmal ist er die Eintrittskarte für ein Leben in der Welt der Erwachsenen, auf der anderen Seite wird er zu etwas äußerst Gefährlichem. Das heranreifende Mädchen empfängt drei entscheidende Negativ-Botschaften: 1. ›Werde nicht schwanger.‹ 2. ›Paß auf, daß du nicht überfallen wirst.‹ 3. ›Gib acht, daß du nicht zu dick wirst.‹« (Krebs, S. 32)
Diese Identitätsverbote, wie es Krebs nennt, tragen zu den Schwierigkeiten bei, sich im Frausein zu verankern. Die bisherige Unversehrtheit des Körpers ist nun bedroht.
Noch schwieriger wird die Situation für Mädchen und Frauen, deren Körpergrenzen schon früh durch äußere Gewalt verletzt wurden, wie es bei körperlichem und sexuellem Mißbrauch der Fall ist. Ihre Angst vor erneuter Verletzung der körperlichen und seelischen Grenzen ist noch stärker. »Die Eßstörung nimmt vor diesem Hintergrund die Rolle einer Überlebensstrategie und eines Schutzmechanismus ein: Indem die Betreffenden gegen ihren Körper anhungern oder anfressen, versuchen sie, wieder Macht und Kontrolle über die geschändete und entfremdete, ungeliebte Hälfte ihres Ichs zu erlangen.« (Langsdorff 1995, S. 29)

Sexueller und körperlicher Mißbrauch

Eine gestörte sexuelle und körperliche Entwicklung hängt in vielen Fällen mit frühen sexuellen und körperlichen Mißbrauchserfahrungen zusammen. Circa 70 Prozent der von mir untersuchten bulimischen Patientinnen in einer psychosomatischen Klinik hatten einen sexuellen Mißbrauch erlebt (Wardetzki 1990). Die Formen des Mißbrauchs reichten von anzüglichen Reden und einem sexualisierten Familienklima über Onanieren vor den Augen oder zwischen den Beinen des Säuglings oder größeren Mädchens, gegenseitigem Berühren der Sexualorgane bis hin zum oralen oder vaginalen Verkehr.

Seitdem das gesellschaftliche Tabu etwas aufgebrochen ist, über sexuellen Mißbrauch zu sprechen, wird deutlich, wie viele Mädchen und Frauen davon betroffen sind. Bei vielen beginnt er sogar schon im Säuglingsalter und bleibt als vorsprachliche Angst und massive Verletzung bis ins Erwachsenenalter bestehen. Wirtz spricht im Zusammenhang mit sexuellem Mißbrauch von ›Seelenmord‹ und bezeichnet damit unmißverständlich, welche gravierenden Folgen dadurch auftreten. Die Täter sind in den meisten Fällen die Väter, Großväter, Onkel oder Freunde der Familie. Es können aber auch die Mütter sein (häufiger bei den Söhnen) oder Fremde. In der Regel sind die Täter den Kindern bekannt und sie haben eine vertraute Beziehung zu ihnen. Vielen Tätern ist gar nicht bewußt, welche Schäden sie anrichten, und wie sie die gesunde Entwicklung des Kindes zerstören können. Doch Säuglinge und kleine Kinder haben ein Gespür dafür, ob das Verhalten der Erwachsenen gewalttätig oder liebevoll ist. Sexueller Mißbrauch hat nie etwas mit Liebe zu tun, auch wenn es viele Täter zu ihrer Entlastung behaupten oder es für sich sogar so erlebt haben. Elterliche Liebe ist auf den Schutz und die Sorge des Kindes gerichtet und auf die Wahrung seiner seelischen, körperlichen und sexuellen Grenzen. Sexueller Mißbrauch dagegen soll den Täter befriedigen, seine Bedürfnisse nach Liebe, Wärme und Nähe erfüllen, ohne Rücksicht auf das Kind.

Wenn ein Mädchen nur Liebe bekommt, indem es seinen Körper zur Verfügung stellen muß, wird es sich nie ohne Scham und Schuld betrachten können und ein tiefes Mißtrauen gegen sich selbst und gegen intime Beziehungen zu anderen Menschen entwickeln. Als Erwachsene wird sie sich später entweder total verschließen oder dazu neigen, sich von anderen ausnutzen und erneut mißbrauchen zu lassen. Auf jeden Fall hat sie nicht gelernt, körperliche Grenzen aufzubauen und zu verteidigen und läuft Gefahr, immer wieder ausgebeutet und verletzt zu werden. Die Eßstörung ist für sie eine Möglichkeit, sich vor Übergriffen zu schützen, indem sie niemanden an sich heranläßt und ihren Körper so auszehrt, daß er unattraktiv wird. Das Erbrechen der Bulimikerin kann als Versuch gedeutet werden, den bösen Teil in sich, den sie durch den Mißbrauch verinnerlicht hat, aus sich herauszuwürgen.

Auch körperliche Züchtigung, Schlagen mit dem Stock, den Händen oder Fäusten, Schubsen und Treten und andere Arten von körperlicher Gewalt prägen sich im Menschen als tiefe Wunden und Verunsicherung der gesamten Persönlichkeit ein. Die Beziehung zum Körper wird sich bei jeder Art von Gewalterfahrung mit großer Wahrscheinlichkeit negativ entwickeln, da Kinder glauben, daß das Schlimme, das ihnen geschehen ist, mit ihnen zu tun hat. Sie müssen böse oder schlecht sein, sonst wäre ihnen das nicht passiert. Der Ort der Gewalt ist der Körper und der wird dann auch als schlecht und böse empfunden. Im Erwachsenenalter wird der Körper für seine Schlechtigkeit bestraft, indem die Frauen ihn aushungern, vollstopfen und dann zwingen, alles wieder zu erbrechen. Oder sie verletzen sich vorsätzlich, schlagen oder schneiden sich, beißen extrem Fingernägel, reißen sich die Nagelhaut weg, drücken sich ständig die Pickel im Gesicht aus, bis dieses anschwillt und sich Narben bilden.

Die Folgen von sexuellen Übergriffen in der Familie sind verheerend, aber auch das andere Extrem kann schädigend sein: Die Verleugnung des Körpers, körperlicher Lust und Sexualität. Häufig ist sie gepaart mit einer extrem religiösen Einstellung, die alles Körperliche verpönt. Spürt das Kind nun sexuelle Regungen und hört von den Eltern, daß Sexualität und Körperlichkeit sündhaft und schlecht sind, dann wird es sich automatisch selber als schlecht empfinden, weil es diese Gefühle hat. Daß sie natürlich und menschlich sind, erfährt die Tochter nicht.

Eine positive körperliche und sexuelle Entwicklung, die zu einer ausgeglichenen Persönlichkeit, zu einem erfüllten Sexualleben und einer guten Einstellung zum eigenen Körper und zur eigenen Person führt, wird unterstützt durch eine offene Erziehung, die jedoch auch Grenzen setzt und respektiert. Scham, die nicht respektiert wird, kann dem Mädchen ebenso schaden wie Verteufelung alles Lustvollen. Eßstörungen sind in der Regel mit einer negativen Einstellung zum Körper und zur Sexualität verbunden und in vielen Fällen deren Ausdruck.

Sollte der Verdacht vorliegen oder bekannt sein, daß Ihre Tochter durch eine Person außerhalb der Familie sexuell mißbraucht wurde, so ist eine Therapie notwendig, da die Betroffene mit diesem traumatischen Erlebnis in der Regel nicht allein fertig wird. Spricht Ihre Tochter nicht darüber oder war sie noch zu klein, um sich bewußt zu erinnern, so sollten Sie als Eltern diese Information den Therapeuten mitteilen, da es die Arbeit erleichtern kann. In den Fällen, in denen der Täter oder die Täterin nicht direkt aus der Familie stammt, ist die Angst, den Mißbrauch aufzudecken, vielleicht geringer. Frauen, die mißbraucht wurden, leugnen lange Zeit ebenso wie die Täter, daß die Tat jemals geschehen ist. Sie ist so unglaublich, daß sie meinen, sie würden es sich nur einbilden und womöglich falsche Beschuldigungen aussprechen. Es kann sogar so weit gehen, daß sie sich selbst als Lügnerin empfinden, obwohl ihr Gefühl etwas anderes ausdrückt. Die Vermutung, die eine Frau ausspricht, weist also mit großer Sicherheit darauf hin, daß ihr eine Form von Gewalt angetan wurde. Die Therapie kann in vielen Fällen aufdecken, was geschehen ist, oft bleibt die Vergangenheit jedoch im dunkeln. Eine sachliche Information, die die Befürchtung der Betroffenen bestätigt oder ihre Glaubwürdigkeit untermauert, kann eine enorme Entlastung und Gewißheit bedeuten, daß das, was die Frau spürt und vermutet, wahr ist. Schwieriger stellt sich die Situation allerdings in den Fällen dar, in denen Familienangehörige oder Verwandte die Täter waren, wenn also ein Inzest vorliegt. Eine Familie tendiert dazu, dieses Geschehen so zu verbergen, daß es durch niemanden entdeckt werden kann. Das Verbot, über den Mißbrauch zu sprechen, ist so tief verwurzelt, daß niemand aus der

Familie darüber reden wird. Meist ist es nur die Betroffene selbst, die ihn aufdeckt, sobald sie einen Verdacht hat.

Der Umgang mit sexuellem und körperlichem Mißbrauch in der Familie ist äußerst heikel und das Thema wird in den meisten Fällen nicht offengelegt. Im Gegenteil kann das die Beziehung zu den Eltern und der Familie erheblich stören. Dennoch kommt es manchmal zu einer späten Versöhnung mit dem mißbrauchenden Elternteil oder Familienangehörigen, manchmal bleibt eine unüberbrückbare Kluft. Auch die Beziehung zu anderen Familienmitgliedern, vor allem der Mutter, ist durch den Mißbrauch beeinträchtigt. Denn auch sie sind mehr oder weniger direkt mit dem Mißbrauch verbunden und haben ihn in irgendeiner Weise unterstützt, zumindest nicht verhindert. Abgesehen von den Fällen, in denen sie keine Ahnung haben konnten, daß die Tat geschah, haben sie eine Mitverantwortung und können bei dem Genesungsprozeß der Tochter helfen, indem sie den Mut haben, sich diesem Thema zu stellen.

Leichter gelingt vielen Betroffenen eine Verständigung über den Mißbrauchsverdacht oder das -erlebnis mit den Geschwistern, sofern diese nicht selbst Täter waren. Manche verbindet die Solidarität im gemeinsamen Schicksal, andere das Mitleid oder das Wissen um die Geschehnisse in der Kindheit. Das Verständnis und die Bereitschaft der Geschwister, zuzuhören und von ihren eigenen kindlichen Erfahrungen zu erzählen, kann eine große Erleichterung sein und die Betroffene entlasten und bestätigen.

Ich habe dem Thema des körperlichen und sexuellen Mißbrauchs einen so großen Raum gewidmet, weil ich in meiner Praxis viele betroffene Frauen behandele und erstaunt bin, wie häufig beides auftritt. Sicherlich sind die Schweregrade unterschiedlich, was die Taten jedoch weder rechtfertigt noch beschönigt. Gerade im Zusammenhang mit Eßstörungen liegt die Mißbrauchsrate so hoch, daß ich es für meine Aufgabe halte, das Thema offen anzusprechen. Wenn Sie sich nicht betroffen fühlen, dann war es vielleicht eine neue Information für Sie. Sollten bei Ihnen jedoch Zweifel auftreten, dann reden Sie mit Ihrem Ehepartner oder lassen Sie sich beraten.

Die Eßstörung als Machtmittel gegen den Partner?

In den bisherigen Kapiteln habe ich an den wesentlichen Stellen bereits immer wieder auf die Partner von magersüchtigen oder bulimischen Frauen hingewiesen. Nun möchte ich auf einige Punkte noch spezieller eingehen.

Die Beziehung von Bulimikerinnen und Magersüchtigen zu ihren Partnern stellt sich in der Regel problematisch dar. Zum einen hängt das direkt mit der Eßstörung und dem süchtigen Verhalten zusammen, zum anderen mit einer in diesem Zusammenhang speziellen Beziehungsdynamik, die auf einer tiefen Angst vor Nähe beruht. Nicht selten ist die Eßstörung auch Ausdruck von ungelösten Beziehungsproblemen. Die Schwierigkeiten der Partner im Umgang mit der Bulimie oder Magersucht ähneln im wesentlichen denen anderer Angehöriger.

Nach jedem Essen geht sie aufs Klo, und ich weiß, was sie da macht. Das regt mich immer mehr auf. Oder sie ißt so wenig, daß sie es gerade mal drinbehalten kann. Aber normal essen kann sie nicht. Nichts hilft, keine Kontrolle, keine Konfrontation, keine Versprechungen. Ich weiß nicht mehr, was ich tun soll!

Partner leiden meist unter Gefühlen von Hilflosigkeit, Wut und Verzweiflung und haben neben einem hohen Kontrollbedürfnis den sehnlichen Wunsch, die Partnerin möge mit dem Hungern oder Überessen und Erbrechen aufhören. Aber genau wie die Eltern, verstricken sie sich immer tiefer in ihre Co-Ahängigkeit, die das Problem nur noch verstärkt. Sie verhalten sich der Eßstörung gegenüber so, wie es die Eltern ihrer Partnerin früher taten und sind dabei ebenso verstrickt und ineffektiv wie diese. Auch die Illusion, alles in der Beziehung würde besser werden oder wäre in Ordnung, wenn die Eßstörung nicht wäre, verbindet sie mit den Schwiegereltern.

Diese scheinen überhaupt in vielen Fällen eine wichtige Funktion in der Partnerbeziehung zu spielen[8]:

1. Die magersüchtige oder bulimische Frau hatte gehofft, sich durch die Beziehung von ihrer eigenen Herkunftsfamilie lösen zu können, statt dessen bleibt sie weiterhin eng mit ihr verbunden, oft gemeinsam mit dem Partner, oder wird in seine Familie integriert.

2. Die Eßerkrankung oder deren Aufrechterhaltung ist für ihre Eltern ein Zeichen dafür, daß die Ehe ihr nicht guttut oder der Ehemann versagt hat. Indem er sich ihnen anpaßt, beweist er jedoch seinen guten Willen.

3. Damit hofft er auch, die Schwiegereltern zu seinen Verbündeten gegen die Eßkrankheit zu gewinnen. Er bildet mit ihnen eine Koalition gegen seine Partnerin, eine altbekannte Konstellation für sie, die jedoch zur Verfestigung des Symptoms beiträgt.

Häufig wird das Eßsymptom in Partnerschaften als Machtmittel gegen den Partner eingesetzt, im Sinne einer Erpressung: ›Wenn du nicht besser auf mich eingehst, dann muß ich hungern, mich überessen oder erbrechen.‹ Im Sinne einer Schuldzuschreibung definieren sie den Partner als Ursache für ihre Eßstörung, weil er sie entweder nicht genug liebt, sie nicht versteht oder nicht genügend auf sie eingeht. Die Vorstellung ist, daß sie nicht mehr hungern, fressen oder erbrechen müßte, wenn er sich nur mehr um sie kümmern würde. Doch dieses Denken entpuppt sich meist als Illusion und reine Verschiebung von Verantwortung.

Die Eßstörung kann auch als Mittel in einer Art Handel eingesetzt werden und als Gegengewicht zu einem zeitraubenden Hobby oder der Arbeit des Partners dienen: ›Ich lasse dir deine Arbeit, und du läßt mir mein Symptom.‹

Für eine bulimische Patientin von mir war ihre Sucht der Ausgleich für Sexualität: ›Ich gebe mich dir hin, auch wenn ich nicht will, dafür läßt du mich bei meinem Überessen und Erbrechen in Ruhe.‹

Wie sehr sie sich sowohl bei dem einen wie bei dem anderen schädigte, spürte sie lange Zeit nicht. Ebenso wie die Tatsache, daß auf so einer Basis eine Beziehung nicht gutgehen kann. Da oftmals die Partner von Anorektikerinnen oder Bulimikerinnen selbst süchtig sind, entsteht auf diese Weise eine Art Ausgleich: Er trinkt, spielt oder arbeitet süchtig, sie hungert, frißt oder erbricht, nimmt Abführmittel und trinkt möglicherweise auch. In einer solchen Verstrickung können die Partner gar nicht mehr wahrnehmen, wie sie sich schädigen, sondern kämpfen nur noch um die mächtigste Position, als wäre derjenige, der zuerst aufgibt, der Schwächere.

Sexuelle Schwierigkeiten und Nähe-Distanz-Probleme spielen in diesen Beziehungen eine wesentliche Rolle. Sicher gibt es auch Frauen, die trotz ihrer Eßstörung ein befriedigendes Sexualleben führen, aus meiner Erfahrung sind es jedoch die wenigsten. Viele können und wollen sich ihrem Partner nicht öffnen, speziell jene, die sexuelle Gewalterfahrungen gemacht haben. Wie magnetisch ziehen diese Frauen wiederum Männer an, die auch sexuelle Schwierigkeiten haben und oft süchtig mit Sexualität[9] umgehen. Dann wiederholt sich das alte Trauma aus der Kindheit und die Eßstörung ist der scheinbar einzige Schutz dagegen.

Die Nähe-Distanz-Problematik in Beziehungen von eßgestörten Frauen habe ich an anderer Stelle unter dem Titel Beziehungsdilemma beschrieben (Wardetzki 1991). Dilemma bedeutet eine Wahl zwischen zwei subjektiv unangenehmen Dingen: der Nähe oder der Distanz. Wählen die Frauen die Nähe, bekommen sie Angst, verschlungen oder vereinnahmt zu werden. Wählen sie die Distanz, fürchten sie das Alleinsein und werden depressiv. Wie auch immer sie sich entscheiden, es ist ihnen nicht möglich, eine erfüllte Zweierbeziehung einzugehen, obwohl ihre ganze Sehnsucht danach strebt. Ihre mangelnde Autonomie und ihre tiefe Sehnsucht nach Liebe und Angenommensein führt dazu, daß sie in Zweierbeziehungen häufig mit dem Partner verschmelzen. Sie machen sich seelisch abhängig von ihm, meinen, ohne ihn nicht leben zu können und reagieren auf jede Trennung mit panischer Angst. Je eigenständiger der Partner sich gibt, um so stärker klammern sie sich an ihn. Wendet er sich jedoch der Frau zu, ist für sie erreichbar und umsorgt sie, dann setzt die Angst vor Nähe ein, die Angst, sich wirklich auf einen anderen Menschen einzulassen. Sie befürchten ›aufgefressen‹ oder verlassen zu werden und nicht mehr sie selbst sein zu können. Um Distanz zu schaffen, brechen sie einen Streit vom Zaun oder beginnen, die Beziehung und den Partner abzuwerten. Sobald dieser sich dann zurückzieht, erhöht er damit seine Attraktivität und die Frau beginnt erneut, sich ihm anzunähern. Wenn sich die Paare nicht trennen, dann können sie dieses Beziehungsmuster oft über Jahre hinweg beibehalten.

Es ist die typische Beziehungsform, bei der immer einer der Partner davonläuft und der andere hinterher, und je mehr er hinterrennt, um so weiter entfernt sich der andere, egal ob Frau oder Mann. Was dadurch vermieden wird ist Intimität, die beide in der Regel nicht fähig sind auszuhalten und zu erleben. Im Grunde sind die Partner sich in ihrer Angst vor Nähe ähnlich, was das Zusammenkommen noch erschwert. In dieser Dynamik spielt die Eßstörung die Rolle, Distanz zu schaffen und sich einen Freiraum gegen zuviel Nähe zu ›erhungern‹ oder zu ›erbrechen‹. In Zeiten der Verlassenheitsangst ist das Hungern, Überessen oder Erbrechen für die Betroffenen eine Möglichkeit, ihre Gefühle zu kontrollieren, die sie glauben, nicht aushalten zu können. Sie beruhigen sich und füllen sich mit Nahrung, die sie über ihre Einsamkeit und innere Leere hinwegtrösten soll. Im Grunde ist das die einzige Form, die sie kennen, um sich ›etwas Gutes zu tun‹.

In der Beziehungsstörung zeigt sich also erneut der Konflikt zwischen Abhängigkeit und Selbständigkeit, der so charakteristisch für eßgestörte Frauen ist. Die Lösung liegt für sie im Leben der Extreme: entweder vollkommen abhängig und im anderen bis zum Verlust der eigenen Identität aufgehen oder in totaler Distanz zum anderen, autonom, aber allein. Autonomie in einer Beziehung ist ihnen fremd.

Die Unabhängigkeit funktioniert jedoch bei den meisten im Beruf und in weniger engen Beziehungen gut. Sie verlieren sie dann, wenn der Kontakt ganz nah wird und der Wunsch nach symbiotischer Verschmelzung auftaucht. In einer gewissen Distanz können sie unabhängig sein, aber nicht in der Nähe. Das weist auf ihren Mangel an Autonomie im Sinne von Eigenständigkeit und Unabhängigkeit hin. Denn wahre Autonomie bleibt auch in der Nähe bestehen.

Eine weitere Quelle für das Beziehungsdilemma, das besonders für Bulimikerinnen zutrifft, ist die Diskrepanz zwischen äußerlichem Selbstbewußtsein der Frau und starken Abhängigkeitstendenzen. Die Frau, die zuerst so selbstsicher wirkte, wird abhängig, anklammernd und unselbständig: Sie paßt sich stark dem Mann an, denkt nur noch an ihn, macht nichts mehr allein. Sie verliert sich regelrecht im anderen und spürt sich nicht mehr als unabhängige Person. Die Frau kommt dabei so sehr unter Druck, daß sie die Beziehung abbricht oder die Spannung im Eßsymptom kanalisiert. Für den Mann bedeutet das oft eine große Enttäuschung, da er erwartete, eine selbständige Partnerin zu treffen, von der er womöglich mehr Eigenständigkeit und innere Abgegrenztheit erhoffte, als er selbst besitzt. Nun sieht er in ihr sein eigenes Spiegelbild eines in seinem Selbstwertgefühl verwundeten Menschen, der nach Zuwendung hungert, aber sowenig geben kann.

In meiner Testbefragung von Angehörigen und Betroffenen wurde deutlich, daß sich die Männer und Frauen gleichermaßen Partner suchen, die sie ebenso frustrieren wie ihre Mütter oder Väter. Die Hoffnung, vom Partner oder der Partnerin die Zuwendung und bedingungslose Annahme zu erhalten, die sie früher von ihren Eltern entbehrten, zerplatzt, da beide in demselben Maße emotional bedürftig und verletzt sind. Die Folge ist, daß sich die Partner trennen, um bei jemand anderem das zu finden, was sie suchen, oder daß sie sich in einer nicht erfüllenden Beziehung arrangieren und in ihrer Sucht, ihrer Arbeit oder ihren intensiven Hobbys eine Ersatzbefriedigung suchen. Im Grundmuster erinnert diese Beziehungskonstellation an die der Eltern eßgestörter Frauen.

Wie in der Herkunftsfamilie, so dient auch in der gegenwärtigen Beziehung das Eßsymptom der Stabilisierung der Beziehung und verhindert auf diese Weise eine Veränderung der Beziehungsstrukturen. Das Symptom verdeckt die ›eigentlichen‹ Schwierigkeiten, die das Paar miteinander hat und die gelöst werden müssen, statt sich nur am Eßverhalten oder dem Gewicht ›festzubeißen‹.

Was können Partner nun tun, wie sollten sie reagieren? Das meiste von dem, was ich Familien und Eltern bisher geraten habe und im III. Teil dieses Buches noch einmal ausführlich darstelle, gilt auch für sie. Das Wesentliche ist, die Beziehung zur Partnerin kritisch zu beleuchten und die Bedeutung des Eßsymptoms für das System zu erkennen. Welche Rolle spielen Sie als Partner bei der Aufrechterhaltung der Eßstörung, und welche Probleme bestehen zwischen Ihnen als Beziehungspartner?

Versuche, Ihre Partnerin zum Essen zu bewegen oder sie vom Überessen und Erbrechen abbringen zu wollen, sind vergebliche Liebesmüh und ändern nichts an der Bulimie oder Magersucht. Geben Sie die Genesung der Eßkrankheit in die Hände der Partnerin und ihrer Therapeutin und überlegen Sie mit ihr zusammen, welche Wege es gibt, mehr Gemeinsames zu erleben und die Entfremdung aufzuheben. Wenn spürbar wird, daß die Beziehung in einer dauerhaften Krise steckt, der aus eigener Kraft nicht beizukommen ist, haben Sie den Mut und suchen Sie zusammen eine Beratung auf. Hier werden dann die wesentlichen Themen angesprochen, so daß eine Bearbeitung und Veränderung möglich ist.

Die Rolle von Schule und Peergroup[10]

Bei der Suche nach den Ursachen für die Magersucht oder Bulimie erwähnen die Eltern immer wieder die Schule und den Streß, den die Töchter mit dem Lernen und den Leistungsanforderungen haben. Ein Vater meinte:

Ich glaube, der Schulstreß ist die Grundlage für ihren Streß, und den verträgt sie nicht. Seit der letzten Klasse hat sie Probleme in der Schule. Jetzt nimmt sie Nachhilfe, hat viel Stoff nachgeholt und nun gute Noten. Ich glaube, sie hat Angst, das alles nicht zu bewältigen.

Eine Mutter entgegnet ihm:

Da gibt es nicht eine Ursache. Daß sie keinen Streß verträgt, hat unsere Tochter auch gesagt, aber ich glaube, der Schulstreß ist nur das Pünktchen auf dem i.

Eine andere Mutter resümiert:

Der Auslöser für die Krankheit war ein Schulwechsel. Sie mußte in der Probezeit von der Realschule runter, und das war so ein wahnsinniger Einschnitt für sie, daß sie kurz darauf magersüchtig wurde. Aber der Grund, worunter sie leidet, liegt in der Familie begraben.

Die schulischen Anforderungen an die Jugendlichen sind ebenso hoch wie der Druck, einen guten Schulabschluß zu machen, um später eine aussichtsreiche berufliche Laufbahn einschlagen zu können. Ohne qualifizierte Schulbildung engen sich die Möglichkeiten ein, eine gute Berufsausbildung und den gewünschten Beruf zu ergreifen. Die Sorge der Eltern kann dann leicht dazu führen, daß sie, ohne es zu merken, Druck auf die Tochter ausüben. Gerade in Familien, in denen ein hohes Leistungsideal herrscht, wie es in vielen eßgestörten Familien der Fall ist, sieht sich die Tochter gezwungen, hohe Ansprüche an sich zu erfüllen.

Aber auch sie selbst setzt sich unter Druck, besonders gut zu sein, wenn nicht sogar die Beste. Der schulische Ehrgeiz der Magersüchtigen ist ja fast schon legendär. Auch Bulimikerinnen unterwerfen sich einem Perfektionsanspruch, der oftmals unmenschlich und unerfüllbar ist. Er wird genährt durch die Selbstwertschwäche eßgestörter Mädchen und ihre panische Angst, Fehler zu machen und zu versagen.

Auf diese Weise wird der sowieso schon bestehende Leistungsdruck durch die Schule noch verstärkt und kann zu einer Überforderung führen, die die Mädchen nur schwer aushalten. Das Eßsymptom kann in diesem Zusammenhang ein Mittel sein, um den Streß auszuhalten und die Leistung trotz Überforderung zu erfüllen. Hungern, Überessen und Erbrechen dienen dazu, Gefühle der Angst und des möglichen Versagens zu verdrängen, sorgen aber auch für eine gewisse Entlastung von dem Druck. Gerade das Erbrechen wird von den Betroffenen als eine körperliche Entlastung und Entspannung erlebt. Wenn der Leistungsdruck nicht seelisch verarbeitet werden kann, schlägt er sich als körperlicher Druck nieder und muß auf dieser Ebene abgeführt werden. Seelisch verarbeiten hieße zum Beispiel, die Ängste vor Versagen mitzuteilen und mit den Eltern zusammen den Leistungsanspruch zu besprechen. Das gelingt natürlich leichter, je bewußter die Eltern sich über ihren eigenen Leistungsanspruch sind und diesen hinterfragen können.

Die Schule hat jedoch nicht nur einen Leistungsaspekt, sondern auch eine große Bedeutung für das Sozialverhalten. Sie ist der Ort, an dem Freundschaften geschlossen und Feindschaften ausgetragen werden und wo die Kinder und Jugendlichen lernen müssen, sich auseinanderzusetzen und soziales Verhalten einzuüben. Die Rolle der sogenannten Peergroup, also der Gruppe der Gleichaltrigen, ist wesentlich für die Entwicklung der Jugendlichen. Hier begegnen sie neuen Werten und Einstellungen, fühlen sich vielleicht mehr verstanden als von den Eltern, finden Unterstützung oder Konfrontation und erleben sich durch die Gruppe von einer anderen, womöglich für sie ganz unbekannten Seite. Die Gleichaltrigen machen ihnen vielleicht aber auch angst und sind Grund dafür, sich mit ihnen zu vergleichen. In der Regel schneiden eßgestörte Mädchen in ihrer Selbsteinschätzung schlechter ab: Sie finden die anderen hübscher, schlanker, intelligenter, beliebter und attraktiver. Sie selbst werten sich ab, halten nicht viel von sich und reagieren daher auch viel kritischer auf ihre Körperrundungen. Allein das Gefühl, zu dick zu sein, macht sie in ihrer Vorstellung noch unattraktiver, weniger anziehend und zwingt sie, schlank zu werden. Auch leistungsmäßig müssen sie sich und anderen beweisen, daß sie gut oder vielleicht sogar besser sind. Fehler und Versagen treffen sie tief und verstärken ihre sowieso schon ausgeprägte Selbstabwertung.

Die Eßstörung entfremdet die meisten Magersüchtigen und Bulimikerinnen im Laufe der Zeit von den Gleichaltrigen. Zuerst treffen sich die Mädchen mit den anderen in ihrem Wunsch, schlank zu sein und geben sich gegenseitig Tips, wie sie am besten abnehmen können. Nicht wenige erfahren in der Schule den Trick des Erbrechens als Gewichtsregulator oder die Möglichkeit, überhaupt nichts mehr zu essen. Ist die Erkrankung jedoch weiter fortgeschritten, isolieren sich die Mädchen immer häufiger, haben Angst, mit den anderen ins Schwimmbad zu gehen, weil sie sich nicht im Badeanzug zeigen wollen oder sich zu dick fühlen. Auf der einen Seite beklagen sie ihre Isolation, beschweren sich, daß sie niemand anruft oder einlädt, auf der anderen Seite schlagen sie viele vor den Kopf, indem sie sich zurückziehen und nichts mitmachen. Die Folge ist oft eine starke Anbindung an die Familie, hauptsächlich an die Mutter.

Neben den Beziehungen zu den Gleichaltrigen spielen die Kontakte zu den Lehrern für die seelische Entwicklung eine wesentliche Rolle. Die Mädchen lernen, sich mit Erwachsenen zu verständigen, die nicht zur Familie gehören und eine Machtposition einnehmen. In den meisten Fällen tendieren Eßgestörte dazu, sich den ausgesprochenen oder vermeintlichen Erwartungen der Lehrer anzupassen und ein gutes Bild abzugeben. Sie sind selten aufsässig und passen sich an, in der Hoffnung, Anerkennung und Zuneigung zu erhalten. Auf Ablehnung oder Kritik von den Lehrern reagieren sie mit großer innerer Verunsicherung und Angst. Eine negative Beziehung zu einer Lehrerin oder einem Lehrer kann die innere Sicherheit eines Mädchens so beeinflussen, daß sie in ihrer Selbsteinschätzung stark verunsichert wird. Kommen noch Probleme mit Gleichaltrigen hinzu, kann die schulische Situation für sie unerträglich werden.

Oft wünschen sich die betroffenen Mädchen, von ihren Freundinnen oder Klassenkameraden auf ihre Eßstörung hin angesprochen zu werden, auch um erklären zu können, warum sie sich so abweisend verhalten. Doch in den seltensten Fällen geschieht dies, auch wenn sie stark abgemagert oder auffällig dünn sind. Dadurch wird ihre Außenseiterposition noch verstärkt und ihr Selbstwertgefühl sinkt. Sie fühlen sich nicht angenommen, nicht in der Gruppe, obwohl sie sich danach sehnen. Als Reaktion suchen sie die Einsamkeit in der Eßerkrankung, die sie aber immer mehr von den anderen wegbringt. Ein Teufelskreis, den auch die Lehrer nur selten durchbrechen, indem sie mit der Magersüchtigen oder Bulimikerin sprechen. Viele würden es sicher tun, sind aber oft nicht über die Eßerkrankung aufgeklärt, beispielsweise durch die Eltern, und wissen darum nichts über die Probleme der Mädchen. Daher wäre eine Zusammenarbeit von Eltern und Lehrern sinnvoll, um den Betroffenen effektiver zu helfen. Doch die Scham der Eltern über die Erkrankung der Tochter ist oft so hoch, daß sie diese lieber verheimlichen als dem Lehrer gegenüber offenzulegen.

Auch die Lehrerfortbildung über den Umgang, über Erscheinungsformen und Hintergründe von Eßstörungen könnte ihrerseits helfen, Barrieren und Ängste bei den Lehrern abzubauen und eine offenere Kommunikation möglich zu machen.

Die Schule ist eine gesellschaftliche Institution und hat einen Erziehungsauftrag. Leider sind ihre Strukturen zum größten Teil so geartet, daß die Wissensvermittlung im Vordergrund steht und die sozialen und emotionalen Belange von Schülern und Lehrern zu kurz kommen. Es gibt im Lehrplan kaum Platz für persönliche Suchtprobleme außer einer Aufklärung über die Gefahren von Alkohol, Drogen und Rauchen. Schüler, die keine Schwierigkeiten machen, fallen nicht auf, ebensowenig wie ihre Eßstörung. Magersüchtige und Bulimikerinnen sind unauffällig und oft sogar fleißige Schülerinnen. Wer käme darauf, daß sie Probleme haben, und wer sollte damit umgehen?

Auch gibt es noch kein Fach, das sich mit den aktuellen persönli-

chen Themen der Schüler befaßt, und unter anderem den Schlankheitswahn, das Eßverhalten, Diäten und Selbstunsicherheit zum
Unterrichtsgegenstand hat. Schade, es könnte dazu beitragen, mehr
Bewußtheit zu schaffen und dem einen oder anderen Mädchen
ermöglichen, früher aus dem Zwang zur Schlankheit auszusteigen.

Der Schlankheitswahn beginnt immer früher

Unsere Vorstellungen von Schönheit und Attraktivität hängen nicht
nur vom persönlichen Geschmack und von individuellen Vorlieben
ab, sondern unterliegen in großem Maße gesellschaftlicher Prä-
gung, auf die wir mehr oder weniger unbewußt reagieren und auf
die wir nur wenig Einfluß haben. An den aktuellen Modetrends
wird dieser Mechanismus besonders deutlich. Je nachdem, was sich
die Modemacher für die nächste Saison ausdenken, tragen wir lange
Röcke oder Minis, Schulterpolster in oversized Sackos oder eng
taillierte Jacken mit schmalen Schultern. Es gibt Modefarben,
-schnitte, -stoffe und -muster, die das Bild der neuesten Kollektion
prägen und bestimmen, was wir in unseren Kleiderschränken hängen haben. Unsere Wahl, wie wir uns kleiden wollen, wird zum
Großteil durch das angebotene Sortiment bestimmt und nur zu
einem gewissen Grad durch unsere Vorstellungen. Die Freiheit, zu
tragen was wir wollen, ist von vornherein eingeschränkt, auch wenn
sie gerade in unserer heutigen Zeit paradoxerweise sehr groß ist.
Mit dem Schönheitsideal verhält es sich in ähnlicher Weise wie mit
der Mode: Es ist dem Zeitgeist unterworfen. Je nachdem, in welchem Land und in welcher Zeit wir leben, werden wir unterschiedliche Ideale finden, an denen die Schönheit der Menschen gemessen
wird. In unserer heutigen Kultur herrscht das sogenannte Schlankheitsideal. Wer also heute dem Schönheitsideal entsprechen will,
darf keinen Bauch und keine starken Hüften haben und sollte eine
schlanke Taille und einen Busen besitzen. Wer sich einmal die

179

Barbie Puppe angesehen hat, findet das Ideal in ihr wieder: ein eher maskuliner, fettloser, durchtrainierter Körper mit straffen Brüsten. Denn die heutige Fitneßgesellschaft fordert neben Schlankheit, daß der Körper durchtrainiert und auch ein bißchen muskulös sein sollte, sportlich fit und kraftvoll.

Erinnern nicht viele Merkmale des idealgeformten Körpers an das, was auch Magersüchtige und Bulimikerinnen erstreben? Da darf kein Gramm Fett zu sehen sein, alle runden, weiblichen Formen wie Bauch, Po und Hüften werden abgelehnt und weggehungert und ein eher knabenhafter Körper wird angestrebt. Mit Fitneß und oft übermäßigem Sport soll den ungeliebten Rundungen ›zu Leibe gerückt‹ werden. Sogar der Busen ist oft Anlaß zu Klagen und Minderwertigkeitsgefühlen, meist bei den jüngeren, in der Pubertät stehenden Mädchen. Später wird er mehr akzeptiert, sicher nicht ohne Seitenblicke auf das von Jugendlichen momentan bewundertste Model Claudia Schiffer. Sie verkörpert für die Heranwachsenden ein lebendiges Ideal, viele wollen so aussehen wie sie. Um das zu erreichen, unterwerfen sie sich Hungerkuren und Fitneßtrainings auch auf Kosten ihrer Gesundheit und ihres Wohlbefindens.

Im Spiegel 6/1995 war diesen Sommer folgendes zu lesen:»Kate Moss, 21, englisches Top-Model mit Minimalmaßen, wurde auf dramatische Weise mit den Auswirkungen des von ihr geprägten Schlankheitslooks konfrontiert. Als der Daily Express Fotos der 17jährigen Claire O'Sullivan veröffentlichte, die sich nach ihrem Vorbild Moss auf ganze 32 Kilo heruntergehungert hatte, richtete Moss einen persönlichen Appell an die Studentin: ›Bitte, bitte, iß wieder normal. Ich mache auch keine Diät‹, ließ sie wissen, ›meine Figur kommt nur vom Training. Ich selber wiege ja auch mehr, nämlich 54 Kilo.‹« Als Topmodel muß sie jedoch auch sehr groß sein, vermutlich um die ein Meter achtzig, wofür vierundfünfzig Kilo ein Untergewicht von circa zehn Kilo bedeuten.

Viele Models entwickeln Eßstörungen, um ihre Traummaße zu bewahren oder halten sich mit übermäßigem Körpertraining dünn. Ihr Körper ist ihr Kapital, und er muß extrem schlank bleiben. Viele schnupfen zusätzlich Kokain, um ihren Hunger zu unterdrücken und den Streß und Konkurrenzkampf auszuhalten. Es ist nicht leicht, immer den Wunsch nach Essen zu unterdrücken, oft ist das nur durch Erbrechen und Drogen möglich.

Die Einstellung, die wir zum weiblichen Körper und dessen Aussehen in uns tragen, bestimmen gesellschaftliche Schönheitsvorstellungen, die sich an der linearen Körperrealität des Mannes orientieren: ungerundet und ohne viel Veränderung vom Knaben zum Greis. Dieses Maß wird Frauen jedoch nicht gerecht, da es das biologisch Weibliche nicht berücksichtigt. Die Fettverteilung bei der Frau ist beispielsweise eine andere als beim Mann und hat auch einen ursprünglichen Sinn: Das Fettgewebe schützt an den Brüsten die Milchdrüsen und polstert am Bauch die Gebärmutter ab. Im Fettgewebe an Hüften und Oberschenkeln wird ein Teil der Östrogene gebildet. Alles Funktionen, die für den Mann nicht wichtig sind, aber die Realitä der Frauen bestimmen. Wenn wir versuchen, uns darüber hinwegzusetzen, müssen wir Teile unserer weiblichen Identität verleugnen und statt dessen einem männlich orientierten Ideal folgen, das der Frau jedoch nicht gerecht wird und sie in ein unsichtbares Korsett einsperrt.

Wie oft habe ich Frauen sehnsüchtig von der Rubenszeit schwärmen hören, in der dicke Frauen als schön und sinnlich galten und so sein konnten, wie sie waren. Dahinter steht der Wunsch, endlich aufhören zu dürfen, diesem, für die meisten nur mit Mühe oder gar nicht erreichbaren Schlankheitsmaßen hinterherhungern zu müssen.

Vielleicht steckt ein solcher Wunsch auch in der Aussage dieses magersüchtigen Mädchens:

Irgendwie ist das ja so, daß man schlank sein muß. Aber ich finde das schrecklich mit den Models. Ich hätte gerne, daß sie nicht so dünn sind, sondern normal.

Für viele junge magersüchtige und bulimische Mädchen und Frauen ist indes die Vorstellung eines runden Körpers mit Ekel und Abscheu verbunden. Sie wissen oft gar nicht, welchem entfremdeten

Ideal sie nacheifern. Daher ist es um so wichtiger, daß wir es uns und ihnen bewußtmachen. Wenn wir erkennen können, daß ein Teil unseres Strebens nach Schlankheit weniger mit uns als mehr mit gesellschaftlichen Vorgaben zu tun hat, können wir uns eventuell leichter für uns selbst entscheiden, was auch heißt, nicht unbedingt ein Ideal zu verkörpern, sondern uns mit unseren ›kritischen Stellen‹ anzunehmen.

Wie tief verankert jedoch die Suche nach äußerer Schönheit durch Schlanksein ist, zeigt, daß immer jüngere Mädchen und Jungen ihr Essen zügeln und sich übermäßige Gedanken um ihre Figur und ihr Aussehen machen. Das kann zu einem Schlankheitswahn führen, der über den Wunsch, hübsch aussehen zu wollen, weit hinausgeht.

»In der Altersgruppe der neun- bis 14Jährigen seien 25 Prozent von Eßstörungen betroffen. Acht Prozent der Jugendlichen sind lebensbedrohlich erkrankt.« (Ärzte Zeitung 14./15.6.1991)

Sicherlich kann das Schönheitsideal allein nicht für den starken Anstieg von Eßstörungen bei Kindern, Jugendlichen und Erwachsenen verantwortlich gemacht werden, aber es ist dennoch ein wichtiger Faktor im Gesamtgefüge, den wir nicht unterschätzen dürfen. Eine bulimische Jugendliche sagte:

Ich finde Schlanksein auch sehr erstrebenswert. Ich bin auch damit aufgewachsen. Meine Mutter ist Kosmetikerin, und da war immer um mich rum alles so schön. Bei uns liegen auch viele Modezeitschriften rum. Mit vierzehn habe ich von meiner Mutter die ›Miss Vogue‹ bekommen, das ist die Zeitung für die Töchter der ›Vogue‹-Leserinnen. Ich bin halt immer mit diesen Bildern aufgewachsen, so mußt du ausschauen, das ist schön. Schlanksein ist Schönsein.

In diesem Zusammenhang sei auch auf familiäre Schönheitsideale hingewiesen, die sich die Töchter gezwungen fühlen zu erfüllen oder sich mit Übergewicht dagegen zu wehren. Vor allem, wenn die Mutter eine attraktive und schlanke Frau ist, eifern die Töchter ihr nach. Häufig entwickelt diejenige Tochter eine Eßstörung, die glaubt, dieses Ideal nicht zu erreichen. Mit Fasten oder Erbrechen kann sie sich ›künstlich‹ attraktiv machen, mit Gewichtszunahme dokumentiert sie entweder ihren Protest oder ihre Kapitulation. Doch trotz aller Bemühungen erreichen die meisten ihr Ziel nicht und sind unzufrieden, wie sie aussehen.

Auf meine Frage an drei eßgestörte Mädchen, wer von ihnen das gesetzte Schlankheitsideal erreicht habe, sagt die Bulimikerin: »Nein, ich bin zu dick«. Real ist sie eine attraktive, schlanke junge Frau, die einen wohlgeformten Körper hat.

Die magersüchtigen Mädchen antworteten auf diese Frage: »Nein, wir sind eher zu dünn.«

Egal, was sie tun, sie sind nie gut genug, so wie sie sind. Sie sind zu dünn oder zu dick, aber nie richtig.

Gerade die unbewußte Weise, in der das Schönheitsideal wirkt, macht es so schwer faßbar und veränderbar. Es sagt ja niemand direkt: »Du entsprichst nicht dem Schönheitsideal, nimm ab.« Wenn wir aber die nächste Modezeitschrift aufschlagen, sehen wir zuerst die dünnen Models, weiter hinten die ›Mode für die Dicken‹, die selten wirklich dick sind und häufig eher so aussehen wie die meisten Frauen. Am Ende stehen dann die neuesten Diät- und Fitneßvorschläge für eine schlanke und schöne Figur.

»Die Ideale von Gesundheit, Schönheit, Intelligenz und angemessenem Verhalten sind sicher weitgehend gesellschaftlich definiert. Aber sie brauchen uns nicht erst aufgezwungen zu werden. Wir haben sie verinnerlicht und reproduzieren sie als unsere.« (Zitat unvollständig. Aus: van den Daele, zit. nach Beck-Gernsheim 1991)

Wir glauben, daß das Schlankheitsideal auch unseres ist, weil wir es verinnerlicht haben und zu selten in Frage stellen. Auch die Werbung unterstüzt mit ihren Slogans und dünnen Models die Vorstellung, eigentlich müßte ›Frau‹ abnehmen. Die Krux ist, daß die wenigsten Frauen trotz vieler Bemühungen dem Schlankheitsideal entsprechen und doch machen die meisten mit. Das Ergebnis ist oft Frustration über die eigene Willensschwäche oder Unfähigkeit, die das Selbstwertgefühl der Frauen untergräbt.

»Körpererziehung ist die Erziehung schlechthin. Unser Körper ist die physische Grundlage, von der aus wir uns in die Welt begeben. Unwissenheit, Unsicherheit, im schlimmsten Fall sogar falsche Scham über unseren Körper entfremden uns von uns selbst und hindern uns daran, vollwertige Menschen zu sein. Frauen, die nicht ins Bild passen, erfahren schmerzhaft die Abschätzigkeit, die Ängste und den Haß, die es so gut wie jeder Frau schwermachen, sich selbst zu lieben und anzunehmen.« (The Boston Women's Health Book Collective 1988)

Naomi Wolf bietet als Lösung eine leicht provozierend klingende, aber bedenkenswerte Alternative an: »So, wie der Schönheitsmythos sich nicht ernstlich darum gekümmert hat, wie die Frauen aussahen, Hauptsache sie fanden sich häßlich, müssen wir, um ihn zu überwinden, erkennen, daß es egal ist, wie Frauen aussehen, Hauptsache sie finden sich schön.« Das Ziel für uns Frauen und auch immer stärker für die Männer ist, daß wir ein Gefühl für unsere individuelle Schönheit und unseren Körper entwickeln und dadurch unabhängiger von äußeren Idealvorstellungen werden. Das eigentliche Problem am Schönheitsdiktat ist nicht die Tatsache, ob Frauen abnehmen oder nicht und ob sie sich schminken oder nicht, sondern, daß sie keine andere Wahl haben. Wenn sie sich nur dann attraktiv finden, wenn sie dünn sind und hungern, um ihre Identität zu wahren. Frauen sind frei vom Schönheitsdiktat, wenn sie sich frei dafür entscheiden, ihr Äußeres und ihren Körper als eine von vielen Ausdrucksmöglichkeiten einzusetzen.

Eine narzißtische Gesellschaft

Das Streben nach Schönheit, Schlankheit und Erfolg ist ein hohes Gut in einer Gesellschaft, die sehr an Äußerlichkeiten und Statussymbolen orientiert ist, wie die westlichen Industriegesellschaften. Wir als Mitglieder dieser Gesellschaft erheben verständlicherweise dieselben Werte zum Maßstab unseres Tuns, da wir uns Anerkennung und Erfolg wünschen. Anerkennung glauben wir durch gutes Aussehen, Erfolg durch Leistung zu erwerben.

An diesem Prinzip ist im Grunde nichts auszusetzen, außer es nimmt Formen an, die die Menschen schädigt und sie unglücklich macht. Ein übertriebenes Leistungsideal birgt beispielsweise die Gefahr in sich, Arbeit vor Beziehungen zu stellen und die meiste Bestätigung aus Erfolgen und leistungsorientiertem Tun zu ziehen. Dabei können die zwischenmenschlichen Kontakte und der Wunsch, sich anderen Menschen zu öffnen, verkümmern. Oder die Beziehungen zu anderen werden möglicherweise unter demselben Leistungsprinzip gesehen: ›Was bringt mir dieser Mensch?‹ Vor dem Interesse an jemandem rangiert die Frage nach dem Gewinn. Oder umgekehrt: ›Was kann ich ihm bieten, damit ich interessant für ihn bin?‹ Der Wert der Person bemißt sich dann in starkem Maße an dem, was sie darstellt, weniger oder erst in zweiter Linie an dem, wie sie ist. Auch Beziehungen in der Familie können durch Leistungsdruck und Perfektionsstreben ›verdinglicht‹ werden. Eine junge Frau erinnert sich:

In dem Moment, als ich gute Noten heimbrachte, war ich plötzlich wer daheim. Dann konnten meine Eltern mit mir prahlen. Das taten sie auch mit meinen Leistungen im Sport. Nach jedem Wettkampf, den ich gewann, war ich die Größte, aber das hielt nie lange an. Ich mußte immer wieder was Tolles bringen. Das war sehr anstrengend, und ich hätte mir gewünscht, auch ohne besondere Leistung ihre Anerkennung zu kriegen.

In leistungsorientierten Familien streben die Töchter sehr danach, gut in der Schule, die Beste im Sport oder in Musik zu sein und immer etwas Besonderes vorzuweisen, um den Eltern zu gefallen und ihre Erwartungen nicht zu enttäuschen. Eine Mutter denkt über den Zusammenhang von Leistungsdruck und Eßstörung nach:

Unsere Tochter hat immer unter Druck gestanden. Vielleicht glaubt sie, gut sein zu müssen. Ich weiß ja nicht, wie sie das interpretiert. Wenn man als Elternteil selbst ein leistungsbezogener Mensch ist, und das Kind will einem gefallen, dann setzt es sich vielleicht selber unter einen Leistungsdruck. Das spielt am Anfang der Krankheit bestimmt eine gewisse Rolle.

Die Leistung ist nicht das Problem an sich, sondern der Wert, der damit verbunden wird beziehungsweise der Unwert bei Nicht-Erreichen des Leistungsziels. Wie bei Leistung, so stellt sich auch bei Schönheit und Schlankheit eine Verbindung zum Selbstwert her: Nur wenn wir schön, schlank und erfolgreich sind, sind wir wertvoll. Ansonsten sind wir weniger wert. Und andere messen wir in der Regel mit demselben Maß. Wir vergessen dabei schnell, daß den Wert eines Menschen mehr als Erfolg und Anerkennung ausmacht, beispielsweise Fairneß, Toleranz, Ehrlichkeit und Güte. Auch wenn ein Mensch Fehler macht oder versagt, so ist er deshalb nicht schlechter oder weniger wert, er fühlt sich jedoch oft so und erfährt auch häufig Ablehnung.

Es kann aber noch weiter gehen, wie im Beispiel einer bulimischen Frau, die unter massiven Versagensängsten litt. Sie konnte sich nicht als Person annehmen, sondern kritisierte ständig an sich herum und erfüllte nie die Erwartungen, die sie an sich stellte. Bis ihr eines Tages deutlich wurde, daß sie mit sich selbst ebenso abwertend umging wie ihre Mutter früher mit ihr:

Immer, wenn die Leute früher sagten, was für ein nettes Kind ich sei, wie hübsch ich sei oder was ich Gutes gemacht hätte, sagte meine Mutter: »Bild dir nur nichts ein. Du bist halt so, dafür kannst du nichts.« Nur wenn ich mich sehr anstrengte, lobte sie mich. Auch heute habe ich immer noch das Gefühl, daß ich nur dann gut bin, wenn ich mich maßlos anstrenge. Alles, was ich tue, muß einen Sinn haben, nur so genießen kann ich nicht.

Leistungen unterliegen bei dieser Frau einem strengen Maßstab: Je mühsamer sie erarbeitet wurden, um so mehr sind sie wert und um so besser sind sie. Was ihr leichtfällt, wird abgewertet und zählt nichts. Damit hängt für sie untrennbar das Gefühl, versagt zu haben zusammen, auch wenn die Leistung an sich gut ausfiel. Auf diese Weise ist es sehr schwer für sie, mit sich zufrieden zu sein und ihre

186

Leistungen und Fähigkeiten zu achten. Selbstverachtung ist die unweigerliche Folge.

Die Thematik des Wertens und des Selbstwertes nennen wir in der Psychologie ›narzißtisch‹. Dieser Begriff leitet sich von der Sage des Narziß ab, der sich in der Liebe zu seinem Bildnis verzehrte. Auch narzißtische Menschen lieben ein Idealbild von sich, das sie zwar nie oder nur selten erreichen, das sie aber ein Leben lang anstreben. Nur wenn sie besonders viel leisten, erfolgreicher und attraktiver sind als die anderen, sind sie etwas wert. So versuchen sie, ihr schwaches Selbstwertgefühl durch Leistung, Statussymbole, Sich-in-den-Mittelpunkt-Spielen, Besonderssein und vieles andere auszugleichen. Sie wollen bewundert werden und haben ein großes Bedürfnis nach Zuwendung. Erhalten sie diese nicht, reagieren sie mit wütender Kränkung, ziehen sich zurück und suchen sich andere Menschen, von denen sie verehrt werden.

Für narzißtische Menschen ist Versagen oder Fehlermachen mit dem Gefühl, minderwertig und schlecht zu sein, verbunden. Sie streben daher ein Idealbild von sich an, sind aber selten wirklich mit sich zufrieden, weil sie immer befürchten, nicht gut genug zu sein und eigentlich noch mehr leisten zu müssen. Das führt zu einem endlosen Streben nach immer mehr und immer besserem, ohne eine wirkliche Erfüllung und Zufriedenheit zu erlangen. Der dahinterstehende Wunsch ist, durch Erfolg und Attraktivität geachtet zu werden und Minderwertigkeitsgefühle und Ängste vor dem Versagen auszugleichen.

Narzißtische Strukturen finden wir auch auf gesellschaftlicher Ebene in Form des Strebens nach immer mehr Wachstum, Reichtum und Ansehen in der Welt. ›Immer schneller, höher, weiter, besser‹, könnte der Werbeslogan für die Industrienationen sein. Erfolg, Reichtum und Position bestimmen den Wert des Menschen und verleihen ihm Wertschätzung. Versagen und Fehlermachen kann die Stellung kosten, da der Konkurrenzdruck in vielen Branchen so hoch ist, daß nur die Topleistung zählt.

Eine Gesellschaft, die in ihren Strukturen narzißtisch ist, bringt narzißtische Menschen hervor. Wir als einzelne übernehmen die Spielregeln und machen sie zu unseren. Magersucht und Bulimie als sogenannte Zeitkrankheiten sind Ausdruck der narzißtischen Problematik auf individueller Ebene. Denn sie sind immer mit einem Selbstwertdefizit verbunden. Das mangelnde Selbstwertgefühl der Bulimikerin soll durch einen makellosen Körper und ein attraktives Äußeres ausgeglichen werden. Die Magersüchtige versucht, sich durch den Sieg über körperliche Bedürfnisse über die Natur und über andere Menschen, die essen müssen, zu erheben und sich damit ein Gefühl von Identität und Selbstwert zu verschaffen.

Die Grenzenlosigkeit, die süchtige Eßerkrankungen charakterisiert, ist ebenfalls ein Merkmal unserer Gesellschaft. Es gab noch nie so viele Suchtkranke wie heute, und die Grenzen unseres Lebens werden von Tag zu Tag mehr ausgeweitet. An den Extremsportarten können wir diese Entwicklung gut beobachten: Die Grenzen des Körpers und der Seele werden durch Bungee-Springen und Fliegen im Windkanal ausgetestet und teilweise überschritten, als gelte es, sich von Angst und Begrenztheit befreien zu müssen. Vielleicht provoziert sogar die Enge unseres Lebens, die durch den Leistungsdruck entsteht, diese Suche nach endloser Freiheit.

Ein weiteres gesellschaftliches Kriterium, das eng mit Eßstörungen verbunden ist, vielleicht überhaupt erst einen Boden für sie bereitet, ist der Überfluß. Es ist bekannt, daß in Ländern der Dritten Welt, in denen Nahrungsmittelknappheit herrscht, weder Bulimie noch Magersucht auftreten. Noch deutlicher als bei der Magersucht sehen wir den Überfluß beim bulimischen Syndrom: Mengen von Eßwaren werden über die Zwischenstation des Körpers in die Toilette geschüttet. Für Eßanfälle bedarf es der Verfügbarkeit über große Mengen von Lebensmitteln und Geld, um sie sich zu beschaffen. Beides ist vorhanden. Interessanterweise liegt in der Begrenzung der verfügbaren Geldmittel eine mögliche Hilfe für die Reduzierung oder Aufgabe des Symptoms.

Sicherlich ist unser Wohlstand nur ein Teil in dem dichten Bedin-

gungsgefüge für Eßstörungen, aber unser Umgang mit Nahrungs-
mitteln spielt für die Ausbreitung von Eßstörungen sicherlich eine
Rolle: Wo Unbegrenztheit herrscht, wird Süchten der Boden bereitet.

III.
Eine Familie
löst ihre Probleme

Veränderung ja – aber wie und was?

Sicherlich sind Ihnen während der Lektüre dieses Buches und der Übungen schon einige Gedanken gekommen, was Sie bei sich oder in Ihrer Familie verändern möchten. Doch zwischen dem Verändern-Wollen und dem Tun liegt stets ein mehr oder weniger langer Weg. Veränderung beginnt in der Regel mit der Wahrnehmung eines Problems und dem Gefühl, in der herkömmlichen Weise nicht weiterleben zu wollen. In Ihrem Fall ist das in erster Linie die Eßstörung der Tochter und Ihre damit verbundenen Gefühle von Angst, Unsicherheit, Hilflosigkeit und Aggression.

Der erfolgversprechendste Anfang einer Veränderung beginnt meist bei sich selbst, auch wenn wir oft den Eindruck haben, daß unser Problem sich lösen würde, wenn die Bedingungen oder die anderen Menschen anders wären. Sicherlich stimmt das, zumindest vordergründig, für die Eßstörung. Denn wenn die Tochter/Partnerin nicht hungern oder süchtig essen und erbrechen würde, hätten die Angehörigen weniger Sorgen mit ihr. Es liegt der Schluß nahe, die Lösung in der Beseitigung des Symptoms zu suchen, die Tochter/Partnerin also dazu gebracht werden muß, normal zu essen. Doch wie Sie selbst im Laufe der Krankheit schmerzlich erfahren mußten, ist es fast aussichtslos, die Tochter/Partnerin zur Aufgabe ihres Symptoms zu bewegen. Diese Tatsache erklärt sich zum Teil aus den vielfältigen systemischen Verknüpfungen, in die das Eßsymptom eingebunden ist. Wie wir sahen, ist ein Krankheitssymptom immer auch ein Teil des Familiengeschehens oder der Partnerdynamik, und die Betroffene ist daher nicht die einzige, die eine Veränderung herbeiführen kann. Darüber hinaus ist die Eßstörung in den seltensten Fällen das alleinige Problem, unter dem eine Familie/Partnerschaft leidet. Sie ist jedoch das offensichtlichste. Und diese Tatsache macht die Eßerkrankung zum hervorragenden Thema. Andere ungelöste Schwierigkeiten, die leichter verborgen werden können, sind aber mindestens ebenso einflußreich, drücken sich vielleicht sogar in der Bulimie oder Magersucht aus, treten neben ihr jedoch in den Hintergrund.

Die Überwindung einer Eßstörung erfordert daher ein ›mehrgleisiges‹ Vorgehen, das alle Beteiligten einschließt: die Tochter/Partnerin selbst, die Verantwortung für die Überwindung der Eßstörung übernehmen muß; die Eltern, die für die Lösung ihrer eigenen Probleme und für ihr Leben insgesamt Sorge tragen und die Tochter in die Unabhängigkeit entlassen müssen; die Geschwister, die der anorektischen oder bulimischen Schwester durch klare Konfrontation und emotionale Unterstützung helfen können; die gesamte Familie, indem jeder Verantwortung übernimmt und sie zusammen bestehende Konflikte ansprechen und zu lösen versuchen; die Partner, indem sie aus ihrem co-abhängigen Verhalten ›aussteigen‹ und aufhören, die Partnerin retten zu wollen.

Leider gelingt es uns oft trotz bester Vorsätze und intensivem Wollen nicht, alte Verhaltensmuster aufzugeben und Neues zu wagen. In diesen Fällen kann die fachliche Hilfe von Psychotherapeuten nützlich sein, um die Hindernisse, die sich uns in den Weg stellen, erkennen und beseitigen zu können.

Eltern brauchen Eltern

Ich möchte an dieser Stelle die Rolle von Selbsthilfegruppen betonen, in denen sich Eltern von anorektischen oder bulimischen Töchtern und Söhnen treffen. Sie können sich gegenseitig unterstützen, da sie sich in einem gemeinsamen Problem zusammenfinden. In den Geschichten anderer Betroffener erkennen sie vieles von dem wieder, was sie selbst erleben und worunter sie leiden. Es ist oft entlastend zu erfahren, daß auch andere Eltern an der Eßerkrankung ›scheiterten‹ und die Tochter nicht zur Therapie motivieren konnten. Wenn sie sehen, daß ihre Probleme denen anderer betroffener Eltern ähnlich sind oder ihnen sogar gleichen, reduziert sich häufig das Gefühl, als individuelle Eltern versagt zu haben. Dadurch nehmen Scham- und Schuldgefühle ab, die ja meist der Auslöser für ineffektive Hilfe und Kontrolle sind. Aber auch der Austausch positiver Erfahrungen gibt Hoffnung und Kraft. Eltern lernen, daß es hilfreiche Möglichkeiten gibt, um Einfluß zu nehmen und ihre Situation zu verändern und sie erkennen, daß es einen Weg aus der momentan ausweglos erscheinenden Situation gibt, auch wenn es lange dauert. Denn die Überwindung einer Eßstörung zieht sich in der Regel über Jahre hin. In dieser Zeit nicht den Mut zu verlieren, ist oft das Ergebnis der Unterstützung von Eltern, die schon ›weiter‹ sind. Sie zeigen: Es gibt einen Weg raus, und das Leben kann trotz der Eßerkrankung der Tochter auch wieder schön werden. Die Mutter einer magersüchtigen Tochter fand aus diesem Grund eine solche Gruppe für sich sehr hilfreich:

Es tut mir gut, mit anderen Betroffenen zu reden und sie fragen zu können, wie es ihnen geht und was sie tun. Ich hatte bisher nie Gelegenheit dazu, denn ich kannte niemanden mit demselben Problem. Bei den meisten wird es unter den Tisch gekehrt, und keiner redet über seine Schwierigkeiten. Das ist hier ganz anders, da kann ich einfach sagen, wie es ist, und ich weiß, die anderen verstehen mich. Aber es ärgert mich auch, wenn ich es nicht schaffe, das, was ich hier höre, zu Hause umzusetzen. Ich weiß, da muß ich an mir arbeiten.

Eine Selbsthilfegruppe wird im wesentlichen durch das Gefühl getragen, nicht allein zu sein und sich als Teil einer Gemeinschaft zu erleben, die Trost und Verständnis spendet. Das verleiht Kraft und Hoffnung.
Folgende Liste des Bremer Elternkreises eßgestörter Töchter und Söhne faßt deren Selbsthilfe-Verständnis zusammen. Es ist ursprünglich ein Text vom Elternkreis drogenabhängiger und drogengefährdeter Jugendlicher, der auf die Belange von Eßstörungen umgeschrieben wurde:
• Wir bemühen uns, einander einfühlsam zu begegnen und den Blick dabei auf die eigene Befindlichkeit zu richten.

- Wir erkennen, daß Ursachensuche uns nicht weiterführt.
- Wir sehen ein, daß kein Mensch einen anderen, sondern jeder nur sich selbst ändern kann.
- Wir ersetzen suchtfördernde Verhaltensweisen (Co-Abhängigkeit) durch liebevolle Konsequenz.
- Wir akzeptieren den Süchtigen, aber nicht seine Sucht.
- Wir machen keinen Unterschied zwischen weichen und harten, legalen und illegalen Drogen.
- Eigene Betroffenheit und eigene Erfahrung haben uns zu der Erkenntnis geführt, daß langfristig nur suchtfreies Leben das Ziel sein kann. Wir unterstützen uns gegenseitig, dieses Ziel niemals aus den Augen zu verlieren.

Eltern, die Interesse an einer Selbsthilfegruppe haben, können über Anzeigen oder Beratungsstellen Gleichgesinnte finden und regelmäßige Treffen arrangieren. In einigen Städten existieren bereits Selbsthilfegruppen, jedoch nur in sehr wenigen. Die Erfahrungen, die die Beteiligten gemacht haben, sind in der Regel positiv. In einigen Fällen werden die Gruppen sowohl finanziell als auch inhaltlich von staatlicher Seite oder durch Krankenkassen unterstützt.

In fast allen deutschen Großstädten gibt es auch professionelle Therapie- oder Beratungsstellen, die sich auf Eßstörungen spezialisiert haben und Eltern- und Angehörigengruppen anbieten. Denn auch Partner können von den Erfahrungen anderer Partner eßgestörter Frauen profitieren und Unterstützung erhalten. Für sie gilt daher dasselbe, was ich den Eltern rate.

Im Anhang des Buches habe ich die Adressen einiger Anlaufstellen zusammengestellt, an die Sie sich wenden können.

Neben der Hilfe für betroffene Angehörige sehen die Selbsthilfegruppen oder Beratungsstellen die Öffentlichkeitsarbeit als einen bedeutenden Teil ihrer Aufgaben an. Sie dient im wesentlichen der Aufklärung und Bewußtmachung der Dimensionen der Eßerkrankungen. Das ist deshalb so wichtig, weil sich hier ein Phänomen wiederholt, das dem ähnelt, was im Zusammenhang mit dem wissenschaftlichen Desinteresse auftrat: Es besteht ein gravierendes Gefälle zwischen Eßstörungen und Drogenabhängigkeit hinsichtlich der Förderung von Selbsthilfe-, Therapie- und Rehabilitationsangeboten. Eine unauffällige Eßerkrankung, unter der hauptsächlich nach außen hin angepaßte Mädchen und Frauen leiden, findet weniger gesellschaftliche Aufmerksamkeit als die demonstrativere Form der Drogenabhängigkeit, von der mehr Jungen betroffen sind. Die mit dem Drogenkonsum einhergehende gesellschaftliche Abweichung, Bedrohung und Kriminalität, zwingt Staat und Krankenkassen zum Handeln. Offene Drogenszenen und von den Medien spektakulär dokumentierte Todesfälle erhöhen die Notwendigkeit, Maßnahmen gegen die Drogenabhängigkeit zu entwickeln. Dabei wird die Gefährlichkeit von Eßstörungen übersehen und zugleich die Tatsache, daß beide Formen der Abhängigkeit immer häufiger zusammen auftreten. Auch die teilweise schwierige Wiedereingliederung von eßgestörten Mädchen und Frauen nach einer stationären Therapie erfordert mehr Unterbringungsmöglichkeiten in speziellen Wohngruppen oder Übergangseinrichtungen, als bisher für nötig erachtet wurde.

Familientherapie – Therapie (mit) der Familie

Die eingehende Diskussion um den Einfluß der Familie auf die Eßstörung der Tochter legt den Schluß nahe, daß auch die Überwindung des Eßproblems eine Aufgabe der Familie darstellt. Zumindest wird sie bei der Behandlung nie außer acht gelassen, unabhängig davon, ob die Familienmitglieder anwesend sind oder nicht. Denn neben der klassischen Form der Familientherapie, bei der die gesamte oder große Teile der Familie zusammensitzen, gibt es auch in der Einzeltherapie die Möglichkeit, über familiäre Strukturen zu arbeiten und verändernd Einfluß auf sie zu nehmen.
Im Zentrum der Arbeit stehen dann die speziellen Beziehungen

zwischen der Eßgestörten und ihren Eltern, Geschwistern oder auch Großeltern sowie die Rolle, die sie in der Familie innehat oder hatte. Dabei soll die Bedeutung, die das Symptom für die gesamte Familie besitzt, erforscht werden. Was würde sich ändern, wenn die Tochter nicht mehr hungert oder sich überißt? Wie würden die einzelnen Familienmitglieder reagieren? Was würde sich für die Betroffene verändern?

Es kann jedoch auch direkt an den Strukturen gearbeitet werden, wie es das folgende Beispiel zeigt. Eine bulimische Patientin malte ihre Familie folgendermaßen auf:

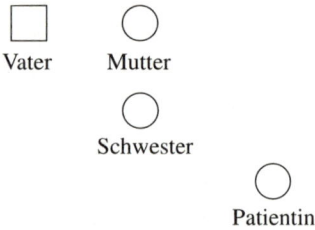

Die Patientin fühlte sich sehr unwohl auf ihrem Platz, da sie den Vater nicht sehen konnte und sich von Mutter und Schwester ausgeschlossen fühlte. Der Schwester ging es auch nicht gut, sie fühlte sich ›dazwischen‹ und Mutter und Vater engten sich gegenseitig ein. Folgende Lösung entstand für die Familie:

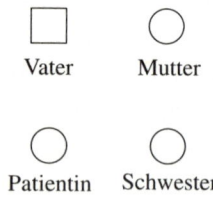

Wichtig für das Wohlgefühl aller war in diesem Fall dreierlei:
1. Die Lockerung der Dichte zwischen Vater und Mutter bewirkte das Gefühl von Eigenständigkeit der Eltern.

198

2. Es wurde ein Kontakt zwischen der Patientin und ihrem Vater hergestellt, der im ersten Fall nicht bestand. Die Botschaft an die Mutter lautete:»Papa ist mir genauso wichtig wie du.« (vgl. Hellinger) Mit dieser Aussage wird die bei der Bulimie häufig bestehende Kontaktverhinderung zwischen Vater und Tochter verändert. Die Mutter steht oft zwischen den beiden, indem sie als Vermittlerin, Dolmetscherin oder Prellbock den direkten Kontakt zwischen Vater und Tochter erschwert oder sogar verhindert. Die Lösung liegt darin, einer nährenden Beziehung zum Vater Platz zu schaffen und der Tochter die Chance zu geben, vom Vater ebenso emotional ›genährt‹ zu werden wie von der Mutter.

3. Die Einreihung der Geschwister in die Geschwisterreihe gab ihnen Gleichwertigkeit und Sicherheit.

Kommen wir nun zur Familientherapie mit der Familie. Sie ist eine effektive Form der Behandlung, die sich vor allem dann anbietet, wenn die Tochter noch daheim lebt oder zumindest in einer engen familiären Anbindung an das Elternhaus. Je unabhängiger die Tochter und die Eltern voneinander sind, beispielsweise durch einen entfernten Wohnort, und je älter die Tochter ist, um so weniger werden die Beteiligten die Motivation haben, gemeinsam eine Therapie zu machen. In einer Untersuchung von Russel (1987) wurde festgestellt, daß für die Gruppe der unter 18jährigen PatientInnen die Familientherapie der Einzeltherapie überlegen ist, nicht jedoch bei älteren PatientInnen.

Wie bei jeder Therapie, so setzt auch die Arbeit mit der Familie die Motivation der Familienmitglieder voraus. Familien zu einer Therapie zu bewegen, ist in vielen Fällen jedoch nicht leicht, da sie viel Angst vor Veränderung haben und dazu neigen, Schuldzuweisungen an die anderen Familienmitglieder zu richten. So befürchten beispielsweise die Väter, in einer familientherapeutischen Sitzung für ihre Versäumnisse gegenüber der Tochter angegriffen zu werden oder die Mütter haben Angst, am Ende als die Hauptschuldigen dazustehen. Aber auch die Töchter fürchten sich davor, für ihr

Hungern oder Überessen/Erbrechen verurteilt zu werden und in ihrem seelischen Konflikt nicht gesehen zu werden. Eine Mutter berichtete:

Die Familientherapie war nicht schlecht, aber unsere Tochter meinte, sie könne besser und offener sprechen, wenn wir Eltern nicht dabei sind.

Für diese Tochter schien es wichtiger zu sein, ihre Probleme alleine, ohne die Eltern zu besprechen. Das verleiht in vielen Fällen den Töchtern ein Gefühl von Autonomie und Unabhängigkeit gegenüber den Eltern, was im Rahmen einer Familientherapie droht, verlorenzugehen. Eine Betroffene beschreibt es folgendermaßen:

Ich bin froh, daß ich nun meine eigene Therapie mache. Es ist für mich eine Entlastung, die Probleme außerhalb zu lösen und nicht in der Familie. Das bedeutet ein Stück Eigenständigkeit. Die Therapie ist mein Eigenes.

In einem solchen Fall kann die Einzeltherapie der Familientherapie vorgezogen werden, außer die Arbeit mit der ganzen Familie bezieht sich schwerpunktmäßig auf das Thema Ablösung der Tochter von den Eltern und Eigenständigkeit der Familienmitglieder.

Manchmal kommt es vor, daß sich Familien nach einer Sitzung das in der Stunde Gesagte gegenseitig vorwerfen und sich die Schuld zuschieben. In diesen Fällen wird die Therapie sehr schnell abgebrochen werden und wenig nützen.

Sind Familien jedoch bereit, wirklich etwas verändern zu wollen, dann ist die Familientherapie ein effektiver Weg, der in kurzer Zeit wesentliche Prozesse in Gang setzen kann. Für eine Familientherapie werden in der Regel 10 bis 20 Sitzungen in einem vier- bis sechswöchigen Abstand angesetzt. In etwa 50 bis 70 Prozent der Fälle von nicht chronischer Magersucht ist eine Familientherapie erfolgreich (Baeck, S. 70). Da es in der Medizin und Psychologie kein einheitliches Maß für Chronifizität einer Krankheit gibt, müssen wir eine Schätzung vornehmen, die im vorliegenden Fall von einer Erkrankungsdauer bis maximal vier Jahre ausgehen könnte.

Alles darüber hinaus könnte als chronisch oder beginnend chronisch bezeichnet werden.

Für die magersüchtige oder bulimische Tochter kann es eine Entlastung bedeuten, wenn alle in der Familie Verantwortung für die Veränderung übernehmen und sie das nicht allein tun muß. Denn, wie schon erwähnt, ist die Eßstörung eine Art Bildersprache der Familie, die in der Therapie entschlüsselt wird. Die Tochter drückt indirekt Probleme aus, die die ganze Familie betreffen, wie beispielsweise dysfunktionale Regeln oder Kommunikationsstörungen. Und deshalb ist auch die ganze Familie aufgerufen, an der Veränderung mitzuwirken. Aber auch für die Angehörigen kann eine Familientherapie entlastend sein, wenn sie Unterstützung erfahren, die sie bisher nicht bekamen, die sie aber meist nötig haben.

Welches sind nun die Ziele einer Familientherapie? »Eines der Hauptziele in der Familientherapie ist, den Eltern zu helfen zu verstehen, daß sie nicht an der Eßstörung schuld sind, aber daß sie mit ziemlicher Sicherheit in den Genesungsprozeß einbezogen sind.« (Valette, S. 104)

Der Schwerpunkt der familientherapeutischen Arbeit liegt auf den Beziehungen zwischen den Familienmitgliedern: Wie beeinflußt das Verhalten der Tochter die Eltern und umgekehrt. Wie nehmen die einzelnen Kontakt miteinander auf, wer koaliert mit wem und wer steht am Rand?

Folgende Themen stehen bei eßgestörten Familien im Vordergrund (Kröger, S. 63): Die gegenseitige Verstrickung, die Vermeidung von Konflikten und das Fehlen von Konfliktlösungsmöglichkeiten, widersprüchliche emotionale Muster der Überfürsorglichkeit und des Rückzugs sowie mangelnde Ablösung. Die Familientherapie will dysfunktionale Regeln der Familie durch funktionale ersetzen und das Selbsthilfepotential und die Stärken der Familie wecken. Die Familienmitglieder werden in einer vertrauensvollen Atmosphäre unterstützt, ihre Gefühle auszudrücken und über Bedürfnisse, Wünsche und Ängste zu sprechen. Auf diese Weise wird die indirekte Kommunikation direkt, und Verständigungsprobleme werden dadurch behoben. In dem Satz von Minuchin steckt ein wesentliches Lernziel für die Familie:»Statt dem Motto zu folgen ›Wir sind eine normale Familie mit einem magersüchtigen Kind und hilfreichen Eltern‹, wird die therapeutische Exploration (Erforschung) sich an das Thema halten ›Ihr seid eine Familie, die in ihrer Entwicklung steckengeblieben ist und die sich bemühen muß, mit der Entwicklung ihrer heranwachsenden Kinder Schritt zu halten‹.« In vielen Fällen ist eine Paartherapie angeraten, um die Beziehungsprobleme zwischen den Eltern lösen zu helfen. Paartherapie ist auch angezeigt in Beziehungen, in denen die Frau magersüchtig oder bulimisch ist. Hier ist das Ziel, die Bedeutung des Symptoms für die Beziehung herauszufinden und bestehende, ungelöste Konflikte anzusprechen und zu verändern, so daß das Eßsymptom überflüssig wird.

Im nachhinein kann für eine Familie oder Partnerschaft die Eßstörung sogar einen positiven Wert erhalten, wenn sich durch eine gelungene Therapie die bisherigen Strukturen zum Besseren wenden und die Betroffenen zufriedener und glücklicher werden. Wenn sie lernen konnten, mit weniger Druck zu leben, sich zu entlasten und neurotische Schuldgefühle abzulegen.

Die Betroffene ist mehr als ihr Symptom

Eltern, Partner und Betroffene neigen dazu, das Symptom des Hungerns, Überessens und Erbrechens in den Mittelpunkt ihrer Beziehung zu stellen. Die Tochter oder Partnerin wird dadurch hauptsächlich unter dem Aspekt der Eßstörung gesehen, als Magersüchtige oder Bulimikerin. Die Person droht dahinter verlorenzugehen, weil die Begriffe ›Magersüchtige‹ und ›Bulimikerin‹ »die Person mit einer Krankheit« verwechseln (Franke, S. 18).[11] Ihre Identität wird sozusagen mit ihrer Störung gleichgesetzt. Das Augenmerk

202

der Umgebung ist vorwiegend auf das Gewicht, das Erbrechen und das Essen sowie deren Veränderung gerichtet, jedoch kaum noch auf das Mädchen oder die Frau. Eine bulimische Tochter, 18 Jahre, beschreibt es eindrücklich:

Meine Eßstörung ist das Wichtigste daheim. Wenn ich von der Schule komme, dann bin nicht ich es, die heimkommt, es ist meine Eßstörung. Ich existiere gar nicht mehr.

Doch sie ist viel mehr als ihr Symptom. Sie ist ein Mensch mit Gefühlen und ungelösten Problemen, mit Wünschen, Bedürfnissen und Träumen. Sie kann viel mehr als Kalorien zählen, ihren Hunger kontrollieren und unentdeckt brechen. Als Mädchen steht sie an der Schwelle zur Frau, als Frau ringt sie täglich um ihr Selbstverständnis, das meist sehr sensibel und verletzbar ist. Diese Mädchen und Frauen besitzen Fähigkeiten und Kräfte, die zumeist verborgen schlummern oder fehlgeleitet im Eßsymptom gebunden sind.

In der psychotherapeutischen Arbeit fällt mir immer wieder auf, wie groß ihr Bedürfnis ist, sich zu schützen. Im zwischenmenschlichen Kontakt verstecken sie sich deshalb hinter einer Maske, die undurchdringlich scheint. Sie lächeln und zeigen sich von ihrer besten Seite, auch oder vor allem wenn sie Angst haben oder es ihnen schlechtgeht. Die Scheu, sich mit ihren Gefühlen zu zeigen, ist sehr groß, weil sie immer befürchten, verletzt zu werden oder sich auszuliefern. Diese Schutzmaske zu durchdringen, erfordert viel Geduld und Behutsamkeit. Der ›Lohn‹ ist, mit der wahren Person in Kontakt zu treten, die sonst nur tief verborgen im Innern existiert. Je mehr die Umwelt, also auch Eltern und Partner, insistierend auf die Betroffenen einreden oder versuchen, in sie einzudringen – auch wenn es aus der besten Absicht geschieht –, um so mehr verschließen sie sich. Das Eßsymptom steht dabei im Dienste der Maske: als Schutz vor den Ansprüchen von außen und als Schutz nach innen vor den verdrängten Gefühlen und Bedürfnissen. Eine Kommunikation zwischen Eltern und Tochter oder zwischen den Partnern, die vorwiegend darauf gerichtet ist, das Eßsymptom zu beseitigen, muß daher scheitern, wenn der Person als Ganzes kein Raum gegeben wird. Verständnisvolle Zuwendung und Zuhören ist Grundlage einer offenen Kommunikation, auf der eine neue Beziehung entstehen kann.

Können Angehörige zur Therapie motivieren?

Die immer wiederkehrende Frage der Eltern und Partner lautet: »Wie können wir unsere Tochter/Partnerin zur Therapie motivieren?« Die Versuche sind vielfältig und reichen von Überreden, Drohungen und Streits bis zu gekränktem Abwenden.

In den seltensten Fällen gelingt es den Angehörigen, die Tochter oder Frau von der Notwendigkeit einer Therapie zu überzeugen. Und je stärker sie selbst motiviert sind, daß die Tochter/Partnerin eine Therapie machen soll, um so stärker blockt diese meist ab. Hier geschieht das gleiche, was auch bei dem Versuch, sie zum Essen zu überreden, eintritt. Die Aussage einer magersüchtigen Jugendlichen drückt die Meinung vieler Töchter und Frauen aus:

Ich glaube, daß die Eltern, wenn es mit der Krankheit losgegangen ist, fast überhaupt nichts mehr machen können. Weder im Guten noch im Bösen. Bei mir hat es nichts gebracht. Und wenn, dann sollten sie nicht so viel Kontrolle ausüben und nicht zum Essen zwingen, denn das bringt gar nichts, sondern eher noch mehr Protest, daß man noch weniger ißt. Aber das betrifft nicht nur das Essen. Alles, was ich tun soll, das will ich nicht, auch wenn ich es sonst selbst machen würde.

Aufforderungen, die ihnen wie Zwang erscheinen, lehnen sie mit massivem Widerstand ab, gegen den kaum jemand ankommt. Ich denke, jeder von uns kennt dieses Phänomen. Je mehr Druck von außen kommt, um so geringer wird die Freiheit, sich selbst entscheiden zu können, und dies provoziert daher Ablehnung statt Zugeständnis. Auf dem Hintergrund der Ablösungsversuche der Tochter oder der Eigenständigkeitsfindung der Partnerin wirken die gutgemeinten Ratschläge noch bedrohlicher: Als würde die Zustimmung den letzten Rest Freiheit kosten, um den sie aber doch so ringen.

In diesen Fällen, in denen sich die Tochter/Partnerin so vehement gegen eine Therapie wehrt, wäre es angeraten, eine Familien- oder Partnersitzung anzuberaumen, um den Druck, der auf der Betroffenen lastet, zu reduzieren. Sie könnte erkennen, daß auch die anderen Familienmitglieder beziehungsweise der Partner Verantwortung für die Veränderung der Situation übernehmen, so daß sie sich möglicherweise leichter auf eine Familien- oder Paartherapie einlassen wird als auf eine Einzeltherapie.

Gelingt es den Angehörigen vielleicht doch, die Tochter oder Partnerin zur Therapie zu bewegen, heißt das noch nicht, daß damit die Wende eingeleitet ist. Denn Therapie ist nur dann erfolgreich, wenn sie aus der eigenen Motivation heraus begonnen wird. Eine Behandlung unter Zwang oder für die Eltern oder den Partner zu machen, ist zum Scheitern verurteilt. Der Veränderungswunsch muß zum Anliegen der Betroffenen selbst werden.

Und das wird er meist an dem Punkt, an dem die Bulimikerin oder die Magersüchtige ihren individuellen Tiefpunkt erreicht, an dem sie nicht mehr so weitermachen kann und will wie bisher. Wenn die Not durch die Krankheit größer ist als die Angst vor der Therapie. Um an diesen Punkt zu gelangen, können die Angehörigen effektiv beitragen, indem sie aufhören, die Situation der Süchtigen zu beschönigen, sie zu entschuldigen und ihre Krankheit zu verheimlichen und statt dessen ehrlich und klar reagieren.

Das beinhaltet die Überwindung der Co-Abhängigkeit, was bedeutet, die Probleme, die in der Familie herrschen, anzusprechen und Vereinbarungen über den Umgang miteinander zu treffen. Es heißt, Grenzen zu setzen, wo die persönlichen Grenzen aller Betroffenen überschritten werden. Es heißt, sich nicht von der Tochter unter Druck setzen zu lassen, auch wenn sie noch so droht. Es heißt, nicht Dinge vorrangig für die Tochter zu tun, sondern eigene Interessen zu verfolgen.

Der Tiefpunkt tritt oft schneller ein, wenn die Tochter oder Partnerin spürt, daß sie durch ihre Eßstörung mehr Unannehmlichkeiten als Privilegien erntet. Und wenn sie trotz der Krankheit nicht geschont, sondern als gleichwertige Partnerin in der Beziehung behandelt wird, der ebensoviel Verantwortlichkeit abverlangt wird, wie allen anderen.

Effektive Hilfe bedeutet, die Verantwortlichkeit aller Beteiligten zu ermöglichen und zu stärken, indem die Probleme offengelegt und besprochen werden, so daß anders auf sie reagiert werden kann. Jeder muß dabei seinen Teil für die Veränderung übernehmen und sich an die gemeinsam getroffenen Vereinbarungen halten.

Ein zusätzlicher Vorteil klar gesetzter Grenzen und eindeutiger Vereinbarungen ist der, daß mehr Zeit bleibt, um über andere Dinge zu reden als über die Eßstörung und Raum für gemeinsame Unternehmungen bleibt, die sonst den unnötigen Streitereien anheimfallen.

Konfrontation versus Verständnis?

Die meisten Eltern sind unsicher, ob sie die Tochter direkt konfrontieren, also ihr Verhalten ansprechen und ihr Grenzen setzen sollen oder ob es besser sei, sie zu schonen. Es dürfte aus dem bisher Gesagten deutlich geworden sein, welche Wirkung Schonung auf das Eßverhalten und die Beziehungen in der Familie hat. Sie verstärkt sowohl die Erkrankung der Tochter als auch die aggressiv-hilflose Stimmung daheim.

Dennoch schwankt der Erziehungsstil vieler Eltern zwischen diesen beiden Polen, meist aufgeteilt unter den Eltern. Dabei werden Konfrontation mit Härte und Herzlosigkeit und Schonung mit Verständnis gleichgesetzt.

Doch Schonung hat nichts mit Verständnis zu tun. Sie versucht lediglich, der Konfrontation aus dem Weg zu gehen, aber nicht zu verstehen, was die Tochter bewegt.

Für die meisten Eltern und Partner bedeutet auf der anderen Seite ein grenzensetzendes und konsequentes Verhalten eine große Überwindung. Sie befürchten, als böse, hart und unmenschlich hingestellt und abgelehnt zu werden. Auch haben sie Angst vor den Machtkämpfen mit der Tochter/Partnerin und davor, noch mehr falsch zu machen. Konfrontation kann jedoch mit Verständnis einhergehen, sollte es sogar, weil Konfrontation ohne Verständnis wie Eingrenzung oder aggressive Bevormundung erlebt wird. Da hinter dem Verhalten der Tochter/Partnerin Angst und Scham zu vermuten sind, würde eine bestrafende Haltung der Angehörigen wenig nützen, sondern die Betroffene nur noch mehr verunsichern und verschließen.

Verständnis bedeutet, ihr zuzuhören, sich ihr zuzuwenden und ihre Probleme ernst zu nehmen. Mit Verständnis geht Sorge um das körperliche und seelische Wohlergehen der Tochter/Partnerin einher. Aber auch Sorge beinhaltet nicht Schonung, sondern die Notwendigkeit, sie mit dem zu konfrontieren, was sie sich antut, beispielsweise, daß sie sich körperlich zerstört. Sorge bedeutet zugleich, es ihr zu ermöglichen, dieses destruktive Verhalten zu stoppen, um Zugang zu den eigentlichen Problemen zu bekommen.

Angehörige vermitteln Verständnis auch dadurch, daß sie ihrer Tochter/Partnerin das Gefühl geben, über alles reden zu können, wenn sie will, daß sie aber ebenso ihre Geheimnisse für sich behalten darf. Eßgestörte Mädchen und Frauen glauben solange nicht, daß ihnen ein wirkliches Interesse an ihren Schwierigkeiten entgegengebracht wird, solange sie es nicht deutlich gesagt bekommen. Lassen Sie sie wissen, daß nichts schlecht ist an Gefühlen wie Traurigkeit, Mutlosigkeit oder Ärger, sondern daß sie ebenso Platz haben wie Freude, Spaß und Wohlergehen. Die Botschaft, »Es muß dir (immer) gutgehen«, verstärkt nur noch mehr die Befürchtung der Tochter/Partnerin, ›nicht richtig zu sein‹ und ›alles falsch zu machen‹ und isoliert sie um so mehr von der Familie oder dem Partner. Gerade Gefühle der Macht- und Hiflosigkeit sind ja mit der Eßstörung verbunden und sollten von den Angehörigen wahrgenommen werden. Denn Verständnis zeigt sich darin, die Gefühle der Tochter/Partnerin ernst zu nehmen, auch wenn sie die Gründe nicht verstehen, weswegen sie traurig, verzweifelt oder unglücklich ist. Das Eßproblem anzusprechen, ohne auch die Gefühle zu berücksichtigen, die darunter verborgen sind, ist in den meisten Fällen nutzlos.

Wenn die Betroffene die Zuwendung und das Verständnis der Angehörigen spürt und merkt, daß sie sie ernst nehmen, wird sie auf Grenzen und Konfrontation vermutlich positiver reagieren. Denn auch im Grenzensetzen drückt sich Sorge und Liebe aus: »Ich will nicht, daß du dich zerstörst, dazu bist du mir zu viel zu wichtig.« *Verständnis bezieht sich auf die Person, der ihre Sorge und Liebe gilt, Konfrontation richtet sich gegen das schädigende Verhalten.*

So bedarf jede Eßstörung der ›zweigleisigen‹ Herangehensweise, die sich einerseits auf das Verhalten bezieht, zum zweiten auf die psychologischen Probleme. Die Konfrontation des Verhaltens und das Stoppen des süchtigen Ausagierens ist zu Beginn ein wichtiger Schritt, der zu mehr Klarheit und Struktur in den Beziehungen führen kann. Das allein reicht nicht aus, aber ist in meinen Augen von großer Bedeutung und in vielen Fällen unerläßlich. Der Gefühls- und Konfliktebene muß parallel dazu Raum gegeben werden, da sich auf ihr die wesentlichen Veränderungen vollziehen.

Die Voraussetzung für eine hilfreiche Konfrontation ist eine klare Position von seiten der Eltern und Partner. Wie bereits erwähnt, sind Vater und Mutter leider häufig uneins über die Art und Weise, mit der Tochter umzugehen, was jeder Klarheit ein Ende setzt. Daher sollten sich die Eltern auf eine gemeinsame Strategie einigen, hinter der sie beide stehen und die sie der Tochter gegenüber vertreten können. Wenn die Eltern und Partner klare Positionen erkennen lassen und Grenzen setzen, dann entlasten sie sich auch selbst. Denn sie lassen sich von der Tochter/Partnerin und ihrem Eßverhalten nicht länger unter Druck setzen und von ihren Angriffen verletzen, sondern schützen sich und ihren eigenen Raum. Wenn die Tochter/Partnerin nicht über die Grenzen der Eltern/des Partners gehen kann, wird sie auch nicht mehr Raum einnehmen, als für das Zusammenleben zuträglich ist. Eine betroffene Mutter begrüßte es zu hören, daß sie Grenzen setzen darf:

Es war sehr wichtig zu erfahren, daß es in Ordnung ist, Grenzen zu setzen und das Verhalten der Tochter nicht durch Entschuldigungen, sie sei ja krank, hinzunehmen und ihr immer nachzugeben. Weil mein Mann eher autoritär ist, dachte ich, ich muß deshalb nachgeben, weil sie doch krank ist.

Essen, Geld und Stehlen

Die Kombination dieser drei Themen mag Sie verwundern, doch sie haben im Zusammenhang mit Eßstörungen viel miteinander zu tun.

Häufig können Eßsüchtige nicht mit Geld umgehen. Nach einer Untersuchung von Mitchell (1985) haben 53 Prozent aller Bulimikerinnen finanzielle Probleme.

Sie geben in erster Linie das Geld für Eßanfälle aus, machen Schulden oder fangen an zu stehlen. Diebstahlshandlungen sind meist eingeschränkt auf Nahrungsmittel oder Geld zum Kauf von Eßwaren, denn die Ausgaben übersteigen häufig das finanzielle Budget, über das die Mädchen/Frauen verfügen. Magersüchtige sind beispielsweise besonders in Heißhungerphasen gefährdet, Geld oder Eßwaren zu stehlen (Leygraf/Windgassen in Suchtreport 4/91).

Das betrifft auch das Plündern von Kühlschränken oder Vorratskammern. In der Regel haben die betroffenen Frauen ebensowenig Schuldbewußtsein dafür, daß es sich dabei um Diebstahl handelt wie die Angehörigen. Großzügig gehen die Eltern, Partner und Frauen darüber hinweg und begründen das Wegessen von Vorräten damit, daß in einer Familie/Partnerschaft allen alles gehört, zumindest das Essen. Es mutet sie kleinlich oder sogar unverständlich an, die Tochter/Partnerin mit diesem Verhalten zu konfrontieren. Was allen Beteiligten jedoch meist nicht bewußt ist: Das heimliche

Entwenden von Geld und Eßwaren ist ein Begleitsymptom der Eßerkrankung. Es gehört sozusagen in den meisten Fällen zur Krankheit dazu.

Das Stehlen kann wie das Überessen, Erbrechen und Hungern in vielen Fällen Suchtcharakter annehmen und ist dann ab einem bestimmten Punkt von den Betroffenen nicht mehr kontrollierbar. Neben Stehlen finden wir auch süchtiges Kaufen, bei dem die Betroffenen sich Unmengen an Waren besorgen, die sie zum Großteil gar nicht brauchen. In diesem Fall wird das Kaufen an sich zur Sucht, die Waren sind weitgehend zweitrangig.

Wie bei den Eßsüchten, so steht auch beim süchtigen Kaufen und Stehlen meist eine psychische Dynamik dahinter, die dieses Verhalten in Gang hält. Oft ist es das Gefühl, zu kurz gekommen zu sein und deshalb ein Recht zu haben, sich etwas zu nehmen. Aus der Unfähigkeit, sich real Wünsche zu erfüllen oder um etwas zu bitten, wählen sie, wie beim Essen, den heimlichen Weg. Stehlen und süchtiges Kaufen kann aber auch Ausdruck von Aggression oder Frustration sein, schafft jedoch seinerseits Gefühle von Aufregung und lustvoller Gefahr.

Eine bulimische Patientin berichtete, daß sie in der Zeit des exzessiven Überessens und Erbrechens ihre Eßanfälle direkt im Laden vollzog, versteckt in einer Ecke, in der sie von den Überwachungskameras unerkannt blieb. Sie riß die Verpackungen auf und stopfte sich voll, immer in der Angst, entdeckt zu werden. Sie erlebte diese Anfälle wie im Rausch. Noch heute, wo sie bereits lange Phasen ohne Freßanfälle und Erbrechen erlebt, klaut sie Eßwaren im Laden, fast wie ›aus Gewohnheit‹. Sie hat kein Bewußtsein dafür, daß sie sich dadurch strafbar macht.

Was können die Angehörigen tun, wenn sie merken, daß die Tochter/Partnerin Eßwaren entwendet oder Geld stiehlt? Sie sollten es am besten auf dem Hintergrund der Magersucht oder Bulimie als ein Symptom der Krankheit einordnen und sie mit ihrem Verhalten konfrontieren. Das können sie natürlich nur dann effektiv tun, wenn sie selbst von der Notwendigkeit und Nützlichkeit dieses Vorgehens überzeugt sind. Solange sie jedoch das Verhalten der Tochter/Partnerin entschuldigen und beschönigen, unterstützen sie im Grunde die Dynamik, die dem Stehlen zugrundeliegt.

Wenn Sie also den Verdacht haben, daß Ihre Tochter oder Partnerin die Vorräte wegißt, sollten Sie sie daraufhin ansprechen und mit ihr eine Lösung vereinbaren, wie Sie in Zukunft damit umgehen werden. Eine Möglichkeit könnte sein, den Kühlschrank oder die Vorratskammer zuzusperren, wenn die Betroffene nicht die Verantwortung übernehmen kann, nichts wegzunehmen. Das wäre eine erste Hilfe, wenn die innere Kontrolle nicht ausreicht. Angehörige können auch darauf bestehen, daß die Tochter/Partnerin die Vorräte, die sie weggegessen hat, von ihrem Geld ersetzt, ebenso das Geld, das sie entwendete. Um die Verantwortung der Tochter oder Partnerin zu fördern, ist es oft sinnvoll, Abrechnungen des Haushaltsgelds zu vereinbaren, um zu vermeiden, daß sie Eßanfälle aus der gemeinsamen Kasse finanziert oder sie Geld stiehlt. Ist sie für die Richtigkeit der Abrechnung zuständig, erhöht sich ihr Verantwortungsbewußtsein. Ansonsten sehen sich die Angehörigen genötigt, die Tochter/Partnerin heimlich zu kontrollieren, was jedoch die Stimmung in der Familie enorm verschlechtert und die Betroffene nicht erreicht.

Verfügt sie über eigenes Geld, so kann sie es natürlich für ihre Eßexzesse ausgeben, es besteht jedoch die Gefahr, sich zu verschulden. Aus dieser Einsicht heraus vereinbarte eine Patientin mit ihren Eltern, für eine gewisse Zeit ihre Scheckkarte abzugeben und sich wöchentlich einen für das Leben ausreichenden Betrag auszahlen zu lassen. Das Einteilen der wöchentlichen Geldration kann ebenso wie der Verzicht auf das Zahlen mit Scheck- oder Kreditkarte eine Bremse für grenzenlose Einkäufe bedeuten.

Strategien dieser Art lösen nicht das emotionale Problem, das sich in der Eßstörung und dem Stehlen niederschlägt, denn sie zielen direkt auf das Verhalten ab. Sie dienen jedoch dazu, die Verheimlichung zu beenden und das süchtige Verhalten zu stoppen. Das Ziel der Konfrontation ist, die Verantwortlichkeit der Tochter/Partnerin zu fördern und Grenzen zu ziehen. Das bedeutet auch, Unangenehmes und Peinliches nicht wegzuschieben, sondern zu benennen.

Die Verantwortung für die Genesung abgeben – loslassen

Eine Mutter bringt das Thema auf einen einfachen Nenner:

Ich fühle mich wie in einer Zwickmühle. Egal, was ich tue, es ist nie richtig. Wenn ich loslasse, habe ich Angst, es passiert etwas Schlimmes, aber wenn ich festhalte, wird alles nur noch schlimmer.

Aus dieser Angst heraus übernehmen die Angehörigen oft die Verantwortung für die Genesung der Tochter/Partnerin, weil sie sonst befürchten, daß sie ›abrutscht‹. Diese Angst ist zweifellos verständlich und auch nicht von der Hand zu weisen. Doch das Festhalten hilft nicht, sondern dient nur einer vorübergehenden Beruhigung und verhindert, daß die Betroffene selbst sich Gedanken um ihre Genesung macht. Aus ihrer Sorge geraten Eltern und Partner in eine Pseudo-Therapeuten-Rolle, die sie überfordert und die bisherige Beziehung verändert. Angehörige sollten bestmöglich auf eine ›therapeutische Funktion‹ gegenüber der Eßsüchtigen verzichten und die Behandlung Fachleuten übergeben. Sollte die Tochter/Partnerin sich weigern, Therapie zu machen, so können sich wenigstens die Angehörigen professionellen Rat holen, wie sie vorgehen können. Denn sie brauchen in derselben Weise wie die Eßgestörten Unterstützung und Hilfe.

Die Aufgabe der Angehörigen einer magersüchtigen oder bulimischen jungen Frau gegenüber besteht im wesentlichen darin, ihr Unterstützung anzubieten, um ihre Eßstörung zu lösen und nicht zu versuchen, sie für sie zu lösen. Wie kann das aussehen?

Mutter, Vater oder Partner könnten sich in aller Ruhe mit der Betroffenen zusammensetzen und ihr zuhören, ohne gleich Ratschläge zu geben oder etwas zu tun. Es gibt Zeiten, in denen Probleme nicht sofort gelöst werden können, sondern es erst einmal ausreicht, sie zu registrieren und zu akzeptieren, daß sie da sind. Erst der zweite Schritt gilt dann der aktiven Suche nach Lösungen. Was bedeutet in diesem Zusammenhang Loslassen? Im obigen Fall besteht das Loslassen darin, nicht in dem Druck einer sofortigen Lösung zu verharren, sondern sich zunächst Zeit zu lassen, um Lösungswege zu bedenken.

Da es sich beim ›Loslassen‹ um ein schwer objektivierbares Wort handelt, kann es immer nur individuell definiert und verstanden werden. Im wesentlichen bedeutet es, ›Dinge hinzunehmen, die ich nicht ändern kann‹[12]. Damit ist kein Fatalismus gemeint, sondern die Anerkennung eigener Grenzen des Handelns, beispielsweise die Beeinflußbarkeit der Krankheit der Tochter/Partnerin. Es beinhaltet nicht, die Verantwortung abzugeben, wo sie erforderlich ist, sondern aufzuhören, etwas zu tun, wo es im Moment nicht in der Kraft des einzelnen steht, etwas auszurichten.

Hinter dem Loslassen steht Vertrauen. Vertrauen in die Tochter oder Partnerin, daß sie ihren Weg finden und gehen wird, auch wenn es im Moment gar nicht danach aussieht; Vertrauen in das Leben oder eine höhere Macht, daß die Dinge sich so fügen, wie es sinnvoll und letztlich gut ist; Vertrauen in sich selbst, mit der Situation, wie sie ist, fertig zu werden. Gerade in Zeiten, in denen es uns schlecht geht, fehlt uns häufig dieses Vertrauen, obwohl wir es besonders dann brauchen. Ich kann verstehen, wenn Sie als betroffene Eltern vielleicht große Mühe haben, sich auf diesen Gedankengang einzulassen. In der Regel können wir das Loslassen nicht willentlich ›machen‹, sondern es erwächst uns aus der Not. Aber es bringt zugleich Kraft, um uns auf das Wesentliche zu besinnen und uns nicht in ineffektive Aktivitäten zu verstricken. Das Loslassen ist keine einmalige Handlung, sondern ein immer wiederkehrendes Innehalten im Tun oder Hadern und das Akzeptieren der Geschehnisse, wie sie im Moment sind. Immer dann, wenn wir etwas erzwingen wollen und es gerade deshalb nicht gelingt, ist oftmals das Loslassen die beste Lösung. Nicht selten fügen sich dann die Dinge ›wie von selbst‹.

Im Gespräch mit der Mutter einer magersüchtigen Tochter beeindruckte mich die Intensität, mit der sie eine der wichtigsten Aufgaben umschrieb, die sie zu erfüllen habe: Loslassen, loslassen und wieder loslassen. Eine andere erklärte es ihrer bulimischen Tochter so:

Ich kann dir nicht mehr helfen. Wir schicken dich in Therapie, und den Rest mußt du selber machen. Du bist selbst verantwortlich für dich. Damit geht es mir gut.

Zum Loslassen gehört auch, die Kontrolle des Gewichts und Essens an die behandelnden Ärzte oder Psychotherapeuten abzugeben und aufzuhören, Ihre Tochter oder Partnerin zum Essen zu bewegen. Sie selbst brauchen dann dafür nicht mehr Sorge zu tragen, Sie müssen Ihre Tochter oder Partnerin nicht mehr hauptsächlich unter dem Gesichtspunkt der Eßstörung betrachten und haben mehr Freiraum für sich selbst.

Das Wesentliche am Loslassen scheint zu sein, daß die Angehörigen lernen, sich um sich selbst zu kümmern und die Tochter/Partnerin nicht mehr zum Mittelpunkt ihres Denkens, Handelns und Fühlens zu machen. Viele glauben, ihre Tochter/Partnerin zu verraten und fallen zu lassen, wenn sie für sich selbst Verantwortung übernehmen. Sie übersehen dabei, daß die Tochter/Partnerin entlastet wird, wenn die Angehörigen Verantwortung für sich übernehmen und daß sie lernen muß, sie für sich selbst zu entwickeln. Erst dann ist Genesung möglich.

Loslassen bedeutet daher, daß die Angehörigen beginnen, für sich zu sorgen und Entscheidungen danach zu fällen, daß es ihnen gutgeht und sie sich entlasten, anstatt ständig auf die Tochter/Partnerin Rücksicht zu nehmen. Die Wende kommt dann, wenn die Angehörigen beginnen, Unternehmungen unabhängig von ihr zu planen, sie sich einen neuen Freundeskreis aufbauen oder einen alten wiederbeleben, sie sich wieder mit Spaß ihren Hobbys zuwenden und Dinge tun, die ihrem Leben Freude und Sinn verschaffen.

Viele eßgestörte Mädchen und Frauen erleben es als erdrückend, wenn sie spüren, daß ihre Eltern/Partner nur noch für sie leben, weil sie sich dann verpflichtet fühlen, sich um sie zu kümmern und sich noch weniger trauen, ihren eigenen Weg zu gehen.

Meine Eltern haben sehr wenig Kontakt nach außen, vor allem mein Vater will das nicht. Meine Mutter möchte schon gerne und versucht es dann mit Volkshochschulkursen und so. Aber es wäre sehr schön, wenn sie mehr miteinander unternehmen würden. Am Wochenende, wenn sie wegfahren wollen und ich habe keine Lust mitzukommen, dann sind sie entweder enttäuscht oder fahren auch nicht. Und dann fahre ich halt mit, damit wieder alles in Ordnung ist. Aber mich nervt das, wenn sie sich immer nach mir richten, weil ich dann auch nicht machen kann, was ich will.

Eigenständigkeit der Angehörigen und Autonomie der Mädchen und Frauen

Das Entwicklungsziel von mehr Autonomie und Selbstbestimmtheit der Tochter/Partnerin ist eng verknüpft mit dem der Eigenständigkeit der Eltern und Partner. Beide müssen gleichermaßen lernen, ihr Leben selbst in die Hand zu nehmen und eigene Entscheidungen zu treffen. Das ist für beide Seiten nicht leicht, besonders dann, wenn die Familien oder Partnerschaften bisher stark von Abhängigkeit und gegenseitiger Fürsorge geprägt waren.
Das Lernziel könnte heißen: ›Es geht mir gut, auch wenn es dir nicht gutgeht, auch wenn du unter Magersucht oder Bulimie leidest.‹
Für manche von Ihnen mag das jetzt hart oder unmenschlich klingen, besonders auf dem Hintergrund Ihrer elterlichen Fürsorgepflicht. Von Rechts wegen sind Sie verpflichtet, sich um Ihre Toch-

215

ter zu kümmern, moralisch setzen Sie sich selbst unter Druck oder werden von Freunden, anderen Familienangehörigen oder auch Nachbarn eventuell verurteilt, wenn Sie sich um sich selbst kümmern, obwohl Sie ein krankes Kind haben. Und dennoch ist Eigenständigkeit und Loslassen unerläßlich, um die Eßstörung zu überwinden. Aus diesem Dilemma kommen viele Angehörige nicht heraus, weil sie unter Scham und mangelndem Selbstwertgefühl leiden und gerade deshalb auf die Anerkennung von außen angewiesen sind. Und die erhalten sie in der Regel für aufopferndes Verhalten. Ein Teufelskreis, der oft nur dann zu durchbrechen ist, wenn die Angehörigen sich solidarische Unterstützung von gleichermaßen betroffenen Eltern oder von Therapeuten holen.

Denn die Erfahrung zeigt, daß es den Töchtern/Partnerinnen wesentlich besser geht, wenn sie spüren, daß es ihren Angehörigen gutgeht und diese für sich selbst sorgen können. Sie müssen sich dann nicht verantwortlich fühlen, daß sie den Kummer der Eltern/Partner verschulden, sondern erleben, daß diese auch ein Leben unabhängig von der Eßstörung haben. Rufen wir uns noch einmal ins Gedächtnis, daß ja die Eßstörungen in den meisten Fällen unter anderem der Versuch des Mädchens oder der Frau sind, sich Unabhängigkeit zu verschaffen, wo Überfürsorge herrscht, dann können Sie vielleicht verstehen, daß Ihre Eigenständigkeit nicht nur Ihnen, sondern auch der Tochter/Partnerin zugute kommt.

Dowling (1989) beschreibt in ihrem Buch ›Perfekte Frauen‹ ihre Situation als Mutter einer bulimischen Tochter. Durch die Krankheit wurde ihr klar, daß die Beziehung zu ihrer Tochter stark von ihren eigenen Problemen mit sich selbst geprägt war. Sie bemühte sich, eine perfekte Mutter zu sein, indem sie immer wußte, was für ihre Tochter richtig war und danach handelte. Auf der anderen Seite hatte sie oft von der Tochter erwartet, durch gute Leistungen und Attraktivität ihre eigenen Bedürfnisse zu befriedigen und ihre innere Leere auszugleichen. Als die Tochter an Bulimie erkrankte, hatte Dowling das Gefühl, von ihr in ihrer Mutterrolle festgehalten zu werden, sich noch nicht lösen zu dürfen. »Heute glaube ich, daß meine Tochter mich mit Macht zurückzog. Sie hatte eine Situation geschaffen, in der ich sie weiter bemuttern mußte – und ich mußte es in der Tat besser hinkriegen als früher...« (S. 25) Dazu war es nötig, die Tochter aus der Rolle des ›Alter ego‹, des zweiten Ich zu entlassen. Erst als es ihr gelang, ihre Tochter nicht mehr unter dem Aspekt der von ihr erbrachten Leistung zu sehen und sie aufhörte, bestimmte Erwartungen an sie zu richten, konnten Mutter und Tochter zu einer neuen Form der Beziehung finden. Sie mußte darin vertrauen, daß die Tochter ihr Leben in die eigenen Hände nimmt und unabhängig von ihr existiert. Die Ängste, die sie um ihre Tochter hatte, waren in der Mehrzahl ihre eigenen Ängste, das eigene Leben nicht zu bewältigen. Es galt daher, eine neue Einstellung zu sich selbst zu gewinnen statt nur zur Tochter.

Der Prozeß der gegenseitigen Ablösung ist schmerzhaft und beinhaltet auch eine Veränderung der elterlichen Funktionen. Wo diese sich bisher hauptsächlich versorgend um die Tochter kümmerten, bekommt ihre Unterstützung aus dem ›Hintergrund‹ eine immer größere Bedeutung. Sie sind für die Tochter da, aber lassen sie ihr Leben weitgehend selbst bestimmen. In den Vordergrund tritt mehr und mehr ihr eigenes Leben, unabhängig von der Tochter. Daß diese Ablösung durch die Eßerkrankung erschwert wird, ist unbestreitbar, aber trotzdem deshalb nicht unmöglich.

Wenn die Eltern sich etwas zurückziehen, dann hat die Tochter den Raum, um eigene Erfahrungen zu machen, Fehler zu korrigieren, eigene Stärken zu entdecken und ihre Grenzen zu erleben. Wenn sie sich auf ihre Eltern als Ratgeber und Unterstützer verlassen kann, erwirbt sie die Sicherheit, die sie braucht, um den Schritt in die Unabhängigkeit zu unternehmen. Erlebt sie jedoch täglich, daß die Eltern sowieso alles besser wissen, schwächt das ihr geringes Selbstwertgefühl noch mehr und verstärkt die Abhängigkeitswünsche oder den Protest.

Die Tochter ist ein junges Mädchen, das Verständnis, Unterstützung und Grenzen braucht und das lernen muß, selbständig zu werden. Die Eltern sind Erwachsene, die sich von ihrer bisherigen Elternrolle loslösen müssen, sich auf ein Leben ohne Kinder vorbereiten und ihr Leben mit neuem Sinn und Freude füllen können. Die Mutter einer magersüchtigen Tochter ist noch heute stolz auf ihre Entscheidung und froh über den Erfolg:

Ich hab mal alleine eine Woche Urlaub gemacht, und das tat mir sehr gut. Sie, mein Mann und meine Tochter, kamen toll ohne mich aus. Sie bekochte den Vater und nutzte die Zeit, sich selbst eine Sommerreise zu buchen.

Phasen der Auseinandersetzung

Die emotionale Belastung und Kränkung von Familien/Partnerschaften aufgrund der Eßerkrankung der Tochter/Partnerin ist vergleichbar mit der Reaktion auf eine unheilbare Krankheit oder einen Todesfall. Die Angehörigen einer bulimischen oder anorektischen jungen Frau durchlaufen denselben Prozeß, wie er bei der Trauerarbeit bekannt ist. Wenn sie sich dieser Auseinandersetzung stellen – was mit äußerer Hilfe leichter ist –, können sie ihr co-abhängiges Verhalten überwinden und innere Ruhe und Stabilität gewinnen. Kübler-Ross unterscheidet fünf Phasen, die bei diesem Prozeß durchlaufen werden:

1. Phase der Verleugnung
In dieser Phase sind die Angehörigen dermaßen geschockt, daß sie sich weigern, die Realität anzuerkennen, wie sie ist. Beschönigen, Nicht-wahrhaben-Wollen und Leugnen der Krankheit und der eigenen Gefühle von Schreck und Hilflosigkeit sollen vortäuschen, daß sich nichts geändert hat. Es ist alles nicht so schlimm und wird schon wieder. Das Verleugnen der Realität ist zunächst eine »natürliche Reaktion auf Schmerz, drohenden Verlust und Veränderung.« (Rennert, S. 110) In einer vertrauen- und sicherheitgebenden Atmosphäre wie einer Elterngruppe oder Therapie kann die Kon-

frontation mit der Eßerkrankung und den eigenen Problemen, die die Angehörigen damit haben, beginnen. Müssen sie die Sucht nicht mehr verleugnen, dann können sie die zweite Phase der Trauerarbeit erreichen.

2. Phase der Wut und des Selbstmitleids

Diese Phase ist gekennzeichnet von Fragen wie »Warum muß das unserem Kind passieren, warum unserer Familie?«. Die Angehörigen hadern mit ihrem Schicksal, sind wütend und enttäuscht auf sich, die Tochter und das Leben. Manchmal wird der Wut Ausdruck verliehen durch Hinauswerfen der Tochter oder ständige Beschimpfungen. Andere reagieren mehr mit Selbstanklagen oder passiver Feindseligkeit. Beide Formen tragen weder zur Veränderung der Eßerkrankung noch der Beziehung bei, sondern schaffen eine zusätzliche Belastung.

In der Arbeit mit Angehörigen ist das Ziel dieser Phase, die eigenen Gefühle wahrzunehmen, sie zu akzeptieren und zu lernen, konstruktiv mit ihnen umzugehen. Wie schaffe ich es, meine Wut auszudrücken, ohne die Beziehung zur Tochter/Partnerin zu zerstören oder ständigen Zoff in der Familie und Partnerschaft auszulösen. Wie wende ich meinen Ärger und meine Enttäuschung nach außen, statt alles in mich reinzufressen und depressiv zu werden.

Die Angehörigen lernen überdies, ihre Abhängigkeit von der Magersüchtigen oder Bulimikerin zu erkennen und aufzulösen.

»Wenn die Eltern (Angehörigen) lernen, das Kind (die Betroffene) loszulassen, haben sie eine Möglichkeit, sich auf konstruktive Weise als Eltern (Angehörige) zu verhalten und die Verantwortlichkeit dafür, wie es dem Kind (der Betroffenen) geht, ihr selbst zu überlassen, anstatt ihrerseits von dieser kontrolliert zu werden.« (Rennert, S. 111)

3. Phase des Handels

In dieser Phase versuchen die Angehörigen einen Handel abzuschließen mit den Therapeuten, den Psychologen, den Ärzten oder mit Gott. Sie bemühen sich beispielsweise, den besten Therapie-platz für die Tochter/Partnerin zu bekommen, in der Hoffnung, sie auf diese Weise retten zu können. »Wenn wir alles für sie tun, wird sie wieder gesund.«

In dieser Phase gilt es, die Angehörigen zu unterstützen, sich aus ihrer Abhängigkeit zu befreien und sich ihre Hilflosigkeit und Ohn-macht einzugestehen, ihre Tochter/Partnerin gesund machen zu können. Dieses Eingeständnis führt oft zur

4. Phase der Depression

Sie ist verbunden mit dem Gefühl, nichts tun zu können und der Sucht gegenüber machtlos zu sein. Das ist der erste Schritt der Anonymen Alkoholiker und der auf ihrem Gedankengut beruhen-den Anonymen Overeater (Selbsthilfegruppe für Menschen mit Eßstörungen). Durch das Akzeptieren der eigenen Machtlosigkeit der Sucht gegenüber werden häufig Schmerz und Verzweiflung ausgelöst, die einige dazu bewegen, wieder auf Gefühle einer vor-angegangenen Phase zurückzugreifen wie Wut, Feindseligkeit oder Verleugnung. Die Arbeit in dieser Phase besteht darin, sich dem Schmerz zu stellen und so zur

5. Phase des Akzeptierens

zu gelangen. Dabei muß die Tochter/Partnerin ihre Suchterkran-kung annehmen und akzeptieren, daß sie ihr ein Ende setzen muß. Die Angehörigen müssen akzeptieren, daß sie ihre bisherige Helfer- oder Retterrolle aufgeben müssen und der Betroffenen die Verant-wortung für die Genesung zurückgeben. Die Probleme der Toch-ter/Partnerin sind nicht mehr automatisch ihre Probleme und sie werden frei, sich wieder sich selbst zuzuwenden. In dieser Phase lernen sie, Verständnis für die Betroffene zu entwickeln, ohne die Sucht zu akzeptieren. Sie können sich ihr zuwenden, ohne den Druck, für ihre Genesung verantwortlich zu sein.

»Das Akzeptieren der Situation bedeutet nicht Resignation, sondern den Entschluß, mit dem Problem zu leben und aktiv damit umzugehen. Die Kräfte, die bisher im Kampf gegen die Situation zur Leugnung, Wut, Verhandlung und Depression eingebunden waren, sind nun frei für das Leben mit selbstbestimmter Gestaltung dessen, was da ist.« (Rennert, S. 114)

Wie sich Angehörige fühlen und welche Stufen der Auseinandersetzung sie durchlaufen, zeigt auch das folgende Modell, das ich mit freundlicher Genehmigung des Elternkreises drogenabhängiger und drogengefährdeter Jugendlicher und des Bremer Elternkreises eßgestörter Töchter und Söhne abdrucken darf. Auch dieser ursprünglich für Angehörige von drogenabhängigen und drogengefährdeten Jugendlichen formulierte Text wurde auf die Belange von Eßstörungen umgeschrieben.

Die Phasen in diesem Modell entsprechen im wesentlichen denen von Kübler-Ross, sind jedoch noch etwas differenzierter dargestellt. Der Punkt der Kapitulation entspricht dem ersten Schritt der Genesungsschritte der Anonymen Selbsthilfegruppen und eröffnet die Wende. Sie beginnt mit dem Wahrnehmen des Eßproblems, dem die Einsicht folgt, die Tochter/Partnerin nicht retten zu können. Das Ziel ist die Ehrlichkeit gegenüber Gefühlen und die Gelassenheit gegenüber Problemen, verbunden mit dem Gefühl der Hoffnung. Diese Schritte sind, wie auch die von Kübler-Ross, nicht unbedingt ein für alle Mal abgeschlossen, wenn sie einmal durchlaufen wurden, da es immer wieder vorkommt, daß jemand auf eine frühere Stufe zurückgeht, wenn beispielsweise der Schmerz der Auseinandersetzung zu groß erscheint. Auch ist die Reihenfolge nicht unbedingt zwingend, es kann sich jemand auch auf mehreren Stufen gleichzeitig befinden. Dennoch kann das Modell einen Überblick geben, wo jemand in der Auseinandersetzung mit der Eßstörung der Tochter/Partnerin steht, und welche Schritte es aus der momentan unveränderlich wirkenden Lage gibt.

Mein Kind ist eßgestört
PHASEN DER ELTERN-BEFINDLICHKEIT

LEUGNEN

Mich erschreckt die Veränderung meines Kindes, ich kann aber den Gedanken nicht ertragen, daß eine Eßstörung die Ursache dafür sein könnte.

Ich spreche meine Gefühle und Wünsche ehrlich aus, übe mich in Gelassenheit, auch in schwierigen Situationen, und verliere nie die Hoffnung.

VERTUSCHEN

Die Eßstörung meines Kindes wird mir zur Gewißheit, ich möchte jedoch unter allen Umständen verhindern, daß jemand davon erfährt.

Ich gebe die Suche nach Erklärungen und Sündenböcken auf und bin deshalb nicht mehr erpressbar. Ich stehe offen zu den Problemen.

VERANTWORTUNGSÜBERNAHME

Ich fühle mich voll verantwortlich für die Entwicklung und das Verhalten meines Kindes. Die Vorstellung, versagt zu haben, ist mir unerträglich.

Ich erkenne, daß ich mein Kind in die Selbständigkeit entlassen muß, auch wenn ich Angst davor habe, denke und handle nicht mehr an seiner Stelle, übertrage ihm die Verantwortung für sein Leben.

SELBSTVERLEUGNUNG

Ich denke nur noch daran, wie ich mein Kind retten und schützen kann. Meine eigenen Bedürfnisse und die der anderen Familienmitglieder nehme ich nicht mehr wahr.

Ich beginne, mich gegen das süchtige Verhalten abzugrenzen, wende mich wieder den anderen Familienmitgliedern und meinen eigenen Interessen zu.

VERHANDLUNGEN

Ich versuche in endlosen Gesprächen mein eßgestörtes Kind zu überreden, verlange Versprechungen, stelle Belohnungen in Aussicht, schwanke zwischen Strenge und Nachgiebigkeit.

Ich begreife, daß die Sucht mein Kind beherrscht, meine Argumente es nicht erreichen und Kontrollen nicht weiter führen.

SCHULDGEFÜHLE

Ich quäle mich immer wieder mit dem Gedanken an die Vergangenheit und suche zu ergründen, was ich falsch gemacht habe.

Langsam befreie ich mich von Schuldgefühlen, handle selbstbewußter. Ich löse meine Gedanken von der Vergangenheit, verliere die lähmende Angst vor der Zukunft und stelle mich dem heutigen Tag.

VERZWEIFLUNG; SELBSTMITLEID

Ich verzweifle, weil ich nichts ausrichte und hadere mit meinem Schicksal. Mein ganzes Leben ist in Unordnung geraten.

Als eine/r unter vielen erkenne ich, daß eine Eßstörung in jeder Familie vorkommen kann. Es wird mir möglich, mein Problem anzunehmen.

KAPITULATION

Ich bin am Ende meiner Kräfte.

Ich suche Hilfe im Elternkreis.

Konflikte lösen

Wie in Teil II dieses Buches schon erwähnt, besitzen eßgestörte Familien/Partnerschaften wenig Konfliktlösungstechniken. Entweder werden Probleme unter den Teppich gekehrt oder ihre Lösung mißlingt.

Ein Konflikt liegt dann vor, wenn die Bedürfnisse der Angehörigen denen der Tochter/Partnerin entgegenstehen. In unserem Kontext entwickelt sich der Konflikt am Eßverhalten der Tochter/Partnerin und ihrem Benehmen. Das Problem besitzt dabei nicht die Betroffene allein, sondern die Beziehung als Ganzes. Denn die Eltern sind in den Konflikt ebenso eingebunden wie die Tochter, die Partner ebenso wie die Partnerin.

Das Scheitern von Lösungen liegt meist daran, daß Eltern oder Partner Konflikte entweder zu autoritär oder zu nachsichtig behandeln.

Im ersten Fall entscheiden die Angehörigen, wie das Problem mit der Tochter/Partnerin gelöst werden muß. Widersetzt sie sich, kommt es zu einem Machtkampf, in dem die Angehörigen ihre Autorität einsetzen und die Tochter/Partnerin zur Einwilligung zwingen. Die einfache Formel heißt: Die Angehörigen siegen, die Tochter/Partnerin verliert.

Im Fall zwei, dem zu nachlässigen Umgang mit Problemen, reagieren die Angehörigen auf die Ablehnung ihres Lösungsvorschlags mit Nachgiebigkeit. Sie lassen von ihrem Standpunkt ab und ordnen sich unter. In diesem Fall ist die Tochter/Partnerin die Siegerin, die Angehörigen sind die Verlierer.

In beiden Fällen handelt es sich um Lösungsmodelle nach dem sogenannten ›K.O.-Prinzip‹, bei dem es immer eine(n) Unterlegene(n) geben muß.

Bei der dritten Methode, der sogenannten ›Niederlagenlosen Methode‹ (Gordon), gibt es im Gegensatz dazu weder Verlierer noch Gewinner. Hier werden zusammen Lösungen gesucht und auf ihre Effektivität hin überprüft. Es wird kein Zwang ausgeübt, aber Verantwortung von beiden Seiten verlangt. Denn diese Methode setzt voraus, daß beide Konfliktparteien bereit sind, das Problem lösen zu wollen und sich an Absprachen zu halten. Nur unter dieser Voraussetzung kann diese Methode gelingen.

Sie beinhaltet sechs Schritte:

1. Definition des Problems
Beispielsweise Umgang mit dem Essen. Die Angehörigen wollen, daß die Tochter/Partnerin normal bei Tisch mitißt, sie will allein essen und nur das, was sie will.

2. Vorschlagen von möglichen Lösungen
Hierbei geht es zuerst nur um das Sammeln von Lösungsmöglichkeiten, noch nicht um die Entscheidung, welche ausgewählt werden.
Beispiele:
- Die Tochter/Partnerin ißt einmal am Tag mit der Familie/dem Partner das, was die anderen auch essen, aber etwas weniger. Oder:
- Sie ißt für einen Monat allein, ohne Kontrolle durch die Angehörigen. Oder:
- Sie ißt mit den anderen, wenn sie für sie kocht. Oder:
- Sie sitzt bei Tisch dabei, ißt aber nichts und wird auch nicht darauf angesprochen.

Sie können mit Ihrer Familie/Partnerin eigene Lösungsvorschläge aufschreiben.

3. Mögliche Lösungen werden bewertet
Hierbei geht es darum, daß jeder der Beteiligten sagt, wie er die Lösungsvorschläge auf seine Durchführbarkeit und seinen Nutzen hin bewertet. Dabei können verschiedene Meinungen auftauchen, die jedoch im nächsten Schritt zu einer Lösung zusammengefaßt werden müssen.

4. Es wird entschieden, welche die beste Lösung ist
Es gibt oft nicht eine einzige Lösung, sondern vielleicht mehrere, aber dennoch ist es wichtig, sich auf eine erste Lösung zu einigen,

hinter der jeder stehen kann und die jeder unterstützt, auch wenn es nicht seine eigene ›Lieblingslösung‹ ist. Aber demokratische Entscheidungen enthalten nun einmal Kompromisse.

5. Die Entscheidung wird verwirklicht
Hierbei wird die Lösung unter den ausgehandelten Bedingungen ausprobiert.

6. Die Lösung wird anschließend bewertet
Wenn sich die Lösung nicht bewährt hat, obwohl sich alle an die Vereinbarungen gehalten haben, muß eine neue gesucht werden. Es kann auch sein, daß das Problem neu definiert werden muß, eventuell spezifischer, um konkretere Lösungen formulieren zu können. Genaueres zum Ablauf der Problemlösungsschritte finden Sie im Kursprogramm der Familienkonferenz von Gordon.
Das Wesentliche an der Methode ist die Gleichwertigkeit in der Beziehung der Konfliktparteien und die gemeinsame Suche nach Lösungen, die schon ein Teil einer konstruktiven Problemlösung darstellen.

Was tun – was lassen?

Zum Abschluß dieses Buches möchte ich noch einmal einige wichtige Punkte zusammenfassen, die Sie als Eltern oder Partner vermeiden oder tun können, um die Situation mit Ihrer magersüchtigen oder bulimischen Tochter/Partnerin zu verbessern und ihren Weg zur Überwindung der Eßstörung zu unterstützen.

1. Vermeiden Sie, Kontrolle auf Ihre Tochter/Partnerin auszuüben, denn sie verstärkt das Symptom, statt es zu verändern. Die Eßstörung ist für viele Mädchen und Frauen der einzige Versuch, über sich selbst zu bestimmen. Mehr Kontrolle bewirkt daher das Gegenteil von dem, was Sie erreichen möchten.

Halten Sie sich statt dessen zurück, und geben Sie Ihrer Tochter/Partnerin die Freiheit, über ihr Leben selbst zu bestimmen, auch wenn sie andere Wege geht, als Sie für sie möchten.

Die Aufgabe der Kontrolle betrifft auch das Eßverhalten. Vermeiden Sie Diskussionen oder Streitereien um das Essen, und versuchen Sie nicht, Ihre Tochter/Partnerin zum Essen zu bewegen oder sie vom Erbrechen abhalten zu wollen. Es wird Ihnen in der Regel mißlingen, weil Sie damit meist nur noch mehr Widerstand provozieren. Geht Ihre Tochter/Partnerin in Therapie, so können Sie die Sorge um Gewicht, Essen und Erbrechen den Fachleuten überlassen. Verweigert sie eine Therapie, dann ist es angeraten, mit der gesamten Familie oder in der Partnerschaft offen über das Problem zu sprechen und zusammen Lösungswege zu suchen. In diesem Fall können Familien- oder Partnergespräche mit therapeutischer Unterstützung sinnvoll sein, um herauszufinden, wo die ›eigentlichen‹ Probleme liegen, die sich in der Eßstörung ausdrücken.

2. Respektieren Sie die Grenzen Ihrer Tochter und Partnerin und Ihre eigenen. Jeder Mensch braucht einen Intimraum, der vor anderen geschützt werden darf. Eßgestörte Familien haben – wie wir sahen – meist nach innen fast keine oder nur sehr geringe Grenzen, nach außen dafür sehr starke. Das Respektieren der Grenzen der Tochter bedeutet beispielsweise, ihre Post oder ihr Tagebuch nicht zu lesen, ihr nicht nachzuspionieren oder sie auszufragen, wo sie war oder gar, was sie heute schon gegessen hat. Es beinhaltet auch, ihre Schamgrenzen zu berücksichtigen, wenn sie das Bad abschließt oder sich nicht nackt zeigen möchte oder Sie nicht nackt sehen möchte.

Das Wahren Ihrer persönlichen Grenzen als Angehörige(r) bedeutet, nichts mit sich machen zu lassen, was Sie nicht möchten und das klar auszusprechen. Das erfordert Konsequenz, schafft aber auch Freiraum. Wenn es Ihnen gelingt, mit Ihrer Tochter/Partnerin Absprachen über die jeweiligen Grenzen zu treffen, hilft das im täglichen Zusammenleben. Es erfordert jedoch, daß jede Seite sich auch daran hält und Sie nicht nachgeben, nur weil ›sie doch krank ist‹.

Grenzen sind in der Regel nicht gegen Sie oder die Tochter/Partnerin als Person gerichtet, sondern ein Ausdruck persönlicher Freiheit und gegenseitigen Respekts.

3. Scham- und neurotische Schuldgefühle führen meist zu ziellosem Handeln, das darauf gerichtet ist, daß die Tochter/Partnerin wieder so wird, daß Sie als Eltern oder Partner sich nicht für sie schämen müssen. Doch wie Sie selbst erleben, scheitern Ihre Versuche, sie zu verändern.

Die Aufgabe der Angehörigen besteht darin, ihren Selbstwert nicht mehr so stark von dem Verhalten, den Leistungen oder dem Äußeren der Tochter/Partnerin abhängig zu machen, sondern eigene Wege zu finden, um sich zu bestätigen, etwas wert zu sein. Auf diese Weise reduziert sich die Scham und die damit zusammenhängenden neurotischen Schuldgefühle, an der Eßerkrankung der Tochter/Partnerin schuld zu sein.

Glauben Sie, sich an Ihrer Tochter oder Partnerin schuldig gemacht zu haben, indem Sie sie verachten (verachteten), sie ablehnen (ablehnten), sie mißbrauchen (mißbrauchten), dann ist es an der Zeit, sich diese Schuld einzugestehen und zu verzeihen. Oft geht das allein nur sehr schwer, und wir brauchen dazu einen anderen Menschen, dem wir uns anvertrauen können und der uns Verständnis entgegenbringt. Diese Rolle kann die Ehepartnerin oder der Ehepartner übernehmen, eine gute Freundin oder ein guter Freund, eine Therapeutin oder ein Therapeut.

4. Vermeiden Sie es, der Betroffenen Vorwürfe und Schuldgefühle zu machen, wie beispielsweise: »Du wirst noch die ganze Familie ruinieren« oder »Schau, wie deine Mutter unter deinen Launen leidet.« Sie helfen nicht, sondern zerstören die Beziehung.

5. Lernen Sie, Ihre Gefühle der Tochter/Partnerin gegenüber auszudrücken, denn davon haben Sie sehr viele. Zeigen Sie Ihren

Ärger, Ihre Hilflosigkeit, aber auch Ihre Sorge und Liebe. Denn hinter Ihrem Wunsch nach Veränderung steht auch Ihre Zuneigung, die zum Ziel hat, daß es der Tochter/Partnerin gutgeht und sie sich nicht zerstört. Leider kommt dieser Teil in der Beziehung oft zu kurz, obwohl er für alle Beteiligten so wichtig ist und eine Brücke zwischen ihnen baut.

Kommen Sie mit Ihren Gefühlen und Ihrer Verzweiflung Ihrer Tochter/Partnerin gegenüber nicht zurecht, so suchen Sie sich außerhalb der Familie Hilfe. Ihre Tochter/Partnerin wird nicht Ihnen zuliebe gesund, damit es Ihnen wieder gutgeht und so darf es auch nicht sein. Sie müssen die Verantwortung für Ihre Probleme selbst übernehmen und sie beispielsweise in einer Beratung, Therapie oder Selbsthilfegruppe lösen.

6. Betrachten Sie Ihre Tochter/Partnerin nicht nur hinsichtlich ihrer Eßstörung. Sie ist viel mehr als ihr Hungern und Erbrechen!

Hören Sie ihr statt dessen zu, und zeigen Sie Verständnis für ihre Probleme, nicht nur Interesse für ihr Eßsymptom.

Denn das Eßsymptom zeigt ›nur‹ an, daß Ihre Tochter/Partnerin Schwierigkeiten hat. Versuchen Sie, ihr bei der Bewältigung ihrer Probleme zu helfen, statt ihr das Essen aufzudrängen.

Reden Sie aber auch über andere Dinge als nur Probleme, und vermeiden Sie, über Essen und Gewicht zu sprechen. Suchen Sie gemeinsame Interessen und Unternehmungen, die Sie gerne zusammen machen.

7. Vermeiden Sie es, autoritär oder nachlässig zu sein. Beide Reaktionen führen nicht zu einer Veränderung.

Der autoritäre Stil macht Druck und führt zum Rückzug der Betroffenen, beim nachlässigen Stil fühlt die Tochter/Partnerin sich nicht verstanden und vernachlässigt.

Lernen Sie einen partnerschaftlichen Umgang, indem Sie Ihrer Tochter/Partnerin Unterstützung, Sicherheit und Ihr Wissen vermitteln, ohne sie zu bevormunden. Zeigen Sie auch Ihre Schwächen, das macht Sie ›menschlich‹. Sie müssen nicht alles richtig machen, aber bereit sein, Fehler einzusehen. Helfen Sie Ihrer Tochter/Partnerin, verantwortlicher zu werden, statt ihr vorzuschreiben, was sie tun soll.

8. Vermeiden Sie es, den Großteil Ihres eigenen Lebens um die Eßerkrankung der Tochter/Partnerin aufzubauen. Tun Sie statt dessen Dinge, die Ihnen auch früher – vor der Eßerkrankung – Spaß gemacht haben. Betreiben Sie wieder Sport, treffen Sie Freunde, gehen Sie zusammen aus und vieles mehr. Ihrer Tochter/Partnerin wird es guttun zu sehen, daß Sie Ihr Leben leben. Denn es entlastet auch sie.

9. Holen Sie sich Hilfe, statt nur nach Therapieplätzen für Ihre Tochter/Partnerin zu suchen. Probleme lösen sich in Elterngruppen oder in der Therapie leichter als allein. Das Gefühl, mit den eigenen Schwierigkeiten nicht allein dazustehen und Verständnis und Unterstützung zu erhalten, macht vieles leichter.

10. Vermeiden Sie Zeitdruck! Denn die Überwindung einer Eßstörung dauert seine Zeit, wie alle Entwicklungen. Haben Sie Geduld mit sich und Ihrer Tochter/Partnerin.

Anmerkungen

1 Siehe auch das Buch von Wolfgang Schmidbauer *Alles oder Nichts. Über die zerstörerische Kraft der Ideale.*
2 Siehe zur Definition von Schuld auch Chu 1994 und Fossum/Mason 1992.
3 Gershon et al. 1983, Hudson et al. 1987, Bulik 1987 zit. nach Kuntz et al.: Families in Society: The Journal of Contemporary Human Services, Dezember 1992.
4 Zitiert in: Tress, Wolfgang *Die strukturale Analyse sozialen Verhaltens*, Heidelberg 1993
5 Narzißtisch bedeutet in diesem Zusammenhang gestörte Selbstliebe und Selbsteinschätzung. Über Zuwendung von außen soll diese ausgeglichen werden (siehe auch S. 187).
6 Bass/Davis 1990; Davis 1992; Wirtz 1989; Hirsch 1987.
7 Fichter 1985, 1986; Selvini-Palazzoli 1989; Vogelbach-Woerner 1992; Stahr et al. 1995.
8 Franke schreibt diese Bedeutung nur anorektischen Frauen und ihren Familien zu, ich meine jedoch, daß sie auch auf die Situation bulimischer Frauen übertragen werden kann.
9 Sexsüchtig bedeutet im wesentlichen »eine Überbeschäftigung mit Sex, bei der alles und jedes mit Sex in Verbindung gebracht wird und alle Wahrnehmungen und Beziehungen unter einem sexualisierten Licht gesehen werden.« (Schaef 1990)
10 Peergroup nennt man die Gruppe der Gleichaltrigen.
11 Ich selbst verwende in diesem Buch häufig die Begriffe Bulimikerin und Magersüchtige, vor allem in Zusammenhang mit der Beschreibung der damit verbundenen Krankheitssymptome. Ich bin mir jedoch bewußt, daß die Verwendung dieser Begriffe im oben genannten Sinne nicht unproblematisch ist. Daher möchte ich sie als Beschreibungsbegriffe verstanden wissen, nicht als Kategorisierungen der betroffenen Frauen und Mädchen.
12 Das ist eine Zeile aus dem Gelassenheitsspruch, der Teil des Gedankengutes der anonymen Selbsthilfegruppen ist.

Literatur

B, Bill: *Ich bin Bill und eßsüchtig. Ein Weg zur Genesung mit den »Zwölf Schritten«*. Verlag Schritt für Schritt, Burg Hohenstein 1990

Bachmann, Michael/Röhr, Hans-Peter: *Alkoholismus-Eßsucht-Magersucht. Ein Vergleich*. Psychother.med.Psychol. 33, S.11-116, 1983

Baeck, Sylvia: *Eßstörungen bei Kindern und Jugendlichen. Ein Ratgeber für Eltern, Angehörige, Freunde und Lehrer*. Lambertus, Freiburg 1994

Bass, Ellen/Davis, Laura: *Trotz allem – Wege zur Selbstheilung für sexuell mißbrauchte Frauen*. Orlanda Frauenverlag, Berlin 1990

Bastian, Till: *Scham: Archaisch und verdrängt*. Unveröffentlichtes Manuskript

Bauer, Barbara, G./Anderson, Wayne, P./Hyatt, Robert, W.: *Bulimie. Eine Behandlungsanleitung für Therapeuten und Betroffene*. Psychologie Verlags Union, Weinheim 1992

Beck-Gernsheim, Elisabeth: *Technik, Markt und Moral. Über Reproduktionsmedizin und Gentechnologie*. Fischer, Frankfurt/Main 1991

Becker, Kuni: *Die perfekte Frau und ihr Geheimnis. Eß- und Brechsucht – Hilfen für Betroffene und Angehörige*. Rowohlt, Reinbek 1994

Bell, Karin: *The Relationship Between Daughters And Mothers And Bulimia Nervosa*. In: Dolan, Bridget/Gitzinger, Inez: *Why Women? Gender Issues and Eating Disorders*. Herausgegeben von: European Council on Eating Disorders, London 1991

Boskind-Lodahl, Marlene/Sirlin, Joyce: *Frauen zwischen Freß- und Magersucht*. Psychologie heute 3 (1979)

von Braun, Christina: *Das Kloster im Kopf. Weibliches Fasten von mittelalterlicher Askese zu moderner Anorexie*. In: Flaake, Karin/King, Vera: *Weibliche Adoleszenz. Zur Sozialisation junger Frauen*, S. 213-240. Campus, Frankfurt/Main 1992

Bruch, Hilde: *Der goldene Käfig. Das Rätsel der Magersucht*. Fischer, Frankfurt/Main 1985

Bruch, Hilde: *Das verhungerte Selbst. Gespräche mit Magersüchtigen*. Fischer, Frankfurt/Main 1990

Caine, Lynn: *Was habe ich bloß falsch gemacht? Mütter und ihre Schuldgefühle.* Econ, Düsseldorf 1992

Carnes, Patrick: *Wenn Sex zur Sucht wird.* Kösel, München 1992

Chu, Victor/Heras, Brigitte de las: *Scham und Leidenschaft.* Kreuz, Zürich 1994

Colman, Carol/Eagle, Carol J.: ... *Weil ich ein Mädchen bin. Stark und selbstbewußt durch die Pubertät.* Patmos, Düsseldorf 1995

Daub, Margarete/Lehnig, Wolfgang/Merfert-Diete, Christa: *Essen ist das Suchtmittel der Braven.* Psychologie heute 5, 1985

Davis, Laura: *Verbündete. Ein Handbuch für Partnerinnen und Partner sexuell mißbrauchter Frauen und Männer.* Orlanda Frauenverlag, Berlin 1992

Dowling, Colette: *Perfekte Frauen. Die Flucht in die Selbstdarstellung.* Fischer, Frankfurt/Main 1989

DSM III R: *Diagnostisches und statistisches Manual psychischer Störungen.* Beltz, Weinheim 1989

Deutsche Gesellschaft für Ernährung: *Ernährungsbericht 1992.* Frankfurt/Main 1992

Eckhardt, Annegret: *Im Krieg mit dem Körper. Autoaggression als Krankheit.* Rowohlt, Reinbek, 1994

Emma Sonderheft: *Durch Dick und Dünn.* Sonderband 4. Köln 1984/85

Feiereis, Hubert: *Diagnostik und Therapie der Magersucht und Bulimie.* Marseille, München 1989

Fichter, Manfred: *Magersucht und Bulimie.* Springer, Berlin 1985

Fichter, Manfred/Hofmann, Ulrike: *Körperliche Folgen und Risiken bei Eßstörungen.* In: ANAD Newsletter Jan/Feb 1988

Fichter, Manfred/Warschburger, Petra: *Eßstörungen.* In: Petermann, Franz (Hrsg.): *Lehrbuch der klinischen Kinderpsychologie.* Hogrefe, Göttingen 1995 S. 455-483

Fischedick, Heribert: *Der Weg des Helden. Selbstwerdung im Spiegel biblischer Bilder.* Kösel, München 1992

Flaake, Karin/King, Vera (Hrsg.): *Weibliche Adoleszenz. Zur Sozialisation junger Frauen.* Campus, Frankfurt/Main 1992

Fossum, Merle A./Mason, Marilyn J.: *Aber keiner darf's erfahren. Scham und Selbstwertgefühl in Familien.* Kösel, München 1992

Franke, Alexa: *Wege aus dem goldenen Käfig. Anorexie verstehen und behandeln.* Quintessenz, Berlin 1994

Frankfurter Zentrum für Eßstörungen e.V.(Hrsg.): *Eßstörungen. Erschei-*

232

nungsformen, Ursachen, Behandlungsmöglichkeiten. Falken Verlag, Niedernhausen/Ts. 1993/1994

Fuchs, Kathrin: *Meine Mutter – meine Pfunde. Eßzwänge und Erziehung.* Heyne, München 1991

Gerlinghoff, Monika/Backmund, Herbert/Mai, Norbert: *Magersucht und Bulimie. Verstehen und Bewältigen.* Quadriga, Weinheim 1993

Gniech, Gisla: *Essen und Psyche. Über Hunger und Sattheit, Genuß und Kultur.* Springer, Berlin 1995

Gordon, Thomas: *Familienkonferenz in der Praxis. Wie Konflikte mit Kindern gelöst werden.* Hoffmann und Campe, Hamburg 1978

Grauer, Angelika/Schlottke, Peter F.: *Muß der Speck weg? Der Kampf ums Idealgewicht im Wandel der Schönheitsideale.* dtv, München 1988

Habermas, Tilmann: *Heißhunger. Historische Bedingungen der Bulima nervosa.* Fischer, Frankfurt/Main 1990

Hutchinson, Marcia G.: *Transforming Body Image. Learning to love the body you have.* The Crossing Press, Freedom, Californien 1985

Kämmerer, Annette/Klingenspor, Barbara: *Bulimie. Zum Verständnis einer geschlechtsspezfischen Eßstörung.* Kohlhammer, Stuttgart 1989

Kast, Verena: *Familienkonflikte im Märchen. Eine psychologische Deutung.* dtv, München 1988

Keppler, Cordula: *Bulimie. Wenn Nahrung und Körper die Mutter ersetzen.* Walter, Düsseldorf 1995

Klessmann, Edda: *Anorexie: Wie der Hausarzt damit fertig wird.* In: Medical Tribune Nr. 43, 27.10.1988

Kröger, Friedebert: *Familiäre Interaktion bei Suchtkranken.* VAS, Frankfurt/Main 1994

Krebs, Barbara: *Oh, mein Papa… Eßstörungen und die Idealisierung des Männlichen.* Frankfurter Zentrum für Eßstörungen, Schriftenreihe 1992/2

Langsdorff, Maja: *Die heimliche Sucht, unheimlich zu essen.* Fischer, Frankfurt/Main 1985, 1995

Lawrence, Marilyn: *Ich stimme nicht. Identitätskrise und Magersucht.* Rowohlt, Hamburg 1986

Lawrence, Marilyn (Hrsg.): *Satt aber hungrig. Frauen und Eßstörungen.* Rowohlt, Hamburg 1989

Maine, Margo: *Father Hunger. Fathers, Daughters and Food.* Gürze Books, Carlsbad 1991

Mellody, Pia: *Verstrickt in die Probleme anderer. Über Entstehung und Auswirkung von Co-Abhängigkeit.* Kösel, München 1991

233

Meltsner, Susan: *Body and Soul.* Hazelden, Center City, Minnesota 1993
Miller, Alice: *Du sollst nicht merken. Variationen über das Paradies-Thema.* Suhrkamp, Frankfurt/Main 1983
Minuchin, Salvador: *Familienszenen. Problemmuster und Therapien.* Rowohlt, Hamburg 1988
Nerin, William F.: *Versöhnung mit den Eltern. Frei werden für das eigene Leben.* Kösel, München 1994
Onken, Julia: *Vatermänner. Ein Bericht über die Vater-Tochter-Beziehung und ihren Einfluß auf die Partnerschaft.* Beck'sche Reihe, München 1993
Orbach, Susie: *Hungerstreik. Ursachen der Magersucht. Neue Wege zur Heilung.* Econ, Düsseldorf 1987
Papenfuss, Heike/Wolfrum, Christine: *Wenn die Seele nicht satt wird. Wege aus Magersucht und Bulimie.* Patmos, Düsseldorf 1993
Rennert, Monika: *Co-Abhängigkeit. Was Sucht für die Familie bedeutet.* Lambertus, Freiburg 1990
Schaef, Anne Wilson: *Co-Abhängigkeit – nicht erkannt und falsch behandelt.* Verlag Mona Bögner-Kaufmann, Wildberg 1986
Schaef, Anne Wilson: *Im Zeitalter der Sucht. Wege aus der Abhängigkeit.* Hoffmann und Campe, Hamburg 1989
Schmidbauer, Wolfgang: *Alles oder nichts. Über die Destruktivität von Idealen.* Rowohlt, Reinbek 1987
Schneider-Henn, Karin: *Die hungrigen Töchter. Eßstörungen bei jungen Mädchen.* Kösel, München 1988
Sprenger, Bernd: *Wir erwarten Besuch... Kain und Abel – Das Drama von Scham und Schuld.* Unveröffentlichtes Manuskript 1995
Selvini Palazzoli, Mara: *Magersucht. Von der Behandlung einzelner zur Familientherapie.* Klett-Cotta, Stuttgart 1989
Selvini Palazzoli, Mara: *Anorexia Nervosa – a Hunger-Strike which is never admitted.* Kongreßvortrag. Unveröffentlichtes Manuskript 1994.
Stahr, Ingeborg/Barb-Priebe, Ingrid/Schulz, Elke: *Eßstörungen und die Suche nach Identität. Ursachen, Entwicklungen und Behandlungsmöglichkeiten.* Juventa, Weinheim 1995
Stierlin, Helm: *Eltern und Kinder. Das Drama von Trennung und Versöhnung im Jugendalter.* Suhrkamp, Frankfurt/Main 1980
Stierlin, Helm/Simon, Fritz B./Schmidt, Gunther: *Familiäre Wirklichkeiten. Der Heidelberger Kongreß 1987.* Klett Cotta, Stuttgart 1987
The Boston Women's Health Book Collective: *Unser Körper – Unser Leben. The New Our Bodies, Ourselves. Ein Handbuch von Frauen für Frauen.* 2 Bände. Rowohlt, Reinbek 1988

Tress, Wolfgang (Hrsg.): *Die Strukturale Analyse Sozialen Verhaltens (SASB)*. Asanger, Heidelberg 1993

Valette, Brett: *Suppenkasper und Nimmersatt. Eßstörungen bei Kindern und Jugendlichen*. Rowohlt, Hamburg 1990

Valette, Brett: *A Parent's Guide to Eating Disorders*. Walker Publishing, New York 1991

Vogelbach-Woerner, Verena: *Eßstörungen bei Männern*. In: *Eßstörungen*. Frankfurter Zentrum für Eßstörungen. Falken, Niedernhausen/Ts. 1993/1994

Wardetzki, Bärbel: *Weiblicher Narzißmus und Bulimie*. Dissertation, München 1990

Wardetzki, Bärbel: *Weiblicher Narzißmus. Der Hunger nach Anerkennung*. Kösel, München 1991

Wardetzki, Bärbel: *Die perfekte Maske des Narzißmus. Hunger nach Anerkennung – Hunger nach Essen*. In: Nuber, Ursula: *Bin ich denn verrückt! Was Psychotherapie für Frauen leistet und was nicht*. Kreuz, Zürich 1994, S. 30-42

Wardetzki, Bärbel: *Spieglein, Spieglein an der Wand ... Der Schönheitskult fordert seine narzißtischen Opfer*. In: Nuber, Ursula (Hrsg.): *Spieglein an der Wand*. Heyne, München 1995, S. 81-91

Waterhouse, Debra: *Frauen brauchen Schokolade! Lust-Essen: Den Signalen des Körpers vertrauen*. Goldmann, München 1995

Watzlawick, Paul/Beavin, John H./Jackson, Don D.: *Menschliche Kommunikation. Formen, Störungen, Paradoxien*. Huber, Berlin 1974

Weber, Gunthard/Stierlin, Helm: *In Liebe entzweit. Die Heidelberger Familientherapie der Magersucht*. Rowohlt, Hamburg 1989

Weber, Gunthard: *Zweierlei Glück. Die systemische Psychotherapie Bert Hellingers*. Carl-Auer-Systeme, Heidelberg 1993

Weiss, Thomas: *Familientherapie ohne Familie. Kurztherapie mit Einzelpatienten*. Kösel, München 1988

Winkler, Mary/Cole, Letha (Hrsg.): *The Good Body*. Yale University Press, New Haven, 1994

Wirtz, Ursula: *Seelenmord. Inzest und Therapie*. Kreuz, Zürich 1989

Woititz, Janet G.: *Um die Kindheit betrogen. Hoffnung und Heilung für erwachsene Kinder von Suchtkranken*. Kösel, München 1990

Wolf, Naomi: *Der Mythos Schönheit*. Rowohlt, Hamburg 1991

Adressen

A) Fach- und psychosomatische Kliniken

(Nach Städten alphabetisch geordnet – ohne Anspruch auf Vollständigkeit. Sofern keine anderen Angaben, werden Frauen und Männer mit Eßstörungen ab dem 18. Lebensjahr aufgenommen.)

Fachklinik für Suchtkranke Frauen Altenkirchen
Heimstr. 8, 57610 Altenkirchen, Tel. 02681/94 30
(Therapie nur in Zusammenhang mit weiterer Abhängigkeit)

Rothaarklinik für psychosomatische Medizin
Am Spielacker 5, 57319 Bad Berleburg, Tel. 02751/831

Psychosomatische Fachklinik Bad Dürkheim
Kurbrunnenstr. 12, 67098 Bad Dürkheim, Tel. 06322/93 40

Klinik Bad Herrenalb
Kurpromenade 42, 76332 Bad Herrenalb, Tel. 07083/50 90

Rhein-Klinik für psychosomatische Medizin
Fachklinik für innere Medizin und Neurologie, Luisenstr. 3,
53604 Bad Honnef, Tel. 02224/18 50

Fachklinik Heiligenfeld
Everdorferstr. 4-6, 97688 Bad Kissingen, Tel. 0971/820 60,
Fax 0971/685 29

Kitzberg Klinik
Fachklinik für psychosomatische Medizin
Erlenbachweg 24, 97980 Bad Mergentheim, 0 79 31/53 16-0

Psychosomatische Fachklinik für Kinder und Jugendliche (Aufnahme zwischen 10 und 18 Jahren)
Lindenstr. 4, 53474 Bad Neuenahr, Tel. 02641/75 40

Klinik am Korso
Fachzentrum für eßgestörtes Verhalten
Ostkorso, 32545 Bad Oeynhausen, Tel. 05731/181-0

Psychosomatische Klinik Kinzigtal
(Aufnahme ab 17 Jahre)
Wolfsweg 12, 77723 Gengenbach, Tel. 07803/80 80

Klinik für Psychsomatische Medizin Grönenbach
Sebastian-Kneipp-Allee 4, 87730 Grönenbach,
Haus I: Tel. 08334/98 11 00, Haus II: Tel. 98 13 00, Fax 08334/98 12 99

Bernhard-Salzmann-Klinik Gütersloh,
Fachkrankenhaus für Suchtkranke,
(Aufnahme ab 19 Jahre, nur in Zusammenhang mit anderen Abhängigkeiten)
Im Füchtei 150, 33334 Gütersloh, Tel. 05241/502 02

Krankenhaus München Harlaching, Abteilung für Eßstörungen
Sanatoriumsplatz 2, 81545 München, Tel. 089/64 24 35-0,
Fax 089/62 10-692

Krankenhaus München – Schwabing, Abteilung Dr. Rosefeld
Kölner Platz 1, 80804 München, Tel. 089/30 68-1, Fax 089/30 68-75 80

TCE-Therapiecentrum für Eßstörungen
Max-Planck-Institut für Psychiatrie München
(Aufnahme von 17 bis 30 Jahre)
Schleißheimer Str. 267, 80809 München, Tel. 089/356 24 90

Christoph-Dornier-Centrum für klinische Psychologie
(Keine allgemeine Altersbegrenzung – Entscheidung wird individuell gefällt)
Tibusstraße 7-11, 48143 Münster, Tel. 0251/48 10-0

Clemens-August-Klinik
Postfach 1110, Bergstraße, 48143 Münster, Tel. 0251/481 00

Klinik Roseneck
(Aufnahme ab 17 Jahre)
Am Roseneck 6, 83209 Prien am Chiemsee, Tel. 08051/601-0

Klinik Schwedenstein
Obersteinaer Weg, 01896 Pulsnitz, Tel. 035955/470,
Fax 035955/476 36

Haus Weitenau, Fachklinik für suchtkranke Jugendliche
(Aufnahme nur in Zusammenhang mit Drogenabhängigkeit von 17 bis 35 Jahre)
Kloster Weitenau, 79585 Steinen, Tel. 07627/662

Hochgrat Klinik Wolfsried,
88167 Stiefenhofen, Tel. 08386/20 72

Psychotherapeutische Klinik
(Aufnahme ab 17 Jahre)
Christian-Belser-Str. 79, 70597 Stuttgart (Sonnenberg),
Tel. 0711/67 81-0

Psychosomatische Klinik Windach/Ammersee,
Fachklinik für Verhaltenstherapie,
Schützenstr. 16, 86949 Windach/Ammersee,
Tel. 08193/72-0

Klinik Zwesten,
Hardtstraße, 34596 Zwesten, Tel. 05626/781

B) Beratungsstellen
(Nach Städten alphabetisch geordnet – ohne Anspruch auf Vollständigkeit)

Dick & Dünn, Beratungszentrum bei Eßstörungen e. V.
Innsbrucker Str. 25, 10825 Berlin, Tel. 030/854 49 94

Bielefelder Zentrum für Eßstörungen, Markstr. 35, 33602 Bielefeld

Frauengesundheitszentrum
Elsflether Str. 29, 28219 Bremen, Tel. 0421/380 97 47

Dick und Dünn e.V.,
Reichsstr. 25, 40217 Düsseldorf, Tel. 0211/39 72 00

Dr. med. Elke Wollenhaupt, Klinik und Poliklinik für Psychiatrie und
Neurologie, Med. Hochschule Carl Gustav Canis
Fetscherstr. 74, 01307 Dresden, Tel. 0351/458 34 03

Frauenzentrum Erfurt
Espachstr. 3, 99094 Erfurt, Tel. 0361/280 68

Frauen Treff und Beratung
Zweigertstr. 29, 45130 Essen, Tel. 0201/78 65 68

Frankfurter Zentrum für Eßstörungen
Hansaallee 18, 60322 Frankfurt/Main, Tel. 069/55 01 76

Johann Wolfgang Goethe Universität, Haus 56, Universitätsklinikum,
Psychosoziale Ambulanz, Theodor-Stern-Kai 7, 60590 Frankfurt,
Tel. 069/63 01-63 08

Frauen- und Mädchen-Gesundheitszentrum e. V.
Erbprinzenstr. 14, 79098 Freiburg, Tel. 0761/202 15 90

Frauenbegegnungsstätte Gebesee e. V.
Nordhäuser Str. 41, 99189 Gebesee, Tel. 036201/624 13

Frauenzentrum Goslar e. V.
Zehntstr. 24, 38640 Goslar, Tel. 05321/422 55

Die Brücke e. V.
Walddörferstr. 337, 20255 Hamburg, Tel. 040/668 36 36

Die Brücke e. V.
Durchschnitt 29, 20146 Hamburg, Tel. 040/201 46

Frauentherapiezentrum Hamburg e. V.
Warnholtzstr. 2, 22767 Hamburg, Tel. 040/38 38 48

Hamburger Zentrum für Eßstörungen, Tel. 040/220 34 30

Die Waage e. V.,
Schopstr. 1 / Eingang Rombergstraße, 20255 Hamburg,
Tel. 040/491 49 41

Dick & Dünn
Brahmsstr. 4, 30177 Hannover, Tel. 0511/66 76 48

Frauen helfen Frauen e. V. Jülich, Frauenberatungsstelle,
Wilhelmstr. 11, 52428 Jülich, Tel. 02461/582 82

Kabera Beratung bei Eßstörungen – Kassel e. V.
Kurt-Schumacher-Str. 2, 34117 Kassel, Tel. 0561/78 05 05

Frauen lernen leben
Venloerstr. 405-407, 50825 Köln, Tel. 0221/54 19 76

Café und Beratungsstelle Caktus
Otto-Schill-Str. 1, 04109 Leipzig, Tel. 0341/960 33 54 47

Kontaktstelle für Selbsthilfegruppen, AOK – Gesundheitszentrum
Lorenzweg 40-42, 39106 Magdeburg, Tel. 0391/561 69 11

Speckdrum e. V., Walpodenstr. 10, 55116 Mainz, Tel. 06131/61 87 49

Beratungsstelle des Diakonischen Werkes, Westwall 19, 58710 Menden, Tel. 02373/26 88

Con-Drobs e.V., Jugend- und Drogenberatungsstelle
Konradstr. 2, 80802 München, Tel. 089/39 10 66

Frauenberatung Friedensstraße e. V.
Friedensstr. 33, 48145 Münster, Tel. 0251/37 57 99

Frauen helfen Frauen e. V.
Hansaring 32 b, 48155 Münster, Tel. 0251/676 66

Dick und Dünn e.V.
Ingolstädter Str. 130, 90461 Nürnberg, Tel. 0911/26 43 01

BEKOS, Beratungs- und Koordinationsstelle für Selbsthilfe
Lindenstr. 12 a, 26123 Oldenburg, Tel. 0441/88 48 48

Psychosoziale Beratungs- und Behandlungsstelle
Grabenallee 5, 77652 Offenburg, Tel. 0781/241 20

Frauengesundheitszentrum e. V.
Badstraße, 93047 Regensburg, Tel. 0941/816 44

Frauen helfen Frauen
Neugasse 2, 42897 Remscheid, Tel. 02191/66 24 66

Suchtberatung / Diakonisches Werk
Kötterbachstr. 16, 58239 Schwerte, Tel. 023 04/182 67

LAGAYA, Frauen-Suchtberatungsstelle, Verein zur Hilfe suchtmittelabhängiger Frauen e. V., Hohenstaufenstr. 17 b, 70178 Stuttgart, Tel. 0711/640 30 27

Ruf und Rat, Psychologische Beratungsstelle für Ehe-, Familien- und Lebensfragen, Hospitalstr. 26, 70174 Stuttgart, Tel. 0711/226 20 55

Therapeutische Praxis Dr. Redies
Mergentheimer Str. 13, 70372 Stuttgart, Tel. 0711/569856

Therapiezentrum der Gerhard-Alber-Stiftung
Christophstr. 8, 70178 Stuttgart, Tel. 0711/640 80 91

Psychotherapeutische Ambulanz
Am Hochsträß 8, 89081 Ulm, Tel. 0731/502 56 91

Frauenberatung und Selbsthilfe e. V.
Laurentiusstr. 12, 42103 Wuppertal, Tel. 0202/30 60 07

C) Selbsthilfegruppen und Kontaktstellen

Deutschsprachige Intergruppe der OA (Overeater Anonymous), Postfach 10 62 06, 28062 Bremen
(Vermittelt auch Adressen und Zeiten für Treffen der OA-Gruppen in Deutschland, Österreich und der Schweiz.)
Regionale Adressen der OA-Treffen werden regelmäßig in vielen Tageszeitungen veröffentlicht.

Deutsche Arbeitsgemeinschaft Selbsthilfegruppen e.v.,»Nationale Kontakt- und Informationsstelle zur Anregung und Unterstützung von Selbsthilfegruppen«, Albrecht-Achilles-Str. 65, 10709 Berlin, Tel. 030/891 40 19

Bundesverband der Elternkreise drogenabhängiger und drogengefährdeter Jugendlicher, Köthener Str. 38, 10963 Berlin, Tel. 030/262 60 89

Elternkreis eßgestörter Töchter und Söhne Bremen
Heidkruger Weg 10, 28259 Bremen, Tel. 0421/58 39 34

KISS-Chemnitz,
Rembrandtstr. 17, 09111 Chemnitz, Tel. 0371/67 09 01

KISS-Dresden
Lingnerplatz 1, 01069 Dresden, Tel. 0351/48 46-358/-359

SH-Gruppe für Angehörige von Eß- und Magersüchtigen
Hagener Str. 21, 44225 Dortmund,
Tel. 0231/71 86 57

KESS-NRW, Kontakt & Behandlungszentrum bei Eßstörungen/ Himmelgeisterstr. 107, 40225 Düsseldorf, Tel. 0211/39 72 00

KISS-Erfurt, Turniergasse 17, 99084 Erfurt, Tel. 0361/655 17 15

VABS, Verband ambulanter Beratungsstellen für Suchtkranke / Drogenabhängige e. V., Karlstr. 40, 79104 Freiburg, Tel. 0761/20 03 03

Deutsche Hauptstelle gegen die Suchtgefahren
Postfach 13 69, 59003 Hamm, Tel. 02381/901 50

KISS – Kontakt- und Informationsstelle für Selbsthilfe
Herwarthstr. 12, 50672 Köln, Tel. 0221/951 52 20

Cinderella – Aktionskreis Eß- und Magersucht
Westendstr. 35, 80339 München, Tel. 089/502 12 12 und 502 25 75

Selbsthilfezentrum München
Bayerstr. 77, 80335 München, Tel. 089/532 95 60

ANAD Selbsthilfe bei Anorexia und Bulimia Nervosa e.V.
Rottmannstr. 5, 80333 München, Tel. 089/523 66 33

ANAD e.V. – pathways, Therapeutische Wohngemeinschaft für Frauen und Männer mit Eßstörungen, Kanalstr. 6, 80538 München, Tel. 089/29 20 44

Kontaktstelle für Selbsthilfegruppen,
Seestr. 25 b, 19053 Schwerin, Tel. 0385/56 27 81

KISS, Kontakt- und Informationsstelle für Selbsthilfegruppen
Marienstr. 9, 70178 Stuttgart, Tel. 0711/640 61 17

D) Telefonseelsorge bundesweit

evangelisch: Tel. 1 11 01 / katholisch: Tel. 1 11 02

E) Telefon-Notrufe für Suchtgefährdete

München: Tel. 0 89/28 28 22
Köln: Tel. 02 21/31 55 55
Düsseldorf: Tel. 02 11/32 55 55
Essen: Tel. 02 01/40 38 40

F) Psychotherapie-Informations-Dienst (PID)

PID, Heilsbachstr. 22-24, 53123 Bonn, Tel. 0228/74 66 99

G) Adressen für Österreich und Schweiz

Selbsthilfezentrum Hinterhuus
Feldbergstr. 55, CH-4057 Basel, Tel. 061/692 81 00

Gesundheitsdienst der Stadt Bern, Ernährungsberatung
Monbijoustr. 11, CH-3011 Bern, Tel. 031/321 76 91

Lindenhofspital, Psychosomatische Abteilung
Postfach, CH-3001 Bern, Tel. 031/300 89 84

Psychiatrische Poliklinik, Inselspital Bern
Sprechstunde für Eßstörungen, Martin Thomen / Bettina Isenschmid, CH-3011 Bern, Tel. 031/632 88 11

242

Team Selbsthilfe Bern
c/o Hilfsstelle Bern, Hopfenrain 10, CH- 3007 Bern, Tel. 031/371 45 27

Team Selbsthilfe Biel
c/o Hilfsstelle Biel, Rechbergerstr. 2, CH-2502 Biel, Tel. 032/23 83 82

Team Selbsthilfe Aargau
Postfach 298, CH-5200 Brugg, Tel. 056/41 95 82

Zentrum zur Überwindung von Ess-Störungen,
Monique J. Senn
Bergstr. 37, CH-5606 Dintikon, Tel. 056/624 45 51

Team Selbsthilfe Thurgau
Rheinstr. 6, CH-8500 Frauenfeld, Tel. 054/21 88 44

Kontaktstelle Selbsthilfe
c/o Sozialpsychiatrischer Dienst, Gotthardstr. 31, CH-6410 Goldau,
Tel. 041/82 42 82

BAS – Suchtkrankenbetreuung
Grießplatz 8, A-8020 Graz

Verein Netzwerk Eßstörungen
Fritz-Pregel-Str. 5, A-6020 Innsbruck, Tel. 0512/57 60 26

Plus Fachstelle Oberaargau/Emmental
Fachstelle für Gesundheitsförderung und Suchtprävention, Bahnhofstr. 2,
CH-4900 Langenthal, Tel. 063/22 16 05, Fax 063/22 16 83

Schweizerische Fachstelle für Alkohol und andere Drogenprobleme
Postfach 870, CH-1001 Lausanne, Tel. 021/320 29 21

Vereinigung pro Selbsthilfegruppen
Postfach 5213, CH-6000 Luzern 5, Tel. 041/51 60 09

Selbsthilfegruppen – Kontaktstelle
Vorderer Steinacker 25, CH-4600 Olten, Tel. 062/32 93 60

Klinik Schützen
Psychosomatik und Rehabilitation
Bahnhofstr. 19, CH-4310 Rheinfelden, Tel. 061/831 33 51

Beratungsstelle für Jugendliche und Erwachsene
Rebleutgang 2, CH-8200 Schaffhausen, Tel. 053/25 30 74

Team Selbsthilfe St. Gallen
Frongartenstr. 16, CH-9000 St. Gallen, Tel. 071/22 75 54

Team Selbsthilfe Berner Oberland
c/o Hilfsstelle Thun, Länggasse 2, CH-3600 Thun, Tel. 033/22 22 61

»Offene Tür Zürcher Oberland«
Rapperswilerstr. 22, CH-8620 Wetzikon, Tel. 01/932 70 70

Beratungsstelle für Eßstörungen
Mittersteig 1, A-1040 Wien

Evangelische Frauenarbeit
Blumengasse 4/6, A-1180 Wien, Tel. 01/408 96 05

Frauenberatungsstelle
Lehargasse 9, A-1060 Wien, Tel. 01/587 67 50

Frauengesundheitszentrum FEM
Bastiengasse 36-38, A-1180 Wien, Tel. 01/476 15-373

THUJA
Kirchberggasse 37/2, A-1070 Wien, Tel. 01/526 52 15

Wiener Urania
Uraniastr. 10, A-1010 Wien, Tel. 01/72 61 91

Kontaktstelle für Selbsthilfe
Technikumstr. 14, CH-8400 Winterthur, Tel. 052/213 80 60

»Villa«, Psychotherapiestation der Psychiatrischen Poliklinik
am Kantonsspital Winterthur, Dr. Christian Weber
CH-8401 Winterthur, Tel. 052/266 28 98

Arbeitsgemeinschaft Ess-Störungen AES
Postfach 353, CH-8053 Zürich

Beratungsstelle für Ess-Störungen
CH-Zürich, Tel. 01/463 55 66

OA (Overeater Anonymous)
Postfach 680, CH-8021 Zürich

»Offene Tür Zürich«
Beethovenstr. 45, CH-8002 Zürich, Tel. 01/202 30 00

Team Selbsthilfe Zürich
Dolderstr. 8, CH-8032 Zürich, Tel. 01/252 30 36

Psychotherapiestation der Psychiatrischen Poliklinik am
Universitätsspital Zürich
Culmannstr. 8, CH-8091 Zürich, Tel. 01/255 52 80

Kontaktstelle für Selbsthilfegruppen
Postfach, CH-6300 Zug, Tel. 042/25 35 16

Antwort zu. S52

Ich versuche meiner Tochter
entgegen zu kommen.
Konfrontation zu vermeiden

- Kann mir anders
alss mal du sehe
Würde nicht mit ..Nicht
beschäft.

Hunger nach Anerkennung

Bärbel Wardetzki
Weiblicher Narzißmus
Der Hunger
nach Anerkennung
269 Seiten, kartoniert
ISBN 3-466-30320-6

Selbstwertschwache Frauen versuchen, durch besondere Leistungen, Perfektionismus und Attraktivität einem Idealbild von sich zu entsprechen. Bei Kränkung, Zurückweisung oder Kritik werden sie schnell unsicher und fühlen sich ungeliebt.

Die Autorin beschreibt in diesem Buch, wie alte ungelöste Konflikte einem erfüllten Leben im Wege stehen können, und zeigt Möglichkeiten der Überwindung auf.

Kösel online: www.koesel.de; e-mail: service@koesel.de

Verletzte Gefühle

Bärbel Wardetzki
Ohrfeige für die Seele
Wie wir mit Kränkung und
Zurückweisung besser umge-
hen können
217 Seiten. Klappenbr.
ISBN 3-466-30517-9

*E*ine Kränkung oder Zurückweisung ist wie eine Ohrfeige für die Seele. Wir sind verletzt und füh-len uns in unserem Selbstwertgefühl getroffen. Daraus resultiert eine tiefe Verunsicherung unse-rer Person, verbunden mit Gefühlen von Ohn-macht, Wut und Selbstzweifeln. In unserer Ge-kränktheit wenden wir uns trotzig von unserem Gegenüber ab und sinnen häufig auf Rache oder Vergeltung.

In diesem spannend zu lesenden Buch ler-nen Sie, wie Sie mit Kränkungen anders umge-hen können, so dass sie für Sie und die anderen weniger zerstörerisch sind.

Kösel online: www.koesel.de; e-mail: service@koesel.de